"十二五"职业教育国家规划教材
经全国职业教育教材审定委员会审定

省级精品课程教材

21世纪高职高专教学改革规划教材·金融保险专业

# 人身保险理论与实务

## Renshen Baoxian Lilun Yu Shiwu

### （第三版）

郑祎华 范毅夫 主编

东北财经大学出版社
Dongbei University of Finance & Economics Press
大连

U0657027

**图书在版编目（CIP）数据**

人身保险理论与实务 / 郑祎华，范毅夫主编. —3版.—大连：东北财经大学出版社，2018.6

（21世纪高职高专教学改革规划教材·金融保险专业）

ISBN 978-7-5654-3140-1

Ⅰ.人…　Ⅱ.①郑…②范…　Ⅲ.人身保险-高等职业教育-教材　Ⅳ.F840.62

中国版本图书馆CIP数据核字（2018）第086663号

东北财经大学出版社出版

（大连市黑石礁尖山街217号　邮政编码　116025）

网　　址：http://www.dufep.cn

读者信箱：dufep@dufe.edu.cn

大连力佳印务有限公司印刷　　东北财经大学出版社发行

幅面尺寸：185mm×260mm　　字数：353千字　　印张：15

2018年6月第3版　　　　　　2018年6月第4次印刷

责任编辑：李丽娟　王　玲　　　　责任校对：齐　心

封面设计：张智波　　　　　　　　版式设计：钟福建

定价：32.00元

教学支持　售后服务　　联系电话：（0411）84710309

版权所有　侵权必究　　举报电话：（0411）84710523

如有印装质量问题，请联系营销部：（0411）84710711

# 第三版前言

根据国务院《关于加快发展现代职业教育的决定》（国发〔2014〕19号）、教育部职业教育与成人教育司颁布的《高等职业学校专业教学标准（试行）》（教职成司函〔2012〕217号）等文件精神，结合现阶段人身保险市场人才需求现状，深刻领会高职院校人身保险课程教学标准要求（在教学模式上，以学生为中心，以项目为导向，实行任务驱动、工学结合的方式；在教学内容和课程安排上，体现与职业岗位和职业资格证书的对接），将人身保险课程培养目标与规格定位在为生产、管理、服务一线培养具有良好职业道德、职业能力，理论知识够用，专业知识素养和职业能力适应岗位要求和个人发展要求的高素质、技能型人才。

为此，我们对原教材进行了修订。为了方便读者使用，新版我们保持第二版的知识体系框架，结合保险行业最新的法规、制度、成果、理念对案例和数据及相关内容进行更新；增加"考证直通车""课堂训练""知识延伸"等栏目，列举行业考证真题，与职业资格考试对接。总之，修订后的《人身保险理论与实务》教材更突出应用型和时代性，体现高职学生能力素质与职业素养形成并重的教、学、做一体化的教学理念，致力于教材质量的进一步提升。

修订后的教材在项目体系安排上仍从了解人身风险和认识人身保险展开，具体包括认识人身风险与人身保险、人身保险合同、人身保险定价、人寿保险、人身意外伤害保险、健康保险、团体人身保险和补充社会保险规划、人身保险市场营销、人身保险核保与承保、人身保险理赔与客户服务、人身保险投资与保险市场监管等。按照"项目—任务—活动"的体例，每一项目增加素质目标和工作任务，使本书的教学目的更明确，工作任务更突出，实务更具可操作性；书中的案例导入、拓展阅读、案例分析、工作任务、情境模拟、课堂训练、考证直通车等形式使教材新颖、实用并立体化，方便教师使用和学生阅读。

本书既可作为高职高专财政金融类专业的教材，也可作为保险公司员工的培训教材、保险资格考试的辅助教材及保险专业人员的自学教材。

本次修订由郑祎华、范毅夫完成。

在本书的编写过程中，作者参考了业内外有关专家和相关报纸、杂志及网站的文献与资料，在此表示衷心的感谢。由于编者水平和时间有限，如有疏漏、错误之处，恳请读者不吝赐教。

编　者
2018年2月

# 第二版前言

随着人身保险市场规模的不断扩大，社会对保险人才需求的层次日益多样化，这有力地推动了高职高专保险教育人才培养模式的转换。人才培养模式的转换需要通过教学内容和教学方式的改革来实现，为此，作为教学内容载体的教材建设尤为重要。我们认真领会教育部关于高职高专人才培养的精神，充分考虑财经类高职高专学生的基础和特点，从学生"必需""够用"的知识角度进行教材的编写，力求做到使学生学以致用。在内容体系上，充分汲取国内外相关教材以及有关科研成果的精华，紧密联系人身保险市场发展的最新动态，认真调研人身保险业务岗位所需要的职业技能，在此基础上修订了《人身保险理论与实务》一书。

本书的修订特色体现在以下四个方面：

1. 项目体例。本书采用最新的"项目—任务—活动"式编排体例，目的明确，任务突出。

2. 实务突出。本书采用"案例教学法"讲解各个学习任务和活动，以实务导出理论，既夯实了基础，又符合高职高专的教学要求。

3. 内容新颖。本书反映了保险行业最具代表性的新规则、新成果、新理念和新知识。

4. 体系规范。鉴于保险业务的规范性和实务性，本书选择的都是典型案例，并依据最新的保险法律法规和国际惯例对其进行分析，同时利用图表等形式介绍业务流程和业务规则。

本书从了解人身风险和认识人身保险展开，具体包括人身风险与人身保险、人身保险合同、人身保险定价、人寿保险、人身意外伤害保险、健康保险、团体人身保险和补充社会保险规划、人身保险市场营销、人身保险核保与承保、人身保险理赔与客户服务、人身保险投资与保险市场监管等内容。

本书既可作为高职高专财政金融类专业的教材，也可作为保险公司员工的培训教材、保险资格考试的辅助教材及保险专业人员的自学教材。

本次修订由郑祎华负责总纂、定稿。

在本书的编写过程中，作者参考了业内外有关专家和相关报纸、杂志及网站的文献与资料，在此表示衷心的感谢。由于编者水平和时间有限，如有疏漏、错误之处，恳请读者提出宝贵意见。

编 者
2016 年 11 月

# 目　录

# 项目一　人身风险与人身保险

## 学习目标

【知识目标】

1. 了解可保人身风险的特征
2. 熟练掌握人身保险的概念及特征
3. 掌握人身保险的分类
4. 了解人身保险的职能

【能力目标】

1. 能够进行人身风险分析，掌握人身风险管理的方法
2. 能够理解人身保险的内涵，用专业术语描述人身保险的概念和特征
3. 能够进行人身保险的分类
4. 能够演示人身保险的发展历程
5. 能够掌握人身保险的社会功效

【素质目标】

1. 能够在错综复杂的社会风险中识别人身风险
2. 能够解释人身保险在人身风险管理中的地位和作用
3. 能够从保险产品的名称上基本判断出人身保险的类别
4. 能够运用通俗的语言向客户解释人身保险的含义和特征
5. 能够举例说明人身保险的功能和作用

【工作任务】

1. 说明人身风险的管理流程
2. 区分人身风险的不同分类

案例导入

### 风险人生

风险是什么？风险就是不确定性，是遭到破坏或损失的机会或危险。在远古时期，以捕捞为生的渔民们，每次出海前都要祈祷，祈求神灵保佑自己平安归来，最重要的是在出海时能够风平浪静、满载而归。他们在长期的捕捞实践中，深深地体会到"风"给他们带来的无法预测、无法确定的危险，他们认识到，在出海捕捞的过程中，"风"即意味着"险"，因此有了"风险"一词。

人类最大的风险，就是无法知道自己的未来，不知自己的考试是否会通过，不知明天学费是否上涨，不知毕业后是否失业，不知会和谁结婚，不知结婚的时间，不知一胎会有几个孩子，不知是否会离婚，不知家人会不会患病，不知是否会有交通事故，不知会不会意外死亡或残疾，不知明日是否会加薪或失去饭碗……

如果每一件未知的事情都恰好是令人担忧的事情，那是因为这件事情会对你或者你的家庭产生重大的影响。人生苦短，风险常伴。在面临风险之前，请做好应对风险的准备，不要觉得自己永远是万人当中最幸运的那一个！

以上资料表明：我们无时无刻不生活、工作在一个充满风险的世界里。面对各种风险，我们应该给自己提供怎样的安全保障才能没有后顾之忧，才能安心地生活和工作？购买人身保险是我们明智的选择。

# 任务一　掌握人身风险管理

【学生任务】

◇ 要求学生课前预习相关内容，结合社会实践，进行人身风险的分析。

◇ 要求学生结合所学过的知识讨论可保人身风险的特征。

◇ 在提前预习的基础上，结合已经学过的知识和社会实践，讨论人身风险的管理，写出字数不少于500字的书面作业。

◇ 将学生随机分组，按小组选出若干份作业在课堂上进行点评，学生间相互评出每一份书面作业的优劣；学生对作业进一步修改后提交教师，以便教师进行评价。

【教师任务】

◇ 指导学生分析和总结人身风险的种类。

◇ 启发学生利用专业术语总结人身风险的特征。

◇ 提示学生完成书面作业所需要关注的主要知识点，如人身风险的分类、人身风险管理的程序、人身风险管理的方法等。

◇ 指导学生分组，在小组内对学生进行不同的分工，对学生书面作业完成情况及时进行跟进，督促其按时完成。

◇ 对各小组的课堂点评进行适时指导，对选出的作业予以及时、客观、公正的评价，准备回答学生可能提出的各种疑问等。

## 活动　认识人身风险管理

### 一、分析人身风险

人身保险，顾名思义是对有关人身方面存在的各种风险所采取的有效措施，或预防或减轻因人身事故而带来的人身、经济等方面损害的一类保险。因此，我们首先要对人身风险进行分析。人身风险是特指人的生命或身体方面遭受损害的风险，人身风险的载体是人的身体、生命和健康、失业、老年人赡养等方面的风险或损失发生时承载的主体，它既可以是自然人，也可以是自然人所属的组织。归纳起来，人身风险不外乎两大类：死得太早与活得太久，及其伴随产生的疾病、残疾、衰老、失业或退休等风险。

（一）生命风险

对于生命风险，一个人会面临两种截然不同的情况：早逝或老年。

（1）早逝风险。早逝之所以会造成收入损失风险，首要原因就是那些由于死者死亡而承受损失的人还活着。具体来说，死亡可以导致两方面的经济损失：第一种是与死亡本身相关的费用，主要包括丧葬费用、需偿还的死者生前所欠债务，以及死亡传递成本（如遗嘱查验费用和遗产税）；第二种损失是死者生前所获收入的丧失，这是一种潜在损失。此外，还有相关人精神和心理上的损伤，这种损伤是无法用金钱来衡量的。

（2）老年风险。这类风险是有关老有所养方面的问题。人老后，就要面临退休问题，从某种意义上说，这也就是所谓"活得太长"的风险，它意味着人们收入来源的中断，并且随着人逐渐地趋向衰老，身患疾病或遭受伤残的风险程度也在不断提高。老年风险主要表现在两方面：一是个人到退休时没有积蓄，从而负担不起个人及其家庭的生活；二是虽有积蓄但不够维持余生，即退休积蓄不足的风险。

（二）健康风险

健康风险包括疾病风险和残疾风险，这类风险对个人或家庭经济方面的影响主要表现在两个方面：一方面是医疗费用风险，意想不到的疾病和伤害都可能会给个人及其家庭带来灾难性的医疗费用负担；另一方面是收入损失风险，患有疾病或残疾非但不会减少人对收入的需要，而且病人在生病期间、残疾者在残疾期间对收入的需求可能还会提高。

（1）疾病风险。疾病风险可以分为狭义疾病风险和广义疾病风险两个层次。狭义的疾病风险是指由于人体内部患染疾病所带来的风险；广义的疾病风险是指除了疾病引起的风险外，还包括生育及意外伤害事故等方面引起的人身风险。

（2）残疾风险。残疾风险是指由于疾病、伤害事故等导致人体机体损伤、组织器官缺损或功能障碍等的风险。从经济角度上讲，残疾这种"活死亡"所带来的问题可能比真正的死亡要更为严峻。因为如果是家庭中的主要赚取收入者死亡，那么其结局仅仅是家庭一部分收入来源的终止，但如果其患残疾，那么其家庭的部分收入来源不仅终止，而且由于家庭总体消费水平未变，同时家庭的收入需求还要增加（如残疾者的医疗费用、生活自理辅助设备的购置等），残疾给残疾者家庭所带来的经济问题显然比前者严重。

**二、明确可保的人身风险**

人身保险是人身风险管理中转嫁风险的一种手段。但在人身保险发展过程中，人身风险的普遍性、复杂性往往会与保险的商业性、盈利性发生冲突，也就是说，如果保险人不加选择地满足各种人身风险转嫁的要求，就可能使自己陷入风险。因此，保险人通常将风险划分为可保风险与不可保风险，其中，可保风险才是保险客户可以转嫁和保险人可以承保的风险。具体来说，可保人身风险必须具备下述基本条件。

（一）人身风险的发生是偶然的、意外的

人身风险发生的偶然性是针对单个风险主体来讲的，是指风险的发生与损失程度是不可知的、偶然的，具有随机性。人身风险成为可保风险的必要条件是它的发生与否具有偶然性。同时，人身风险的发生应该是由不可预料的事件所导致，或者是由被保险人非故意引发的事件所导致。比如，重大疾病的发生往往是难以预料的，人的死亡虽然是必然事件，但由于一个人的死亡时间是不受自己控制的，因而死亡风险的发生时间通常是不确定的。

（二）人身风险损失必须是明确的

对于大多数险种而言，可保风险损失在时间和金额上都要求是可以明确界定的，也就是说，保险人必须明确规定保险金额和保险金的给付时间。死亡、疾病、残疾和年老等状态通常是易于识别的，但由此所导致的经济损失却难以用金钱来衡量。在人身保险中，保险人对此是通过与被保险人协商、在所订立的保险合同中规定承保风险发生后保险人负责给付的保险金数额来确定的。

（三）人身风险必须是大量标的均有遭受损失的可能性

保险是以大数法则作为保险人建立保险基金的数理基础的。保险人通过收集大量资料，掌握特定人群以往的人身风险损失规律。因此，单个被保险人的风险发生是无法预测的，我们不可能知道某个人何时死亡、何时残疾或何时需要住院。但对于一组人数足够多的被保险人，保险人就可以在存在大量风险的基础上，通过大数法则较精确地预测其死亡概率、伤残概率或住院概率、损失率，并进行保险经营，确定保费。

（四）人身风险应有发生重大损失的可能性

保险承保的人身风险通常是可能会给个人带来重大损失的。如果可能的损失程度是轻微的，就不需要通过保险来获得保障，因为承保轻微损失风险的管理费用很高，从而使得保险成本与风险的潜在损失存在严重的不对称，不具备经济可行性。只有会导致个人或家庭、团体严重财务困难的人身风险才被认为是可保的。

**三、对人身风险进行管理**

（一）人身风险管理的程序

风险管理的基本程序包括风险识别、风险估测、风险管理方法和风险管理效果评价等。

1.风险识别。这是经济单位和个人对所面临的以及潜在的风险加以判断、归类整理，并对风险的性质进行鉴定的过程。

2.风险估测。这是指在风险识别的基础上，通过对所收集的大量的详细损失资料加以分析，运用概率论和数理统计知识，估计和预测风险发生的概率和损失程度。风险估测的内容主要包括损失频率和损失程度两个方面。

3.风险管理方法。风险管理方法分为控制法和财务法两大类，前者的目的是降低损失频率和损失程度，重点在于改变引起风险事故和扩大损失的各种条件；后者是事先做好吸纳风险成本的财务安排。

4.风险管理效果评价。风险管理效果评价是分析、比较已实施的风险管理方法的结果与预期目标的契合程度，以此来评判管理方案的科学性、适应性和收益性。

课堂训练 1-1 （单选）

风险是指某种事件发生的（　　　　）。

A.不确定性　　　　B.可测性　　　　　　C.纯粹性　　　　　　D.客观性

（二）人身风险管理的方法

人身风险管理方法主要分为控制型风险管理技术与财务型风险管理技术。

1.控制型风险管理技术。

（1）避免风险发生。这是一种简单彻底的方法，但同时也导致丧失机会，有时候避免了一种风险，又会产生新的风险。

（2）预防。通过消除或减少风险因素降低损失，如经常锻炼和定期体检会减少发病机会，对疾病早发现早治疗，减少罹患重大疾病带来的损失。

（3）抑制。这是指发生损失时，尽量降低损失程度，如预备消防设备可以降低火灾带来的损失。

2.财务型风险管理技术。

（1）自留风险。这是指风险自我承担，比如我们普通感冒发热，去药店买一些常用药，这种事情发生的频率高，但负担小，我们就可以不用通过保险而自己解决。自留风险的最大好处是成本低、方便有效，但在个人及家庭财务管理方面，自留风险一定要有度，否则可能给我们带来巨大损失。比如重大疾病一旦发生，可能带来几十万元的医疗费用，对普通老百姓来说就是非常沉重的负担，也就必须转移风险。

（2）转移风险。这包括财务型非保险转移风险和保险转移风险。非保险转移风险是指将风险转移给另外的一些个人或单位去承担，如保证互助、基金会等，但会受到规模、信誉等各方面影响；保险转移风险是指将家庭及个人面临的财务风险转移给社会保险机构或商业保险公司承担，主要包括社会保险和商业保险。投保人缴纳保费，社保机构或商业保险公司在合同规定的范围内承担补偿或给付责任。社会保险和人身保险虽然存在着明显的差别，但两者在保障人们生活安定、保证社会再生产顺利进行、促进社会经济繁荣等方面是一致的，且存在相互作用、相互补充的关系。社会保险的待遇标准一般只能满足劳动者的基本生活需要，享受社会保险的公民，也可以投保人身保险，享受社会保险和人身保险双重保障，提高保障水平。

**情境模拟 1-1**

场景：一外商独资公司高薪聘用博士赵某担任副总，公司董事长在谈到待遇时对赵博士说：董事会拟定的月工资是1.2万元，但除了工资以外再没有其他福利待遇了，像医药费报销、养老等问题都得自己解决，公司概不负责，并和赵博士签订了协议。工作以后，赵博士每月从工资中拿出1 000元，向某公司投保了商业养老保险。几个月后，由于经营管理问题公司与赵博士发生意见分歧，赵博士被"炒了鱿鱼"。赵博士在劳动争议仲裁中提出公司应给他缴纳社会统筹养老保险，但遭到公司董事长的拒绝。

要求：（1）董事长的做法是否正确？为什么？（2）说明商业保险和社会保险的区别与联系。

操作：（1）董事长的做法不正确。社会保险是通过国家立法的形式建立的、向劳动者提供的一种基本社会保障制度，是劳动者的一种权利，是建立在劳动关系基础上的。劳动者个人和所在单位必须依照法律的规定参加社会保险，与商业保险不发生关系，外商企业也必须参加，否则是违法的。社会保险缴费标准和待遇等，均由国家或地方政府统一规定，不能因为给了职工高工资，或职工自己买了保险，企业就免于缴纳社会养老保险。（2）商业保险与社会保险既相互联系，又相互区别。它们的共性表现在，都集合了众多单位或个人参与，体现了互助合作精神；在资金筹集、管理与分配上都以大数法则作为数理基础，要求参与者数量足够多，对资金实行专门管理；对于生、老、病、残、死等危险事故提供保障；均体现安定人们生活、促进社会和谐发展的目的。但是，社会保险与商业性人身保险在诸多方面存在不同，如交费方式、合同双方权利义务关系、保险金额的确定、保障水平等。

**考证直通车 1-1**（单选）

被保险人在犯罪活动中所受的意外伤害是（　　　）。

A.不可保意外伤害　　　　　　　　　B.特约保意外伤害

C.一般可保意外伤害　　　　　　　　D.附加意外伤害

# 任务二　掌握人身保险

【学生任务】

◇ 要求每个学生课前预习相关内容，结合人身风险的知识理解人身保险的内涵。

◇ 要求学生能够对比财产保险，讨论并总结人身保险的特征。

◇ 要求学生能够进行人身保险种类的划分。

◇ 要求每个学生扩大课外阅读量，查找相关资料，利用幻灯片的方式演示人身保险的发展历程。

◇ 要求学生在提前预习的基础上，结合已经学过的知识和社会实践经验讨论人身保险社会功效，写出字数不少于500字的书面作业。

◇ 将学生随机分组，按小组选出若干份作业在课堂上进行点评，学生间相互评出每一份书面作业的优劣；学生对作业进一步修改后提交教师，以便教师进行评价。

【教师任务】

◇ 指导学生利用专业术语进行人身保险概念的界定。

◇ 指导学生归纳总结人身保险的特征。

◇ 指导学生利用幻灯片的方式演示人身保险的发展历程。

◇ 提示学生完成书面作业所需要关注的主要知识点，如人身保险的职能、人身保险的分类、人身保险与理财规划。

◇ 指导学生分组，在小组内对学生进行不同的分工，对学生书面作业完成情况及时进行跟进，督促其按时完成。

◇ 对各小组进行的课堂点评进行适时指导，对选出的作业予以及时、客观、公正的评价，准备回答学生可能提出的各种疑问等。

### 活动1　认识人身保险

**一、人身保险内涵**

（一）人身保险的概念

人身保险是以人的生命或身体作为保险标的、以人的生（生育）、老（衰老）、病（疾病）、残（残疾）、亡（死亡）等为保险事故的一种保险。其基本内容是：投保人与保险人订立保险合同，确立各自的权利义务，投保人向保险人缴纳一定数量的保险费；在保险期限内，当被保险人发生死亡、残疾、疾病等保险事故，或被保险人生存到期满时，保险人向被保险人或其受益人给付一定数量的保险金。因此，凡是与人的生命延续或终结以及人的身体健康或健全程度有直接关系的商业保险形式均可称为人身保险。

（二）人身保险的内涵

1.人身保险的保险标的是人的生命或身体。人的生命，是一个抽象概念，当其作为保险保障的对象时，是以生存和死亡两种状态存在的。人的身体作为保险保障的对象时，特指人的健康和生理机能、劳动能力（人们赖以谋生的手段）等。人身保险就是将这些作为衡量风险事故发生后受侵害程度的标准，进而确定给付的保险金额，以达到"保险"的目的。

2.由于人身保险权利义务关系所指向的是人的生命或身体（保险标的），而人的生命和身体是无价的，不能以货币加以度量，因此，除个别情况外，人身保险的保险金额不能像财产保险那样有确定的标准，仅就理论而言，是由保险双方当事人在保险合同订立之初按照投保方的需求度与可能性相一致的原则协商确定的。

3.人身保险的保险责任包括生、老、病、死、伤、残等各个方面，即人们在日常生活中可能遭受的意外伤害、疾病、衰老、死亡等各种不幸事故。人身保险的给付条件是当被保险人遭受保险合同范围内的保险事故，以致死亡、伤害、残疾、丧失工作能力或于保险期满、年老退休时，由保险人依据保险合同的有关条文，向被保险人或其受益人给付保险金。

4.人身保险合同的履行。除个别情况外，由于标的的无价性，人身保险的责任履行一般不能称为补偿或赔付，而只能称为给付。同时，也正是由于这个原因，人身保险中除医疗等伤害性保险外，一般不存在重复保险、超额赔付以及代位求偿等问题。

5.从风险范围看，人身保险所承保的风险几乎涵盖了人生历程中所能遭遇的各种风险，大到人的生死存亡，小到人的疾病伤害。这些看似纷繁复杂、杂乱无章的风险集合事实上存在着内在规律性，人的生死概率、疾病率、伤残率、生育率等都是可以测度的，在大量观察的基础上会呈现一定的数量规律性，这就是人身保险经营中至关重要的大数法则。人寿保险公司也正是运用这一原理设计出各种各样的人身保险品种，以满足不同层次人群的保险保障需要。

**课堂训练 1-2**（单选）

人身保险的保险标的是人的（　　　）。

A.身体　　　　　　　　　　　　B.生存和死亡

C.生命　　　　　　　　　　　　D.生命或身体

**二、人身保险特征**

（一）从保险金的性质来看

从保险金的性质来看，人身保险是给付性保险。由于人的生命价值不可以用货币计量，因此，当被保险人发生保险责任范围内的保险事故时，不能像财产保险那样根据事故发生时财产损失的实际程度支付保险赔款，只能按照保险合同规定的保险金额支付保险金。人身保险的保险金额是根据被保险人对风险保障的需求程度和在经济上的支付能力来确定的。在人身保险中一般没有重复投保、超额投保和不足额投保的限制问题。

（二）从保险事故特点来看

1.从保险事故发生的概率看，人身保险要远大于财产保险。由于人的寿命是有限的，因此对于某一个人来说，非生即死，非死即生。如果人身保险只是将生存或者死亡的某一个方面作为保险事故，保险人是否给付保险金就具有两种可能性，可能给付也可能不给付；但若同时将生存和死亡作为保险事故如两全寿险，那么保险人给付保险金就只具有一种可能性，即必然给付，对于终身寿险而言更是如此。而财产保险具有很强的射幸性，所以，人身保险单的给付率大大超过财产保险中赔款支付率，人身保险费率厘定的原理也就不同于财产保险的费率厘定原理。

2.从保险事故的集聚程度看，人身保险事故具有较大的分散性。人身保险中除极少数特殊情况如空难、沉船外，一般不大可能出现大量被保险人同时出险的情况，相对来说其保险事故是小额的，而且比较分散。因此人身保险在业务经营上具有相对稳定性，其中尤以年金保险的业务经营最为稳定。而财产保险的情况就有所不同。在财产保险中，由于大量的保险标的是不动产，因此，一旦发生巨灾事故，所造成的损失常常是保险人难以承受的。

3.从保险期间风险的变化情况看，人身保险的被保险人发生保险事故的概率随其年龄的增长而增加。这是由于随着被保险人年龄的增长其身体的各项机能逐渐老化，身体的协调性、柔韧性及抗病性日益减退，因此发生疾病的可能性和死亡的概率逐年增加。不同年龄的人死亡率是不相同的，如果用数学方法表示，则死亡风险是年龄的函数。

（三）从业务经营的特点来看

1.人身保险一般不需要分保。人身保险的保险事故具有小额分散的特点，大部分保单的给付具有必然性，而且给付率的计算通常比较精确，财务稳定性比较强，多数情况下不需要办理再保险。

2.人身保险多为长期性业务，采取均衡费率。由于人的死亡风险随着年龄的增长逐年增加，这样，如果按当年死亡率水平来确定保险费率，那么保险费率就会年年变动。被保险人年龄越大，保费越高。大多数被保险人在晚年最需要保险保障的时候会因无力缴纳高额保费而退出保险，这样就使人寿保险失去了存在的意义，而且还可能出现身体健康的人考虑费率上升而退出保险，体弱多病者考虑危险程度增大而坚持投保的"逆向选择"现象，对保险人的经营十分不利。为了避免费率频繁变动，使人到晚年仍可获得保险保障，保证保险人的正常经营，一般人身保险采用均衡费率，与根据当年的死亡率确定保险费率的自然保费不同，均衡费率与当年的实际死亡率相分离，在保险期内按同一金额收取保险费。采用均衡费率，保险缴费前期的均衡保费均高于自然保费，表明投保人所缴的保费多于应缴的保费，保险交费后期则均低于自然保费，表明投保人所缴的保费少于应缴的保费，前期多缴的保费恰好用来弥补后期少缴的保费。

3.人身保险费所形成的资金可进行长期投资。一方面，由于人身保险期限较长，有些保单从缴费到领取保险金有长达三四十年的时间间隔，保险人可以从长期稳定的保费收入中获得一笔长期稳定的资金，这笔资金可以用来投资，从而为寿险公司和社会产生经济效益。另一方面，由于人身保险合同的保险费率、应缴保费及保险金额等都是在订立契约时规定好的，而在长达几十年的保险期内，客观情况会发生很大变化，如发生通货膨胀问题。由于考虑到货币贬值，投保人就不愿购买长期性寿险，或即使购买，一旦发生通货膨胀，就会发生大范围的退保。要想使保险金保值，保险公司就必须搞好投资，并将投资的收益以各种方式分给被保险人。通过投资可以在一定程度上抵消物价上涨对被保险人利益的影响。目前，保险投资已成为国内外寿险公司一项重要而且专门的业务。我国保险市场上热销的投资性产品、分红产品也正是适应这一潮流而出现的。

4.人身保险核算的科学性。在人身保险中，不同年龄被保险人的死亡率是不同的，这种风险的特殊性，导致形成了保险费计算和责任准备金确定上的一整套科学完备的体系，这被人们称为寿险精算。在人寿保险中，根据被保险人签订合同时的年龄、经济状况、健康情况、投保期限和保证利率等多种因素，经过经验的测算，以及数学、统计学方法的应用来确定保险费和责任准备金。这种确定方法由于有着科学的计算过程和可靠的统计资料，因而预测的准确性较高。

（四）从保险收益的特点来看

1.人身保险具有储蓄性质。由于在人身保险中采取的是均衡保费，因此在保险合同的前期，保险人每年收取的保费要超过其当时需要承担的义务。这个超过的部分是投保人提前交给保险人的用于履行未来义务的资金。它相当于投保人存在保险人处的长期性的储蓄存款，这笔存款由保险人投资或存储于银行并产生利息。这部分多缴的保费连同其产生的利息，每年滚存累积起来，就是保单的现金价值，相当于投保人在保险合同中的一种储蓄。

2.人身保险享有纳税方面的优惠。世界上许多国家都对人身保险给予税收优惠。许多国家对人身保险金还免征或少征遗产税，但在不同的产品类型上，各国存在一定的差异。《中华人民共和国个人所得税法》明确规定"保险赔款免纳所得税"。

**考证直通车 1-2**（单选）

被保险人遭受保险合同范围内的保险事故时，向被保险人或受益人给付保险金的保险是（　　）。

A.人身保险　　　　B.财产保险　　　　C.责任保险　　　　D.信用保险

**拓展阅读 1-1**

### 买保险和遗产税赛跑

2007年4月，台湾某部门公布：陈水扁首度申报四笔储蓄寿险，5年后领回150万元新台币；还有一笔是利率变动型寿险，15年后领回3 000万元新台币。某部门官员分析，若受益人是其子女，陈水扁此举可避交遗产税。根据台湾税率，3 000万元新台币约需交千万元新台币的遗产税。

遗产税1598年起源于荷兰，目前世界上已有100多个国家和地区征收遗产税。1940年，我国第一次开征遗产税，1946年通过了我国历史上第一部遗产税法。中华人民共和国成立后，1950年通过的《全国税政实施要则》将遗产税作为拟开征的税种之一，但限于当时条件未开征。1994年的新税制改革就已将遗产税列为国家可能开征的税种之一。1996年，全国人大批准了《国民经济和社会发展"九五"计划和2010年远景目标纲要》，纲要中明确提出将"逐步开征遗产税和赠与税"。2012年12月，在我国深圳提出的收入分配制度改革提案中，就曾有人提出试征遗产税的建议，这一建议立刻在社会上引起了极大关注。尽管征收遗产税的提议距离真正实施尚有时日，但却触动了不少富人的神经。而我国储蓄实名制的实施和《物权法》的颁布，无疑已为征收遗产税做好了铺垫，开征已成必然。根据拟征遗产税的有关草案，高额遗产需征税，越多税率就越高，最高可达50%。子女继承遗产之前，必须先缴纳遗产税。

投资保险可合理规避遗产税。选择适当的保险品种，有意识地用巨额资金购买投资型保险，以子女为保险受益人，身后就能留下一大笔不用交税的遗产。实际上，投资保险已成为目前最佳的合理避税方式之一。

资料来源：根据《东南快报》《楚天都市报》《国际金融报》相关资料提炼整理.

## 活动2　了解人身保险分类与发展历程

### 一、人身保险的分类

#### （一）按照保险范围划分

1.人寿保险。人寿保险是以被保险人生存或死亡为保险事故（给付保险金条件）的一种人身保险业务。在全部人身保险业务中，人寿保险占绝大部分。由于人寿保险是以人的生存或死亡为给付条件的，因此，市场上各种寿险可分为生存保险、死亡保险和两全保险三大类。

（1）生存保险。生存保险是指被保险人在一定的保险期限届满时，若还生存于世，即由保险人给付保险金；若被保险人在保险合同期限内死亡，保险人不再给付保险金。生存保险包括定期生存保险和年金保险。其主要目的是一定期限之后，被保险人可以领取一笔保险金，以满足其生活上的需要，保障经济收入的稳定和生活水准不致因收入水平的降低而下降。

（2）死亡保险。死亡保险是指以被保险人在规定的期间内死亡为给付保险金条件的人身保险。当死亡保险的被保险人在合同期间内死亡时，由保险人向保险受益人给付合同规定的死亡保险金。死亡保险是人身保险中出现最早的险种，是人身保险的重要组成部分。死亡保险包括定期死亡保险和终身死亡保险，其主要目的是避免由于被保险人死亡而使其家属或依赖其收入生活的人陷入困境。

（3）两全保险。两全保险，又称"生死合险"，是指以被保险人在保险期间死亡或生存至期满为保险金给付条件的人身保险，它是生存保险与死亡保险的混合保险。两全保险的死亡保险金和生存保险金可以不同：若被保险人在保险期间内死亡，保险人按合同规定将死亡保险金支付给受益人；保险合同终止时，若被保险人生存至保险期满，保险人将生存保险金支付给被保险人。可见两全保险具有保障和储蓄的双重功能，在世界各国的人寿保险业务中均占有较大的份额。

考证直通车 1-3 （单选）

既可以使受益人得到保障，又可以使被保险人本人享受保险利益的险种是（　　）。
A.生存保险　　　　B.年金保险　　　　C.人寿保险　　　　D.两全保险

2.人身意外伤害保险。人身意外伤害保险，简称意外伤害保险，是指在保险合同有效期内，被保险人由于外来的、突发的、非本意的、非疾病的客观意外事故造成身体的伤害，并以此为直接原因致使被保险人死亡或残疾时，由保险人按合同规定向被保险人或受益人给付死亡保险金、残疾保险金或医疗保险金的一种保险。

3.健康保险。健康保险是以被保险人支出医疗费用、疾病致残、生育或因疾病、伤害不能工作而收入减少为保险事故的人身保险。

课堂训练 1-3 （单选）

健康保险的保险责任是（　　　）。

A.生存和死亡　　　　B.健康问题　　　　C.生命　　　　D.伤病风险

**（二）按照保险期限划分**

1.长期保险业务。长期保险业务是保险期限超过一年的人身保险业务。人寿保险一般属于长期业务，有些健康保险也属于长期保险。

2.一年期保险业务。一年期保险业务是指保险期限为一年的人身保险业务。该类保险业务中以人身意外伤害保险居多。健康保险可以是长期保险业务，也可以是一年期保险业务。

3.短期保险业务。短期保险业务是保险期限不足一年的人身保险业务。短期保险业务通常是那些只保一次航程、一次旅行的旅客或公共场所游客的意外伤害保险。

**（三）按照人身保险实施的形式划分**

1.强制保险。强制保险也称为法定保险，是根据法律规定而自行生效的，不论被保险人是否愿意投保，或保险人是否愿意承保，依照法律必须成立的保险关系。

2.自愿保险。自愿保险是保险双方当事人依照平等互利的原则，通过订立契约关系，自愿签订保险合同的保险。投保人是否投保，投保哪一险种，保险金额的高低都根据投保人的需求而定。保险人根据投保人的请求可以承保，也可以拒绝承保。

**（四）按照人身保险的投保方式划分**

1.个人人身保险。个人人身保险是以个人为投保人，一张保险单只承保一个被保险人的人身风险的保险。个人人身保险又分为普通人身保险和简易人身保险两大类。普通人身保险的保险金额高于简易人身保险。

2.团体人身保险。团体人身保险是以法人为投保人，一张保险单承保一个法人单位的全部或大部分成员（一般要求至少为总人数的75%）的人身风险的保险。团体人身保险又分为团体人寿保险、团体意外伤害保险和团体健康保险等。团体人身保险的主要优点：一是团体成员身体大多比较健康；二是一张保险单承保多人，保险金额相对较低，并且无须逐一体检，可以简化投保、承保手续；三是保险人承担的风险相对稳定。

**（五）按保单是否参与分红划分**

1.分红保险。分红保险是保险人将其经营成果的一部分，每隔一段时间（通常为一年）以一定的形式分配给被保险人的人身保险。分红保险的保费高于不分红保险的保费。

2.不分红保险。不分红保险是被保险人在保险费交付后没有盈利分配的人身保险，即投保人不分享保险人经营的成果。被保险人所获得的保险利益是在保险合同签订时就已经确定下来的，不随未来保险公司经营业绩和利率等因素的变化而变化。不分红保险的费率低于分红保险的费率。

**（六）按被保险人具有的风险程度划分**

1.标准体保险。标准体保险是指被保险人的风险程度属于正常标准范围，可以按标准费率承保的人身保险。标准体又称为健体或强体，是指被保险人在身体、职业、道德等方面没有明显的缺陷。大部分人身保险业务都是标准体保险。

2.次标准体保险。次标准体保险是指由于被保险人风险程度较高不能按标准费率承保，但可附加条件承保的人身保险。次标准体又称次健体或弱体，是指被保险人所具有的风险程度超过了标准体的风险程度，因而只能用特殊条件进行承保的被保险人。

**案例分析 1-1**

### 人身保险应如何赔偿

早在 2010 年发生的伊春空难，至今令人心有余悸，那年的 8 月 24 日 21 时 40 分，一架航班号为 VD8387 的 E190 型河南航空公司客机在黑龙江伊春机场降落前发生事故，共造成 42 人遇难，54 人受伤。幸运的是，事故发生后，航空公司和保险公司迅速投入到抢险和理赔中。

坠机事件遇难的 42 人，确认有 35 人在 20 家保险公司投保了人身保险，其中部分遇难者一人在多家公司投保，拥有多份保险单；54 个受伤人员中，21 人在 9 家保险公司投保，拥有 27 份保险单，其中有 3 人拥有两份以上保险单。投保的险种主要有航空意外伤害保险、终身寿险和企业团体人身保险。航空公司对 "8·24" 飞机坠毁事故遇难旅客的赔偿标准为每人 96 万元人民币，保险公司经过认真核对每位乘客的保险单情况，对涉及到的保险金额 2 543.98 万元（包括一人拥有多份保险单的累加）进行了全部赔偿。

一般来说，财产保险多家投保，并不能得到双倍或多倍赔偿，为什么人身保险多家买就不同呢？

分析：对于人身保险而言，遇难旅客得到的航空公司赔偿，甚至原单位按照国家规定标准应当享受的抚恤、劳保以及其他社会人身保险待遇，或者是国家的人道主义救济等，均不影响保险理赔。人身保险是定额给付性保险，没有重复保险、超额保险和不足额保险的限制问题。无论个人在几个保险公司买了多少份保险，只要发生的危险事故属于保险范围，保险公司都要按照保险合同约定，以保险金额为限进行给付。

资料来源：根据中国保险网资料整理.

**二、人身保险的发展历程**

人身保险是人们处理在日常生活中所面临的生、老、病、死、残等风险的有效途径之一。它起源于早期的互助团体，迄今已有几千年的历史，随着商品经济的发展逐渐演化为现代意义上的比较完善的人身保险制度。

（一）人身保险的起源

1.风险的客观存在是人身保险产生、存在和发展的前提。在人类社会的早期，人们以血缘关系组成氏族公社作为劳动和生活的共同体，以实现互助互济的目的。随着生产力的发展，剩余产品开始出现，产生了私有制和家庭，人们的个人消费和风险分担绝大部分在家庭内部实现。但是如果在积蓄起足够的后备之前发生人身风险，则后备不敷支用，甚至是无济于事。由于人身风险是人们普遍面临的风险，为了使保障更可靠，在经济上更合理，就有必要以互助形式建立社会化的应付人身风险的后备组织。

2.各种互助团体的出现。早在古代，人们就自发地组织了各种应付人身风险的互助团体。据史料记载，早在公元前 4 500 年的古埃及，由于大规模地修建金字塔，许多石匠死伤于施工过程中，为了给予死伤者及其家属适当的经济补偿，石匠们就曾组织过互助团体。到了中世纪的欧洲，行会很盛行，如工匠行会、商人行会、宗教行会等。这些行会除按其成立的目的进行活动以外，大都还具有互助的性质，由全体会员缴纳会费，扶助遭受不幸事故的会员，扶助的范围比较广泛，包括成员的死亡、伤残、疾病、衰老、贫困、房屋损坏及丧失家畜等。

（二）现代人身保险的形成

1. 现代人身保险的开端。近代保险是从海上保险发展而来的，海上保险的主要保障对象是船舶和货物。在15世纪，欧洲殖民主义者进行奴隶买卖，把经海上贩运的奴隶也作为货物投保"人身保险"，后来发展为对船长和船员投保人身保险，但是，这些"人身保险"的运作都是附属于海上保险的。在英国，迄今发现最早的一张人寿保险单是1583年6月18日签发的承保威廉·吉本斯的短期寿险单。1653年，意大利银行家洛伦佐·佟蒂提出一种名为国库募集国债的计划，被称为联合养老保险法，也被称为"佟蒂法"。"佟蒂法"于1689年在法国实施，1726年全部认购人死亡后，"佟蒂法"宣告结束。

2. 现代人身保险的形成。人身保险制度伴随着资本主义经济的发展而日渐成熟。1699年，英国出现了世界上第一家人寿保险组织——孤寡保险社。到1720年，类似的组织在英国有50多家。英国天文学家埃德蒙·哈雷，根据德国布勒斯劳市1687—1691年按年龄分类的居民死亡统计资料，在1693年编制了第一张完整的生命表，为现代人寿保险的发展奠定了数理基础。1756年，詹姆斯·道德森认为应制定一种更为科学的人寿保险费率，在哈雷编制的生命表基础上提出了"均衡保险费"的理论。1762年成立的人寿和遗属保险社首次根据道德森的设计方案计算保险费，使用均衡保险费法计算了终身寿险的保险率。

3. 现代人身保险的发展。到19世纪中期，随着生产力水平的提高和人口的增长，人们对人身保险的需求日益增长，出现了许多新的险种和新的组织形式。1854年，英国下议院经过社会调查，建议为低薪阶层解决保险问题。在1864年，又开办了邮政简易保险。到19世纪后期，简易人寿保险吸引了数以百万计的低薪阶层的人投保，并且流传到其他国家。人身意外伤害保险也于19世纪中期出现，1848年，英国铁路旅客保险公司开始办理旅客人身意外伤害保险。承保雇员的团体人身保险计划出现于美国。美国谨慎保险公司还于1928年首创了信用人寿保险业务。第二次世界大战以后，主要资本主义国家的经济恢复得很快，人身保险业务出现了持续高速增长的局面，其增长率超过了非寿险业务和国民生产总值的增长率。

（三）我国人身保险的发展历程

1. 中华人民共和国成立前的状况。

我国虽然早在古代就产生了养老恤贫、互助共济的思想，民间也曾出现过丧葬互助组织，但近代人身保险制度是从国外传入我国的。1846年，英国人首先在上海设立了永福和大东方两家人寿保险公司，其后又有美国的联邦寿险、友邦人寿保险公司，以及加拿大的永明、永康、宏利等人寿保险公司相继成立。1933年7月和1934年4月，中国保险公司和太平保险公司分别设立了寿险部，经营人身保险业务。后来，由于当时国民党政府不允许一家保险公司兼营损害保险和人身保险，这两家保险公司的寿险部相继改组成为中国人寿保险公司和太平人寿保险公司。日本帝国主义发动侵华战争以后，曾在其统治下的伪"满洲国"设立满洲生命保险会社，经营人寿保险业务。在抗日战争期间，民不聊生，流离失所，未沦陷区的人身保险也日趋衰落。在解放战争时期的国民党统治区，人民生活贫困，物价飞涨，人身保险只能惨淡经营，苟延残喘，到中华人民共和国成立前夕已奄奄一息。

2.中华人民共和国成立以后的情况。

（1）1949年至1980年。中华人民共和国成立之后，人民政府对原有的保险业进行了接管和改造。于1949年10月20日成立了第一家国营性质的中国人民保险公司，在全国范围内经营财产保险和人身保险。中国人民保险公司在中华人民共和国成立后的头10年里，办理的人身保险业务主要有以下几种：铁路、轮船、飞机旅客意外伤害强制保险；职工团体人身保险；渔工团体人身保险；个人人寿保险；简易人身保险。1958年，农村开展了人民公社运动，之后又扩大到城市。1959年10月，国务院在西安召开了财贸工作会议，会议认为，人民公社化以后，保险的作用已经消失，遂决定除国外业务继续办理以外，国内业务立即停办。从1959年开始，铁路、轮船、飞机旅客意外伤害强制保险分别移交给铁路、交通、民航部门办理，其他人身保险业务则清理停办。

（2）1980年至1992年。党的十一届三中全会将全党的工作重点转移到经济建设上来，保险业的发展被重新提上了议事日程。自1979年第四季度开始，部分省市恢复办理财产保险业务。自1982年开始，中国人民保险公司首先恢复办理了团体人身保险、团体人身意外伤害保险、简易人身保险和公路旅客意外伤害保险，此后还陆续开办了学生平安保险、子女教育婚嫁保险，以及独生子女父母养老金保险等与教育事业、计划生育政策相配合的险种。

1986年，新疆生产建设兵团保险公司在新疆成立，经营新疆各兵团的财产和人身保险业务；1988年5月，中国平安保险公司在蛇口成立，同时经营财产保险和人身保险业务。1991年，中国太平洋保险公司在上海成立，同时经营财产保险和人身保险业务。

（3）1992年至今。随着经济体制改革的不断深入和社会主义市场经济的逐步确立，保险业务由中国人民保险公司独家经营的局面被进一步打破。1990年以来，平安、太平洋、美国友邦、新华、泰康、中宏人寿、太平洋安泰人寿、安联大众人寿、金盛人寿、信诚人寿等也陆续进入人身保险市场。

近几年，我国的人身保险业务增长速度有所放缓，但是，我国的保险业务的整体增长水平远远超过国民经济的发展水平。

截止到2015年底，我国原保险保费收入为24 282.52亿元，同比增长20.00%。

一是产险公司原保险保费收入为8 423.26亿元，同比增长11.65%；寿险公司原保险保费收入为15 859.13亿元，同比增长24.97%。产险业务原保险保费收入为7 994.97亿元，同比增长10.99%；寿险业务原保险保费收入为13 241.52亿元，同比增长21.46%；健康险业务原保险保费收入为2 410.47亿元，同比增长51.87%；意外险业务原保险保费收入为635.56亿元，同比增长17.14%。产险业务中，交强险原保险保费收入为1 570.98亿元，同比增长10.74%；农业保险原保险保费收入为374.90亿元，同比增长15.08%。另外，寿险公司未计入保险合同核算的保户投资款和独立账户本年新增交费8 324.45亿元，同比增长97.91%。

二是赔款和给付支出为8 674.14亿元，同比增长20.20%，其中，产险业务赔款为4 194.17亿元，同比增长10.72%；寿险业务给付3 565.17亿元，同比增长30.67%；健康险业务赔款和给付762.97亿元，同比增长33.58%；意外险业务赔款为151.84亿元，同比增长18.24%。

三是资金运用余额为111 795.49亿元，其中主要是人寿保险资金运用。

上述数据显示，我国的人寿保险无论是保费收入水平还是增长速度都超过财产保险。

## 活动3　明确人身保险的社会功效

**一、人身保险的功能**

（一）人身保险的一般功能

社会经济补偿制度由自保、集中、保险三种经济补偿制度构成。随着商品经济的发展，保险日益成为三种经济补偿制度的主导，自保和集中处于辅助地位。人身保险作为保险的一种，自然具有保险的一般功能。

1.保险保障功能

人身保险的保障功能具体体现为人身保险的给付功能，而财产保险的保障功能体现为经济赔偿功能。给付与赔偿并不同义。需要赔偿的损失可以通过价值形式明确计量，保险金给付项目则很难用一个固定金额去计量。给付是人身保险支付保险费的特定说法，有时是一次性的，有时则需分期进行。人的生存、年老、死亡、伤残等均不能用货币估值，保险人只能根据被保险人生、老、病、残、伤、亡的一般特征和具体情况确定投保费率，征收保险费，建立保险基金。保险当事人双方事先要对保险的条件、期限和金额标准达成协议，保险人按照协定一次或分期付给被保险人保险金。

2.资金融通功能

这是指人身保险机构利用保险基金的长期性、集中规模的特点，积极运用保险资金，按照一定渠道投放，进行投资活动，并预期收回增值资金的活动。其一般方式是存款生息，购买债券、股票或不动产，进行期货交易，还可以直接投资经济领域，扩大社会再生产规模，促进经济增长。

3.社会管理功能

保险的社会管理功能是在保险业逐步发展并在社会发展中的地位不断提高和增强之后衍生出来的一项功能。人身保险的社会管理功能主要体现在：社会保障管理、社会风险管理、社会关系管理、社会信用管理。人身保险作为社会保障体系的有效组成部分，在完善社会保障体系建设方面发挥着重要作用，为维护良好的社会关系创造了有利条件。人身保险合同履行的过程实际上就为社会信用体系的建立和管理提供了大量重要的信息来源，实现了社会信息资源的共享。

（二）人身保险的特殊效用

人身保险的主要目的在于确保经济生活的安定，一方面要根据合理的计算来测定风险，同时还要做好充分的准备；另一方面在保险事故发生时，要尽力使原有经济生活所遭受的负面影响迅速得到恢复。因而人身保险在整个经济体系中有其特殊的效用，可以从以下三个角度进行考察。

1.对个人和家庭的效用

保险作为一种化解风险的手段，其作用正日益为人们所重视，因为现代人对生命中的不可预知性越来越有体会。人们会担心自己过早地离开亲人，而使整个家庭陷入困境；会担心万一身染重病，不仅要支付巨额的医疗费用，还要影响收入，给家庭造成经济困难。随着人们寿命的不断延长，养老的时间也随之加长，于是老有所养成为人们关心的问题。凡此种种，如不提早筹划就成为人们的后顾之忧。人身保险正是从这几方面给人们提供了保障。人身保险可以减轻个人和家庭对人身风险的忧虑，为个人和家庭提供经济保障，另外也是一种个人投资手段。

（1）经济保障，化解意外伤害造成的损失。保险最重要的功能是保障，人身风险时时伴随着人的左右。人身保险可以把个人、家庭的人身风险转嫁给保险公司，投保人缴纳确定金额的保险费以后，在被保险人发生死亡、伤残、疾病、衰老等人身风险时，从保险公司领取一笔保险金可以保证家庭生活的稳定，避免因家庭主要劳动力发生保险事故造成家庭收入减少或支出增加，甚至使生活陷入困境等情况的发生。

（2）投资手段。由于长期人寿保险中保险公司要对投保缴纳的保险费计算利息，满期给付的保险金远远高于缴纳的保险费，所以投保长期人寿保险往往被视作一种投资手段。由于寿险具有经济保障作用，不具有投机性，无风险，收益稳定，因而往往被人们所选择。投保人可以将寿险保单作为抵押向保险公司借款，也可以随时请求解除合同，领取退保金，所以说人寿保险单具有现金价值，往往被视为个人金融资产。

（3）保险单所有人和受益人还可享受税收减免。多数国家的税法规定，在被保险人死亡时给付的人寿保险金可以免缴所得税。付给受益人的保险金还可以全部或部分免缴遗产税。向保险单所有人的所有支付，如退保金、红利、两全保险期满生存的给付金，免缴所得税的金额相当于所缴付的保险费金额。对年金收入也只征收适量的所得税，即只对其中的利息收入部分征税。

2.对企业的效用

现代社会中，随着工业化进程加快，越来越多的人在企业中工作。企业作为投保人，缴纳保费为员工投保人身保险，当员工发生死亡、伤残、疾病等事故时或年老退休后可以从保险公司领取一笔保险金，从而稳定企业支出，提高员工福利，增强企业凝聚力。不少国家还对此采取鼓励措施，规定企业为员工投保人身保险支出的保险费，在一定金额以内的部分，可以列入成本，作为税前支出。当然，通过投保人身保险，尤其是人寿保险，可以使企业经营不受重要职员突然死亡的影响，可以使合伙事业不因任一合伙人的死亡而解散，可以使职工安居乐业；同时可以提高企业信用。

3.对社会的效用

人身保险资金的投资运用，实际上是把部分个人消费在一定时期内投入生产领域或其他经济领域，发挥促进经济发展的作用。发展中国家需要资金，可以采用发展储蓄、引进外资、发行国债、借外债等手段，发展人身保险也可作为筹集资金的一种手段。即使在发达国家，人身保险也是提供经济发展所需资金的一条重要渠道。保险公司作为金融机构的一种，其经营也具有调节金融的作用，保险业与银行业、证券业同等重要，对一国金融事业的稳定负有较大责任。此外，人身保险对社会的效用还表现在以下几个方面：

（1）有助于稳定社会生活。人身保险是社会保障体系的重要组成部分，并且世界各国都把建立和健全社会保障体系作为现代化国家的重要标志之一。社会保险和商业保险是在社会保障体系中居于重要地位的两个保障系统，但由于社会保险无法完全提供个人和家庭的经济保障，所以需要由商业保险作为重要补充。也正因如此，美国学者把社会保险、企业保险和个人保险比喻为"三条腿的椅子"。因此，人身保险作为构建社会的"稳定器"与"安全网"的重要部分之一，可以为社会成员提供多层次风险保障。人们通过平等自愿地参与人身保险，能够在很大程度上消除后顾之忧，或者补偿因人身风险所遭受的经济损失，从而促进全社会的持续发展。

（2）有助于扩大社会就业。人身保险实质上实行的是以人为本的行销策略，增员管理是人身保险行业的一个重要经营理念，表现为整个行业的人员流动性很大，不断有许多素质欠缺或缺乏适应性的员工被淘汰出局，但同时又会有更多吃苦耐劳、素质较高的新员工加盟进来，使得人身保险行业可以容纳数量极大的社会富余劳动力，从而可以为社会解决一定的就业问题。近年来，我国人身保险行业的从业人员总数也有较大幅度的增长。从某种程度上说，人身保险行业是全社会劳动力的蓄水池，它的发展对整个社会的稳定和发展有着重要作用。

（3）有助于解决社会老龄化问题。人口老龄化问题成为当前世界各国政府急于解决的一个十分棘手的问题，并被列为21世纪妨碍人类顺利发展的十大难题之一。根据联合国制定的划分标准，当一国总人口中60岁以上的老年人达到10%时，即被认为是进入了老龄化社会。根据世界银行的统计，到2026年，中国60岁以上的老年人口将占总人口数的18%。面对如此严峻的形势，探索一条有效解决老龄化问题的途径，使得老年人能够老有所养，已迫在眉睫。虽然社会保障体系在处理这个问题上有其独到之处，但由于其保障范围、保障程度等因素的限制，单靠社会保险来解决养老问题是远远不够的。而人身保险与社会保险相比，有着后者所无法比拟的优势。因此将二者有机地结合起来，取长补短，互为补充，构建起一个全面、有效的社会保障体系，可以更好地解决人类社会面临的老龄化问题。

**二、人身保险与理财规划**

（一）理财规划的含义

理财规划是指运用科学的方法和特定的程序为客户制定切合实际、具有可操作性的包括现金规划、消费支出规划、教育规划、风险管理与保险规划、税收筹划、投资规划、退休养老规划、财产分配与传承规划等在内的某方面的或者综合性的方案，使客户不断提高生活品质，最终达到终生的财务安全、自主和自由的过程。所谓的财务自由包括两方面的含义：其一，通过理财获得的现金流收入持续稳定，且远大于个人或家庭年总支出；其二，个人或家庭财务独立、安全，并且具备持续实现理财年现金流远大于个人或家庭年总支出的能力。

（二）理财规划编制程序

1.收集信息资料

信息资料通常包括家庭的资产、负债和资产净值，家庭收入和支出的情况，资金的投向，购买的保险产品，享受的各种福利，纳税额等。此外，还需收集有关个人兴趣、生活态度、风险容忍度、健康状态等信息。收集信息资料要做的具体工作包括：

（1）计算资产净值。资产可分为流动资产和固定资产，流动资产是指随时可以变现的财产，包括银行存款、债券、保险、基金、股票、黄金等；固定资产是指能够供家庭长期享用，但不易变现的财产，包括房屋、汽车以及珠宝等。负债可分为短期负债和长期负债。短期负债是指不超过一年期限的债务，包括分期付款、消费性信贷等；长期负债是指偿还期限超过一年的债务，包括住房抵押贷款、汽车消费信贷等。资产的净值是资产与负债的差额。

（2）弄清收入来源和收入水平。家庭的收入一般来源于工资收入，对于大多数家庭而言，这是最主要的收入来源；投资收入，比如投资股票的收益、银行存款利息、出租房屋租金收入等；其他收入，比如接受捐赠和救济收入。

（3）了解支出情况。支出可分为基本生活支出和其他支出，基本生活支出即日常生活费用支出，其他支出包括购买住房、家用电器、旅游等方面的支出。

**2.确定目标**

这是理财规划中最具挑战性的工作，因为即便是事业有成的人士也未必认真考虑过未来的打算，这既给理财规划师制定财务目标提供了用武之地，也为其出了一道棘手的题目。为此，理财规划师要与客户一道，在准确了解客户资产净值的前提下，全面、深入、细致地考虑其收入与支出，以及未来的需求，以期合理地确定财务目标。

**3.信息分析，完成理财规划**

信息分析就是对收集上来的资料进行分析处理，将数字人性化，即依据确定的目标，借由计算机或公司提供的常理分析，给予客户资产分配的建议。这一步骤的关键在于，能否知道如何处理和分析信息资料，以及对不同的金融产品有着充分了解。

（1）对资产进行静态分析。其中包括分析流动资产、投资性资产、固定资产、资产净值。

（2）对收支进行动态分析。收是指家庭的各种收入，支是指家庭的各种开支，收是家庭的供给，支是家庭的需求。对收支进行动态分析就是审视收支情况，在动态上实现收支平衡、供求平衡。

**（三）人身保险与理财规划的关系**

人身保险与理财规划的关系体现在两个方面：

**1.人身保险是实现理财规划目标的重要工具**

对于解决家庭主要收入者不幸死亡给家庭造成的经济困难和财务损失，人身保险具有不可替代的作用；对于应付由于疾病所造成的经济损失和失能所带来的收入损失，健康保险在众多金融工具中占有重要的地位；人寿保险可以作为筹集教育金的工具、积累基金的工具、养老的工具等。

**2.理财规划是保险促销的重要手段**

保险公司的理财规划师帮助客户制定理财规划，一般是先分析客户风险偏好和保障缺口，在此基础上向客户提出理财建议，比如重新分配金融资产，调整股票、债券、存款比例，并用不同的保险产品为客户量身定做人身保险计划，与客户建立长期的合作关系。

总之，制定理财规划要采用包括人身保险在内的众多金融工具实现理财目标，所以有利于人身保险功能的发挥；制定理财规划又有利于人身保险作用的发挥。

## 综合训练

**一、简答题**

1.如何理解人身保险的特点？

2.简述人身保险的特殊效用。

**二、实务题**

人身保险投保的基本原则如下：第一，先给大人买保险；第二，先给家庭经济支柱买保险；第三，先买意外险、健康险；第四，上有老下有小、有房贷更要买寿险；购买保险要趁早。

　　要求：讨论人身保险投保的基本原则并说明理由。

　　三、案例题

　　2010年6月，一场车祸过后，同样是家境并不富裕的两个农民，经抢救无效死亡后，其家人却有着不同的遭遇。而导致两个不幸家庭不同境遇的正是一份保费仅仅100元的意外保险。2009年7月，山东农民王某购买某人寿保险公司的团险产品"一帆风顺"，100元保费即可获得8万元的保障，保险期限为1年。意外车祸发生后，保险公司赔付王某家人8万元的身故金、最高5 000元的意外医疗费和每日30元的意外住院医疗津贴，共计85 030元。而另一村民身前没有任何社会或商业保障，肇事司机虽已拘留，却表示无力偿还死者家属提出的赔款。面对同样的不幸却有着不一样的境遇，这正是商业保险对现代生活最直接也是最有效的帮助。在现代社会，意外伤害已经成为对健康和生命的最大危害。失去亲人原本已是人生最大的不幸，如果离开的亲人又恰好是家庭主要的经济来源，那么对家庭的打击将是毁灭性的。

　　要求：联系现实说明人身保险的职能作用。

　　四、实训题

　　实训项目：人生的四个阶段特点及其保险需求分析。

　　实训目的：分析人生四个阶段少儿期、青年期、中年期、老年期的保险需求。

　　实训步骤：（1）分析人生四个阶段少儿期、青年期、中年期、老年期的特点；

　　（2）分析人生四个阶段各阶段的保险需求。

　　实训成果：以图表的形式列出人生的四个阶段特点及其保险需求。

# 项目二　人身保险合同

**【知识目标】**

1.明确人身保险合同的特征

2.掌握人身保险合同的种类

3.了解人身保险合同的订立、变更和终止

4.熟练掌握人身保险合同的主要条款

**【能力目标】**

1.能够理解人身保险合同的概念

2.能够准确划分人身保险合同的种类

3.能够识别人身保险合同的形式

4.能够掌握人身保险合同的订立、变更和终止的注意事项

5.能够熟练填写人身保险合同单证的内容

6.能够熟练掌握人身保险的主要条款

**【素质目标】**

1.能够在众多的保险单证中准确识别人身保险合同

2.能够向客户解释如何正式签订一份人身保险合同

3.能够熟练地掌握人身保险合同的履行、变更、中止、复效和终止

4.能够按照法律的规定和行业惯例处理人身保险合同的争议

5.能够熟记并用通俗的语言向客户解释人身保险合同的条款

**【工作任务】**

1.独立填写一份结构、内容完整的人身保险投保单

2.运用自己的语言向客户解释清楚人身保险合同条款的内容

案例导入

## 人身保险合同受益人的转让

王志刚与妻子张倩投保了一份终身人寿保险，保险金额为20万元，保险合同中指定的受益人是其女儿王红，夫妻二人共同经营一家企业，日子过得红红火火。几年后，企业经营出现滑坡，最终破产，之后二人相互埋怨，发生多次纠纷，原本恩爱和睦的二人感情破裂，决定协议离婚，十岁的女儿归妻子张倩抚养。在家庭财产处理问题上，由于考虑到张倩抚养孩子，经多次协商，王志刚同意将保单中的受益权转让给张倩，即受益人变更为

张倩。不久后，王志刚的父母得知此事，出于对孙女的疼爱，便来到保险公司，提出不同意受益人的转让，要求保险公司确认受益权转让行为无效，恢复王红为受益人。但是保险公司不同意恢复原受益人，两个老人向法院提起诉讼，请求法院确认受益人转让行为无效。一审法院的判决支持了受益人的转让行为有效。

资料来源：根据中国保险网相关资料整理.

上述案列表明：受益权是期待权，即期待将会实现的权利。当保险事故这一触发因素出现后，受益权开始转化为现实的权利，即保险金请求权。在保险事故发生之前，这种权利很可能被变更或撤销。关于受益权或受益人是否可以转让的问题，我国人身保险合同有明确的规定，人身保险合同的受益人由投保人或被保险人指定，经投保人、被保险人的同意，也可以变更。由于受益人的变更是经作为投保人的王志刚和作为被保险人的张倩共同决定的，因此有效。

# 任务一　掌握人身保险合同

【学生任务】

◇ 要求每个学生课前预习相关内容，查阅相关资料，讨论人身保险合同的特征。

◇ 要求学生结合所学过的知识分析人身保险合同运行的基本原则。

◇ 要求学生结合人身保险的分类准确进行人身保险合同种类的划分。

◇ 要求学生搜集保险合同的单证，进行保险合同形式的识别。

◇ 在提前预习的基础上，结合已经学过的知识和社会实践讨论人身保险合同的订立、履行、变更与终止的注意事项，写出字数不少于500字的书面课后作业。

◇ 将学生随机分组，按小组选出若干份作业在课堂上进行点评，学生间相互评出每一份书面作业的优劣；学生对作业进一步修改后提交教师，以便教师进行评价。

【教师任务】

◇ 指导学生分析和总结人身保险合同的特征。

◇ 启发学生运用人身保险合同运行的基本原则解释具体的保险案例。

◇ 指导学生进行保险合同单证的识别。

◇ 提示学生完成书面作业所需要关注的主要知识点，如人身保险合同的概念、人身保险合同订立的程序、投保双方的义务、人身保险合同中止和复效的相关规定及终止的原因等。

◇ 指导学生分组，在小组内对学生进行不同的分工，对学生书面文章作业完成情况及时进行跟进，督促其按时完成。

◇ 对各小组进行的课堂点评进行适时指导，对选出的作业予以及时、客观、公正的评价，准备回答学生可能提出的各种疑问等。

### 活动1　认识人身保险合同

**一、人身保险合同的概念与特点**

1.人身保险合同的概念

人身保险合同是保险合同的一种，是以人的生命和身体为保险标的，投保人按合同的约定向保险人支付一定数额的保险费，当被保险人死亡、疾病、伤残或达到合同约定的年龄、期限时，保险人按照约定向被保险人或受益人支付约定数额的保险金。人身保险合同适用《保险法》等的有关规定。

2.人身保险合同的特点

（1）人身保险合同是有名合同

有名合同是法律直接赋予某种合同以特定的名称，并以相应的法律制度调整的合同。法律尚未为其确定名称和特定规范的合同是无名合同。人身保险合同是法律直接赋予名称的合同。同时，又有《保险法》对人身保险合同进行特别的调整。

（2）人身保险合同是要式合同

要式合同是指采用特定形式订立的合同，比如必须以书面形式订立的合同就是一种要式合同。根据我国《保险法》的规定：我国保险合同应当以"书面协议形式"订立。这种书面形式既可以详细记载双方当事人的权利和义务，有利于合同的履行，同时又对人身保险合同的成立起到证明作用。

（3）人身保险合同是附合性合同

附合性合同又称为格式合同，是指合同的条款事先由当事人的一方拟定，另一方只有接受或不接受该条款的选择，而不能就该条款进行修改或变更。人身保险合同就属于附合性合同。人身保险合同的条款事先由保险人拟定，经监管部门审批或报备。投保人购买保险，要么同意合同条款并购买该合同；要么拒绝购买该保险，一般没有修改合同内容的权利。即使要变更某项内容，也只能采纳保险人事先准备的附加条款。

（4）人身保险合同是有偿合同

有偿合同是指享有权利同时必须承担义务的合同。订立人身保险合同是双方当事人有偿的法律行为。一方要享有合同的权利，就必须对另一方付出一定的代价，这种相互报偿的关系，称为对价。投保人与保险人的对价是相互的。投保人的对价是支付保险费，保险人的对价是承担给付保险金的责任，但这种对价并不意味着保险人对投保人付出对等的代价，即一定要给付保险金或赔偿损失。只是当被保险人死亡、伤残、疾病或者达到合同约定的年龄、期限时，才承担给付保险金的责任，这也正是人身保险合同的本质所在。

（5）人身保险合同是双务合同

双务合同是指合同当事人双方相互享有权利，同时也承担义务的合同。人身保险合同的保险人享有收取保险费的权利，同时承担约定事故发生时给付保险金或补偿被保险人实际损失的义务；人身保险合同的投保人承担支付保险费的义务的同时，被保险人或受益人在保险事故发生时依据人身保险合同享有请求保险人赔付保险金的权利。

（6）人身保险合同是最大诚信合同

我国的《保险法》中明确规定：从事保险活动必须遵守最大诚信的原则。最大诚信原则是保险的基本原则，每个人身保险合同的订立、履行都应当遵守最大诚信原则。

课堂训练 2-1 （单选）

保险合同是最大诚信合同这一特征主要约束（　　）。

A.保险和经纪人　　　　　　　　　　B.被保险人和代理人

C.受益人和保险人　　　　　　　　　D.投保人和保险人

（7）人身保险合同是给付性质的保险合同

人身保险合同是以人的寿命和身体为保险标的的保险合同，人的寿命和身体是无法用金钱来衡量的，只能由投保人和保险人相互协商确定保险金额，在保险事故发生时，直接以它作为赔偿额加以支付。显然，人身保险往往被称为定额保险或给付性保险。因而，人身保险合同属于给付性质的保险合同。

**考证直通车 2-1**（单选）

属于给付性保险合同的是（　　　）。

A.财产保险合同　　　　　　　　　　B.各类寿险合同

C.责任保险合同　　　　　　　　　　D.信用保险合同

**二、人身保险合同的基本原则**

1.最大诚信原则

人身保险合同是最大诚信合同，人身保险合同当事人订立合同及在合同有效期内，应依法向对方提供足以影响对方做出订约与履约决定的全部实质性重要事实，同时信守合同订立的约定与承诺。否则，受到损害的一方，按民法规定可因此宣布合同无效或拒绝履行合同约定的义务，甚至对因此而受到的损害还可要求对方予以赔偿。根据新《保险法》的规定：订立保险合同，保险人就保险标的或者被保险人的有关情况提出询问的，投保人应当如实告知。投保人故意或者因重大过失未履行前款规定的如实告知义务，足以影响保险人决定是否同意承保或者提高保险费率的，保险人有权解除合同。投保人故意不履行如实告知义务的，保险人对于合同解除前发生的保险事故，不承担赔偿或者给付保险金的责任，并不退还保险费。

**考证直通车 2-2**（单选）

在我国，保险人的告知形式是（　　　）。

A.无限告知　　　　　　　　　　　　B.询问回答告知

C.明确列明告知　　　　　　　　　　D.由保险人自行选择

2.保险利益原则

保险利益原则是指在签订并履行保险合同的过程中，投保人对保险标的必须具有保险利益。其本质内容是投保人如果对不具有保险利益的标的投保，保险人可以单方面宣布合同无效；保险标的发生保险责任事故，投保方不得因保险而获得不属于保险利益限度内的额外利益。

人身保险的保险标的是人的生命或身体。只有当投保人与被保险人的寿命或身体具有某种利害关系时，它才对被保险人具有保险利益，即当被保险人生存及身体健康时才能保证其投保人应有的经济利益；反之，如果被保险人死亡或伤残，将使其投保人遭受经济损失。人身保险的保险利益是订立合同的必要前提条件，而不是给付的前提条件。保险事故发生时，无论投保人存在与否，也无论投保人是否具有保险利益，保险人均按合同中约定的条件给付保险金。

我国《保险法》规定：投保人对下列人员具有保险利益：（1）本人；（2）配偶、子女、父母；（3）前项以外与投保人有抚养、赡养或者扶养关系的家庭其他成员、近亲属；（4）与投保人有劳动关系的劳动者。除前款规定外，被保险人同意投保人为其订立合同的，视为投保人对被保险人具有保险利益。订立合同时，投保人对被保险人不具有保险利益的，合同无效。

3.近因原则

近因是一种原因，所谓近因并非指时间上或空间上与损失最接近的原因，而是指造成损失的最直接、最有效、起主导性作用的原因。近因原则的基本含义：一是规定近因的认定方法；二是在风险与保险标的损失的关系中，如果近因属于被保风险，保险人就应负赔偿责任。也就是说，当被保险人的损失是直接由于保险责任范围内的事故造成的，保险人才给予赔付。近因若属于除外风险或未保风险，则保险人不负赔偿责任。

情境模拟

**关于保险利益的人身保险赔偿案**

场景：李某与妻子马某于2010年协议离婚，双方约定8岁的儿子李小某和马某一起生活，每周六儿子到李某处生活一天。后来李某与赵某再婚，由于李某的儿子活泼可爱，加上赵某不能生育，所以赵某特别喜欢李某的儿子。赵某于2012年5月份以孩子母亲的身份为孩子李小某买了人身保险合同，并经过了李某的同意，约定受益人为李某。2013年6月，发生了保险事故，李某的孩子李小某死亡。李某向保险公司提出索赔，保险公司以赵某对保险标的不具有保险利益为由，拒绝支付保险金。

要求：（1）请指出此份保险合同的投保人、被保险人和受益人。（2）请问此案应该如何处理？（3）说明此案包含的相关保险原理。

操作：（1）此份保险合同的投保人是赵某，被保险人是李小某，受益人是李某。（2）该份保险合同无效。保险公司退还保费，解除保险合同。（3）根据保险利益原则，投保人赵某在投保时应对李小某具有保险利益。本案当中，由于孩子的父母都健在，而且孩子并不和赵某生活在一起，在赵某和孩子之间不存在任何的法律上的抚养关系，赵某也就不享有保险利益，所以该保险合同无效。

案例分析 2-1

**事故相同赔付各异**

某单位由于工作地点比较偏僻，便为离家较远的员工配备了通勤巴士。某天上班途中在城郊的省道上发生了车祸，载着所有乘客的面包车与迎面而来的大货车相撞。由于员工甲所坐的副驾驶座就是与大货车冲撞的直接碰撞部位，其当场便死亡。而员工乙坐在他后面，失去了一条腿，失血很多，被送往医院抢救，急救中因发生心肌梗死，于第二天死亡。员工甲和员工乙的单位为他们购买了人身意外伤害保险，保险金额为10万元，意外发生后，该单位立即向保险公司报案，并提出理赔申请。保险公司经过调查了解到：员工甲死亡时27岁，身体一向非常健康，而员工乙死亡时52岁，患有心脏病多年。

分析：保险公司赔付甲员工的受益人意外伤害身故保险金10万元；赔付乙员工意外伤害伤残保险金5万元。

原因：①员工甲死亡的直接原因是意外伤害，属于人身意外伤害保险中给付死亡保险金的责任范围。因此能够得到死亡保险金10万元；②员工乙死亡的直接原因是心肌梗死，心肌梗死不属于外来的伤害，意外伤害（车祸）与心肌梗死（疾病）没有必然的因果关系，故属于新介入的独立原因，根据近因原则可知，被保险人的死亡不属于意外伤害险中死亡保险金的责任范围，保险公司有权拒绝向员工乙给付死亡保险金；但是保险公司应向员工乙给付伤残保险金5万元，即保额的50%，因为员工乙在车祸事故中失去一条腿，其丧失腿的近因是车祸，属于意外伤害保险中给付伤残保险金的责任范围。

### 活动2  明确人身保险合同的分类与形式

**一、人身保险合同的种类**

1.按保障范围分类

按保障范围不同，人身保险合同分为人寿保险合同、意外伤害保险合同和健康保险合同。人寿保险合同又称生命保险合同、寿险合同，它是以被保险人的身体和寿命为保险标的，以被保险人的生存或死亡为保险条件而订立的保险合同，一般分为死亡保险、定期生存保险、两全保险和年金保险合同四种。意外伤害保险合同是以被保险人的身体利益为保险标的、以被保险人遭受意外伤害造成伤残或死亡为保险责任而与保险人订立的合同。健康保险合同是指投保人以被保险人的分娩、疾病，或因分娩、疾病以致残废、死亡为保险责任，而与保险人订立的合同。该合同既可作为独立的合同存在，如大病保险、住院保险等，也可以作为一种从合同附加于人寿保险合同中，如附加住院医疗保险、附加住院医疗生活津贴保险等，保险期限一般为一年。

2.按投保方式分类

按投保方式不同，人身保险合同分为个人人身保险合同与团体人身保险合同。个人人身保险合同是指投保人以个人名义与保险人订立的人身保险合同，又可分为普通人寿保险合同和简易人身保险合同。个人人身保险合同，被保险人只能是一个人，一张保单只能为一个人提供保障。团体人身保险合同是指以单位名义与保险人订立的人身保险合同，以一张总保单为某一单位的全体或大多数成员提供保障，被保险人只能得到一张保险凭证（小保单）以证明自己的身份。团体人身保险合同可分为团体人寿、团体年金、团体人身意外伤害和团体健康保险合同四种。

3.按合同的主从关系分类

按照合同的主从关系不同，人身保险合同分为主险合同和附加险合同。主险合同又称基本险合同，是指不需附加在其他险种之下的、可以独立承保的保险合同，如人寿保险合同便是此类。附加险合同是相对于主险而言的，顾名思义是指附加在主险合同下的附加合同，它不可以单独投保，要购买附加险必须先购买主险。一般来说，附加险所交的保险费比较少，但它的存在是以主险存在为前提的，不能脱离主险而单独存在。例如，一般个人人寿保险可以附加意外伤害保险和医疗保险。

**课堂训练 2-2**（多选）

人身保险合同按保障范围分为（　　）。

A.寿险合同　　　　　　　　　　B.意外险合同

C.健康险合同　　　　　　　　　D.责任险合同

**4.按保险金给付方式分类**

按保险金给付方式不同，人身保险合同分为一次性给付保险金合同和年金保险合同。一次性给付保险金合同是指保险人在向投保人收取保险费后，于被保险人因意外事故、疾病、衰老以致丧失工作能力、伤残、死亡或年老退休等情况出现时，一次性给付被保险人或其受益人约定的保险金的合同。年金保险合同是指在被保险人的生存期间，保险人承诺每年、每季或每月给付一定金额给年金受领人的保险合同。

考证直通车 2-3 （单选）

以被保险人在规定的期限届满仍然生存为保险金的给付条件的保险是（      ）。

A.定期保险　　　　B.终身保险　　　　C.生存保险　　　　D.两全保险

**二、人身保险合同的形式**

我国《保险法》规定，订立保险合同必须采用书面形式。人身保险合同的书面形式主要有投保单、暂保单、保险单、保险凭证、保险批单等。

**1.投保单**

投保单是投保人向保险人提出保险要求和订立人身保险合同的书面要约。投保单又称"要保书"或"投保申请书"，是保险人出具保险单的依据和前提。投保单一般由保险人事先根据险种需要设计内容格式，投保人投保时依投保单所列的内容逐一填写，保险人再据此核实情况，决定是否承保。投保单一经保险人签章承保，合同即成立。

**2.暂保单**

暂保单是在出立正式保险单或保险凭证之前出具的临时性保险证明。暂保单通常只记载保险单中的被保险人、保险金额、保险险种等重要事项以及保险单以外的特别约定。其经保险人或保险代理人签章后，交付投保人。暂保单在保险单未签发前，与保险单具有同样的法律效力，但其有效期较短，通常以30天为期限，并在正式保险单签发时自动失效。正式保险单签发前，保险人可以终止暂保，但须提前通知投保人。

**3.保险单**

保险单，又称保单，是保险人和投保人之间订立人身保险合同的正式书面文件。它包括前述人身保险合同内容中的所有内容，是投保人与保险人履行权利义务的依据，是最为重要的书面形式。

**4.保险凭证**

保险凭证也是一种人身保险合同的书面形式。它具有与保险单相同的效力，但在条款的列举上较为简单，只在少数业务中使用此类形式，通常用于方便携带保险证明的场合。还有如下情况也使用保险凭证：保险人为简化单证手续，在订立海洋运输人身保险合同时，保险人与外贸公司合作，直接在发票上印就保险凭证，并事先加印签章，当保险公司编制发票时，保险凭证也随即办妥。

**5.保险批单**

保险批单是人身保险合同双方就保险单内容进行修改和变更的证明文件。通常用于对已经印制好的保险单的内容作部分修改，或对已经生效的保险单的某些项目进行变更。保险批单一经签发，就自动成为人身保险合同的组成部分。保险批单的法律效力优于保险单，当保险批单内容与保险单不相一致时，以保险批单内容为准。

**考证直通车 2-4**（单选）

1.暂保单与保险单具有同样的法律效力，但其有效期通常为（　　）天。

A.15　　　　　　　B.10　　　　　　　C.60　　　　　　　D.30

2.人身保险合同的有效组成不包括（　　　）。

A.投保单　　　　　　　　　　　　B.暂保单

C.保险单　　　　　　　　　　　　D.索赔申请单

**案例分析 2-2**

**送份医疗保险作礼物，保单一定要被保险人签名吗？**

张老伯上周从一家寿险公司的代理人那里悄悄为儿子买了一份医疗保险，并拿到了正式保险合同（保单），准备作为礼物送给儿子。一位老朋友得知此事后提醒他：投保单需被保险人自己签字才能生效，否则就是一份无效保单。但保险公司电话咨询人员却告诉他不必担心。张老伯有些迷惑，到底谁说的对呢？

分析：投保单必须由投保人本人亲自签名。当投保人和被保险人是两个人，且保单不含死亡责任时，这种情况只要有投保人签名就可以了，无须被保险人亲自签名。但如保单含有死亡给付责任，在这种情况下，未经被保险人书面同意并认可，保单是无效的。

资料来源：根据《河南商报》相关资料整理.

## 活动3　了解人身保险合同的订立、变更与终止

### 一、人身保险合同的订立与履行

（一）人身保险合同的订立

人身保险合同的订立是指合同双方在平等、自愿的基础上，就合同的主要条款达成一致意见。一般要经过要约和承诺两个阶段，又称为投保和承保。

1.投保。投保是人身保险合同成立的先决条件，在保险实务中，投保体现为投保人向保险人索取格式化的投保单，并依其所列事项逐一填写，如实回答保险人所需要了解的重要情况，并认可保险人的保险条款内容，最后将投保单呈交保险人的行为。

2.承保。承保是保险人完全同意投保人提出的要求订立保险合同的行为。在保险实务中，保险人接受投保人呈交的投保单后，经过核保审核评估认为符合承保条件，在投保单上签字盖章确认则视为承保。保险人应当及时向投保人签发保险单，并在保险单上加盖保险人的法人公章。

（二）人身保险合同的履行

人身保险合同一经成立，投保人和保险人必须承担各自的义务。一方履行义务，另一方则享受权利或利益。因此，保险合同的履行即双方各自承担义务。

1.投保人的义务

（1）缴纳保险费的义务。《保险法》规定：保险合同成立后，投保人按照约定交付保险费；保险人按照约定的时间开始承担保险责任。投保人可以按照合同约定向保险人一次支付全部保险费或者分期支付保险费。合同约定分期支付保险费的，投保人应当于合同成立时支付首期保险费，并应当按期支付其余各期的保险费。缴纳保险费是投保人最重要的

义务，违反义务则构成违约。但是，人身保险的保险费不通过法律诉讼的方式要求投保人缴纳。对于分期支付保险费的，除合同另有约定外，投保人自保险人催告之日起超过30日未支付当期保险费，或者超过约定的期限60日未支付当期保险费的，合同效力则中止，或者由保险人按照合同约定的条件减少保险金额。在合同效力中止期内，保险人不承担保险责任，不履行赔偿的义务。如果合同效力中止两年内，双方未达成复效协议的，保险人有权解除合同。

（2）通知义务。

①风险增加的通知义务。保险人是根据投保人所告知的风险状况确认承保条件，其收取的保险费和其承担的责任大小是相匹配的，但是在人身保险合同履行期间，当事人双方未曾估计到的保险事故风险程度增加会导致保险人权利和义务失衡。在风险增加的程度超过可以承保的条件时，保险人则可以解除保险合同。如果保险人在接到投保人的风险增加通知后不作任何表示，则可视为放弃提高费率或解除合同的权利，以后也不得再主张上述权利。

②保险事故发生的通知义务。《保险法》规定：投保人、被保险人或者受益人知道保险事故发生后，应当及时通知保险人。此时，保险人因为保险事故的发生而履行保险赔偿的条件已经产生。如果能够及时知道保险情况，有利于保险人及时勘查现场，确定事故发生的原因和程度进而明确责任的归属，不致因调查的延误而丧失可以确定保险责任的重要证据。如果投保人未履行保险事故通知的义务，要承担一定的责任。

2.保险人的义务

（1）给付保险金的义务。《保险法》规定：保险人收到被保险人或者受益人的赔偿或者给付保险金的请求后，应当及时作出核定；情形复杂的，应当在30日内作出核定，但合同另有约定的除外。保险人应当将核定结果通知被保险人或者受益人；对属于保险责任的，在与被保险人或者受益人达成赔偿或者给付保险金的协议后10日内，履行赔偿或者给付保险金义务。保险合同对赔偿或者给付保险金的期限有约定的，保险人应当按照约定履行赔偿或者给付保险金义务。保险人未及时履行前款规定义务的，除支付保险金外，应当赔偿被保险人或者受益人因此受到的损失。保险人对不属于保险责任的，应当自作出核定之日起3日内向被保险人或者受益人发出拒绝赔偿或者拒绝给付保险金通知书，并说明理由。保险人自收到赔偿或者给付保险金的请求和有关证明、资料之日起60日内，对其赔偿或者给付保险金的数额不能确定的，应当根据已有证明和资料可以确定的数额先预支付；保险人最终确定赔偿或者给付保险金的数额后，应当支付相应的差额。

（2）退还保险费或保险单现金价值的义务。人身保险合同发生解除或被确认无效或可以撤销的时候，保险人应当退还已经收取的保险费或保险单现金价值。常见的有以下几种情形：

①投保人解除保险合同。投保人解除合同，已缴足2年以上保险费的，保险人应当自接到解除合同通知之日起30日内，退还保险单的现金价值；未缴足2年保险费的，保险人按照合同约定在扣除手续费后，退还保险费。

②保险人解除保险合同。自合同效力中止之日起2年内双方未达成协议的，保险人有权解除合同。投保人已缴足2年以上保险费的，保险人应当按照合同约定退还保险单的现金价值；投保人未交足2年保险费的，保险人应当在扣除手续费后，退还保险费。

③投保人违反如实告知义务。投保人故意不履行如实告知义务的，保险人对于保险合同解除前发生的保险事故，不承担赔偿或者给付保险金的责任，并不退还保险费。投保人因过失未履行如实告知义务，对保险事故的发生有严重影响的，保险人对于保险合同解除前发生的保险事故，不承担赔偿或者给付保险金的责任，但可以退还保险费。

④投保人申报的被保险人年龄不真实。投保人申报的被保险人年龄不真实，并且其真实年龄不符合合同约定的年龄限制的，保险人可以解除合同，并在扣除手续费后，向投保人退还保险费，但是自合同成立之日起逾2年的除外。投保人申报的被保险人年龄不真实，致使投保人实付保险费多于应付保险费的，保险人应当将多收的保险费退还投保人。

⑤故意制造保险事故。投保人、受益人故意造成被保险人死亡、伤残或者疾病的，保险人不承担给付保险金的责任。投保人已缴足2年以上保险费的，保险人应当按照合同约定向其他享有权利的受益人退还保险单的现金价值。

⑥被保险人在合同成立2年内自杀。以死亡为给付保险金条件的合同，被保险人在合同成立2年内自杀的，保险人不承担给付保险金的责任，但对投保人已支付的保险费，保险人应按照保险单退还其现金价值。自合同成立之日起满2年后，如果被保险人自杀，保险人可以按照合同给付保险金。

⑦被保险人故意犯罪。被保险人故意犯罪导致其自身伤残或者死亡的，保险人不承担给付保险金的责任。投保人已缴足2年以上保险费的，保险人应当按照保险单退还其现金价值。

**课堂训练 2-3**（单选）

投保人最基本的义务是（　　）。

A.赔偿或给付保险金　　　　　　B.说明合同内容

C.缴纳保险费　　　　　　　　　D.及时签单

**二、人身保险合同的中止与复效**

人身保险合同的中止，是指在人身保险合同存续期间，由于某种原因而使人身保险合同的效力暂时归于停止。在合同中止期间发生的保险事故，保险人不承担赔付责任。人身保险合同的中止，在人寿保险中最为突出。人寿保险的责任起讫期限较长，由数年至数十年不等，故其保险费的缴付大部分不是趸缴，而是分期缴纳。如果投保人在约定的保费缴付时间内没有按时缴付保险费，且在宽限期内仍未缴纳的，人身保险合同中止。根据有关规定，被中止的人身保险合同可以在合同中止后的2年内，申请复效，同时补缴保险费及其利息。复效后的合同与原人身保险合同具有同样的效力，可继续履行。被中止的人身保险合同也可能因投保人的不再申请复效，或保险人不能接受已发生变化的保险标的（如被保险人在合同中止期间患有保险人不能承保的疾病），或其他原因而被解除，不再有效。因此，被中止的人身保险合同是可撤销的人身保险合同：该合同可能继续履行，也可能不再继续履行。

**考证直通车 2-5**（单选）

合同中止是指人寿保险合同履行过程中，在一定的期间内，由于失去某些合同要求的必要条件，致使合同失去效力，我国法律规定中止期限为（　　）。

A.1年　　　　　　B.180天　　　　　　C.2年　　　　　　D.60天

### 三、人身保险合同的终止

（一）人身保险合同终止的定义

人身保险合同的终止是指在保险期限内，由于某种法定或约定事由的出现，致使人身保险合同当事人双方的权利义务归于消灭。

（二）人身保险合同终止的原因分类

人身保险合同终止的原因可分为两类，自然终止与提前终止。

1.自然终止是指发生下列情形时，无须当事人行使终止权的意思表示，人身保险合同的效力当然归于终止：（1）保险期限届满；（2）人身保险合同履行完毕；（3）人身保险合同中被保险人死亡。

2.提前终止是由于当事人的意思表示而使合同效力终止，即合同的解除。合同的解除分为协议解除和法定解除。协议解除是指双方当事人通过协商达成一致，在不损害国家、公共利益时终止合同的行为。法定解除是指按法律规定可以进行的合同解除。

在我国，除货物运输保险和运输工具航程险外，投保人依法享有解除合同的权利。对保险人来讲，人身保险合同成立生效后，不得任意解除合同。但有下列情形时，保险人可解除合同：（1）投保人因未能如期缴纳保险费而被中止合同，在随后的2年内不申请复效的。（2）投保人故意或者因重大过失未履行前款规定的如实告知义务，足以影响保险人决定是否同意承保或者提高保险费率的，保险人有权解除合同。但自保险人知道有解除事由之日起，超过30日不行使而消灭。自合同成立之日起超过2年的，保险人不得解除合同；发生保险事故的，保险人应当承担赔偿或者给付保险金的责任。（3）未发生保险事故，被保险人或者受益人谎称发生了保险事故，向保险人提出赔偿或者给付保险金请求的，保险人有权解除合同。（4）投保人、被保险人故意制造保险事故的，保险人有权解除合同，不承担赔偿或者给付保险金的责任。（5）投保人申报的被保险人年龄不真实，并且其真实年龄不符合合同约定的年龄限制的，保险人可以解除合同，并按照合同约定退还保险单的现金价值。保险人行使合同解除权，但自合同成立之日起超过2年的，保险人不得解除合同。

考证直通车 2-6 （单选）

人身保险中，（　　）的变更会导致保险合同终止。

A.保险人　　　　B.被保险人　　　　C.投保人　　　　D.受益人

拓展阅读 2-1

#### 原中国保监会关于人身保险收付费方式的相关公告

一、各保险公司以现金形式收取保险费、支付退保金和给付保险金的，应当在保险公司营业场所或者保险公司委托的保险代理机构营业场所进行。保险公司在营业场所外通过保险公司员工、保险营销员以现金的形式收取保险费的，依照保险合同单次金额不得超过人民币1 000元。除上述情况或中国保监会另有规定外，各保险公司应采取银行转账等非现金方式收取保险费、支付退保金和给付保险金。

二、保险代理机构、保险代理业务人员和保险营销员不得接受投保人委托代缴保险费、代领退保金，不得接受被保险人或受益人委托代领保险金。

三、建议投保人尽可能采取银行转账等非现金方式缴纳保险费。通过银行汇款缴纳保险费的，应注意核对保险公司银行账号。对于保险公司员工、保险营销员以保险公司名义上门收取现金保险费的，应注意核实收款人身份。

资料来源：根据中国保险网站相关资料整理.

# 任务二　掌握人身保险合同标准条款

【学生任务】

◇ 要求每个学生课前预习相关内容，结合搜集到的保险单证来识别人身保险合同的主要构成内容。

◇ 要求学生能够熟练填写主要保险单证。

◇ 要求每个学生扩大课外阅读，查找相关资料，讨论并说明人身保险合同的主要条款。

◇ 要求学生在提前预习的基础上，结合已经学过的知识和社会实践讨论人身保险合同的主要条款的具体应用，可以以结合案例的方式写出字数不少于500字的书面作业。

◇ 将学生随机分组，按小组选出若干份作业在课堂上进行点评，学生间相互评出每一份书面作业的优劣；学生对作业进一步修改后提交教师，以便教师进行评价。

【教师任务】

◇ 指导学生对人身保险合同的主要内容进行理解和掌握。

◇ 指导学生填写主要保险单证。

◇ 指导学生运用人身保险合同的主要条款分析人身保险案例。

◇ 指导学生分组，在小组内对学生进行不同的分工，对学生书面作业完成情况及时进行跟进，督促其按时完成。

◇ 对各小组进行的课堂点评进行适时指导，对选出的作业予以及时、客观、公正的评价，准备回答学生可能提出的各种疑问等。

## 活动　明确人身保险合同标准条款

### 一、人身保险合同的组成部分

（一）人身保险合同的主体

1.人身保险合同的当事人

（1）保险人。保险人又称承保人，是指与投保人订立人身保险合同，并承担赔偿或者给付保险金责任的保险公司。一般来说，同一保险人不得同时兼营财产保险业务和人身保险业务，但是，经营财产保险业务的保险公司经保险监督管理机构核定，可以经营短期健康保险业务和意外伤害保险业务。保险人应具备以下两个条件：第一，保险人应具备法定资格，并依照我国《保险法》和《公司法》的规定而设立；第二，保险人应以自己的名义订立合同，享有权利和承担义务。

（2）投保人。投保人是指与保险人订立人身保险合同，并按照合同约定负有支付保险费义务的人。投保人可以以自己或他人的身体和寿命为保险标的，为自己或他人的利益订立人身保险合同。投保人可以是自然人，也可以是法人，但应符合下列两个条件：第一，投保人必须具有完全民事行为能力。投保人如果是自然人，应当具有完全民事行为能力，无民事行为能力人和限制民事行为能力人不能作为投保人。投保人也可以是法人。在一些团体人身保险合同中，企事业单位、社会团体可以为自己的职工投保，则投保人是法人，而被保险人是单位职工。第二，投保人必须对保险标的具有保险利益。

2.人身保险合同的关系人

人身保险合同的关系人是指与人身保险合同有经济利益关系，而不一定直接参与合同订立的人，所以称为人身保险合同的关系人。

（1）被保险人。人身保险合同的被保险人是指根据合同的约定，他的人身受合同保障，并在保险事故发生后享有保险金请求权的人。人身保险合同是以被保险人的生、老、病、死、伤、残等为保险事故的，因此被保险人应当是具有生命的自然人，法人就不可能作为被保险人。与投保人相比，被保险人虽然不是合同的直接订立者，但是合同的直接保障者；投保人包括自然人和法人，而被保险人只能是自然人。

（2）受益人。受益人是根据人身保险合同的约定，由被保险人或投保人指定，享有保险金请求权的人。投保人和被保险人均可以为受益人。受益人应由被保险人指定或变更，人身保险中的受益人不受民事行为能力及保险利益的限制。投保人指定受益人时须经被保险人同意。被保险人或者投保人可以指定一人或者数人为受益人。受益人为数人的，被保险人或者投保人可以确定受益顺序和受益份额；未确定受益份额的，受益人按照相等份额享有受益权。

3.人身保险合同的辅助人

（1）保险代理人。保险代理人是指根据保险人的委托，向保险人收取代理手续费，并在保险人授权的范围内代为办理保险业务的单位或者个人。保险代理人在保险人授权范围内代理保险业务的行为所产生的法律责任，由保险人承担。我国《保险法》将保险代理人分为专业保险代理人、兼业保险代理人和个人保险代理人三种。

（2）保险经纪人。保险经纪人是基于投保人的利益，为投保人与保险人订立人身保险合同提供中介服务，并依法收取佣金的单位。保险经纪人是独立于保险人的保险中介人，可接受投保人或被保险人的委托，代办投保、续保、复效和索赔等手续，从投保人或保险人处都可获得佣金。

**课堂训练2-4**（多选）

人身保险合同的辅助人包括（　　）。

A.受益人　　　　B.保险代理人　　　C.被保险人　　　D.保险经纪人

（二）人身保险合同的客体

人身保险合同的客体是合同双方当事人权利义务所共同指向的对象。人身保险合同保障的不是保险标的本身的安全，而是保险标的受损后投保人或被保险人、受益人的经济利益。风险是客观存在的，保险合同的订立并不能保证保险标的不发生风险。当保险事故发生后，保险人依据合同，只能对保险标的的损失进行赔偿，而不可能赔偿原有的保险标的。因此，保险合同的客体是投保人或被保险人对保险标的所具有的保险利益，这是合同的组成要素。

（三）人身保险合同的内容

保险合同反映保险当事人和关系人之间权利与义务的关系，保险合同内容应当包括下列事项：

1.保险合同当事人和关系人的名称及住所

人身保险合同中应明确记载被保险人、保险人、投保人和受益人的名称和住所。因为保险人和投保人是保险合同中的当事人双方，他们享有权利的同时，各自负有相应的义务，如没有明确的名称和住所，将不便于权利的享受和义务的履行；被保险人是保险合同的关系人，在合同中处于十分重要的地位，不仅要明确记载其姓名、住所，还要记载性别和准确年龄；受益人是享受保险金请求权人，为避免产生法律纠纷，也应明确记载。

2.保险标的

人身保险合同的保险标的是被保险人的寿命和身体，是保险所要保障的对象。

3.保险责任和责任免除

保险责任和责任免除是人身保险合同中十分重要的内容，关系到投保人、被保险人的保障程度。保险责任是保险合同中约定的由保险人承担责任的保险事故范围，在保险合同中有专门的责任条款，具体内容因保险险种不同而有异。责任免除是指保险人不承担的风险项目，通常必须在保险合同中明确列示。责任免除条款是保险人不予承担责任的事项。

4.保险期间和保险责任开始期间

保险期间是保险责任开始到保险责任终止期间，是确定保险事故是否属于保险责任的客观依据，也是保险合同中的重要内容之一。保险责任开始时间一般由当事人约定，但投保人必须提出投保申请并交付首期保险费，保险人审核同意后订立保险合同，可将保险责任开始时间溯及投保人交付第一次保险费的翌日。

5.保险金额

人身保险合同的保险金额是保险当事人双方约定的保险事故发生时保险人承担给付金额的最高限额，也是投保人缴纳保费的基础。在确定保险金额时主要考虑被保险人的经济保障需求和投保人自身交付保费的经济能力，还要征得保险人同意，保险人将综合考虑被保险人的具体情况来确定，不得随意改动。

6.保险费

保险费是投保人为取得保险人给付的保险金而支出的费用。人身保险保费的交付可实行趸交，也可分期交付，具体的金额及交付方式必须在保险合同中明确记载，否则可能影响当事人双方权利的享受和义务的履行。

7.保险金赔偿或者给付办法

人寿保险合同是定额给付合同，只要保险合同中规定的保险金给付条件出现，保险人就应按约定保额给付保险金；意外伤害保险按照被保险人的伤害程度给付保险金；医疗保险合同带有补偿性，保险人在保险金额限度内，根据实际支出的医疗费及保险人负担的比例计算赔偿金额。

8.违约责任和争议处理

违约责任是指保险合同当事人因过失或故意不履行合同规定的义务而承担的法律后果。在我国现存的人寿保险条款中，违约责任的规定一般体现在：投保人方面，在投保时严格履行如实告知义务，按合同规定交付保费，保险事故发生后及时通知保险人等；保险人方面，也应履行如实告知义务，在收到给付申请后要及时理赔和给付保险金。

争议处理是指保险合同的当事人及关系人在保险责任归属和保险金数额的确定等问题上产生分歧时，就采取的解决方式作出的规定。一般有协商、仲裁和诉讼等方式。

考证直通车 **2-7** （单选）

法人不能成为被保险人的险种是（　　　）。

A.财产保险　　　　　B.人身保险　　　　　C.责任保险　　　　　D.信用保险

### 二、人身保险合同标准条款

人身保险合同的标准条款规定了人身保险合同中当事人之间的权利与义务，是合同当事人履行合同义务、享受合同权利的法律依据，也是处理保险纠纷的依据。

（一）不可抗辩条款

不可抗辩条款又称不可争条款，是寿险保单特有的条款。该条款的内容是：合同生效后的2年为可争期，在此期间内，保险人可对被保险人的有关情况进行调查核实，如发现投保人在投保时有隐瞒、报告不实、误告、漏报等情况，有权行使解除合同的权利。在此期间内，如果保险事故发生，保险人可拒绝承担给付责任。超过此期间，称为不可争期间，这时保险合同成为不可争文件，但应以被保险人的生存为条件，如果被保险人在可争期内死亡，受益人拖延至可争期后再向保险人请求保险金，保险人仍可因保险人的不实告知而撤销合同、拒付保险金，复效时仍适用不可抗辩条款。从复效开始2年内保险人可对合同提出争议，超过2年的，复效后的保险合同就成为不可争文件。随着我国2009年10月1日起《保险法》的修订实施，我国保险合同也实行了不可抗辩条款。

（二）年龄误告条款

年龄误告条款的一般规定为：投保人在投保时如果误报被保险人年龄，保险人将根据真实年龄予以调整。当被保险人的真实年龄超过保险公司规定的最高年龄时，保险合同自始无效，保险人退还保险费，但自合同成立之日起超过2年的，保险人不得解除合同。

被保险人年龄误告可能出现两种情况：一是所报年龄高于实际年龄；二是所报年龄低于实际年龄。这都将导致实交保险费与应交保险费的差异，根据年龄误告条款必须进行调整。

（三）宽限期条款

该条款规定，投保人如果未按时缴纳续期保险费，保险人将给予一定时间的宽限。在宽限期内，保险合同仍然有效，若保险事故发生，保险人应按规定承担给付保险金的责任，但应从中扣除所欠缴的保险费和利息。超过宽限期，仍未缴付保险费的，保险合同效力中止。

我国现行《保险法》规定：合同约定分期支付保险费，投保人支付首期保险费后，除合同另有约定外，投保人自保险人催告之日起超过30日未支付当期保险费，或者超过约定的期限60日未支付当期保险费的，合同效力中止，或者由保险人按照合同约定的条件减少保险金额。被保险人在前款规定期限内发生保险事故的，保险人应当按照合同约定给付保险金，但可以扣减欠缴的保险费。

（四）保险费自动垫缴条款

在合同有效期内，投保人已按期缴足一定时期（一般为2年）分期保险费的，若以后的分期保险费超过宽限期仍未缴付，而保险单当时的保单现金价值足以垫缴保险费及利息，除投保人事先另以书面形式作反对声明外，保险人将自动垫缴其应缴保险费及利息，使保险单继续有效。如果垫缴后，投保人仍未缴付保费，垫缴应继续进行，直到累计垫缴本息达到保单的现金价值数额为止。此时，保险合同的效力中止，此中止适用复效条款。如果被保险人在垫缴期间发生保险事故，保险人应从给付的保险金中扣除垫缴本息。按惯例，保险人进行保险费自动垫缴，应及时通知投保人。

（五）复效条款

若保单因未缴纳到期保费而失效，则投保人有权在保单失效后一段时间内（一般为2年或3年）申请复效。我国《保险法》规定：因欠费导致合同效力中止的，经保险人与投保人协商并达成协议，在投保人补缴保险费后，合同效力恢复。但是，自合同效力中止之日起满2年双方未达成协议的，保险人有权解除合同。保单失效的原因很多，而复效条款是以因欠缴保费引起的失效为前提的。其他原因引起的失效不适合本条款。在复效期内，投保人申请复效需完成以下工作：必须递交复效申请书；提交令保险人满意的可保证明（包括健康证明）；补缴逾期未缴的保费及利息；偿还保单其他债务（如保单贷款的本金和利息）或者使保单债务重新生效。复效时，投保人提供的可保证明不仅要说明被保险人复效期间身体健康情况，还须对被保险人的职业风险水平、生活环境、财力状况以及有无民事纠纷或犯罪等问题加以说明。

（六）不丧失现金价值条款

此条款规定，长期寿险合同的投保人享有保险单现金价值的权利，不因保险合同效力中止而丧失。由于均衡保险费制的实施，人寿保险中除定期死亡保险外的大部分保险单，在缴付一定时期（一般为2年或3年）的保险费之后都具有一定量的现金价值，且大部分险种的现金价值量是不断递增的。这部分现金价值如同储蓄存款一样（在不发生给付的情况下）为投保人所拥有。保险人应在其保险单上附上现金价值表，有的还应说明计算方法，从而使投保人能准确知道保单的现金价值。

知识延伸2-1
不丧失现金价值条款

（七）保单贷款条款

保单贷款条款规定，如果寿险保单具有现金价值，那么投保人可以现金价值作担保向保险人申请贷款。保单贷款的金额只能是保单现金价值的一定比例，如80%或90%等。当贷款本利和达到保单的现金价值时，投保人应按保险人的通知日期还清款项，否则保单失效，且此种失效一般不得申请复效，因为它相当于投保人已经领取了退保金，如果被保险人或受益人领取保险金时，保险单上的借款本息尚未还清，保险人将在保险金内扣除贷款本息。保单贷款多以6个月为限，贷款利率一般较高。

（八）保单转让条款

人寿保险单作为一项金融资产，是保单持有人的财产，保单持有人（一般为投保人）对其拥有财产所有权。而财产所有权最重要的内容之一，是财产所有者有权以附条件或无条件方式将部分或全部财产权益转让给他人。因此人寿保险单持有人可以转让人寿保险单权益，这种转让又因转让目的的不同，分为绝对转让（投保人将其对保单的权益完全转移给他人，且这一转让不能撤销）和相对转让（一般即为抵押转让，投保人暂时将保单的某些权益转让给银行或其他债权人，为贷款提供担保）。大多数寿险保单转让为抵押转让。在保单转让时，保单所有人应书面通知保险人，由保险人加注批单生效。

（九）自杀条款

自杀条款规定，如果被保险人在某一特定时段内（通常是从保单签发日开始2年内）自杀身亡，则保险公司将不支付死亡保险金，只返还已付保费与任一笔负债（如保单贷款）的差额，并一次性支付给保单上注明的受益人。如果被保险人在特定时段后自杀，则视为自然死亡，保险公司按约定给付保险金。

我国《保险法》规定：以被保险人死亡为给付保险金条件的合同，自合同成立或者合同效力恢复之日起2年内，被保险人自杀的，保险人不承担给付保险金的责任，但被保险人自杀时为无民事行为能力人的除外。保险人依照上述规定不承担给付保险金责任的，应当按照合同约定退还保险单的现金价值。

（十）受益人条款

受益人条款就是人身保险合同中关于受益人的指定、资格、顺序、变更以及受益人权利等内容的具体规定。我国《保险法》规定：

1.人身保险的受益人由被保险人或者投保人指定。投保人指定受益人时须经被保险人同意。投保人为与其有劳动关系的劳动者投保人身保险，不得指定被保险人及其近亲属以外的人为受益人。被保险人为无民事行为能力人或者限制民事行为能力人的，可以由其监护人指定受益人。

2.被保险人或者投保人可以指定一人或者数人为受益人。受益人为数人的，被保险人或者投保人可以确定受益顺序和受益份额；未确定受益份额的，受益人按照相等份额享有受益权。

3.被保险人或者投保人可以变更受益人并书面通知保险人。保险人收到变更受益人的书面通知后，应当在保险单或者其他保险凭证上批注或者附贴批单。投保人变更受益人时须经被保险人同意。

4.被保险人死亡后，有下列情形之一的，保险金作为被保险人的遗产，由保险人依照《中华人民共和国继承法》的规定履行给付保险金的义务：（1）没有指定受益人，或者受益人指定不明无法确定的；（2）受益人先于被保险人死亡，没有其他受益人的；（3）受益人依法丧失受益权或者放弃受益权，没有其他受益人的；（4）受益人与被保险人在同一事件中死亡，且不能确定死亡先后顺序的，推定受益人死亡在先。

5.受益人故意造成被保险人死亡、伤残、疾病的，或者故意杀害被保险人未遂的，该受益人丧失受益权。

（十一）红利任选条款

分红保险的保单所有人可以选择红利的分配方式。一般来说，可供保单所有人选择的红利分配方式主要有四种：

1.现金给付。现金给付即直接用现金给付红利。

2.抵缴保费。抵缴保费即用红利缴纳保费。

3.积累生息。积累生息即将红利留存在保险公司，通过保险公司进行资金运用，实现增值。

4.增加保额。增加保额即将红利作为增加保险金额应缴纳的保费。

（十二）保险金给付的任选条款

此条款规定，投保人可选择保险给付的不同方式。随着人们保险意识的提高，通过分析不同给付方式下投保人利益的差异性，投保人往往进行对自己有利的选择。一般来说，保险金的给付有以下五种方式：

1.一次性支付现金方式。该方式下，保险人将以现金形式一次性给付保险金。

2.利息收入方式。使用这一方式时，受益人将保险金作为本金留存在保险公司，然后，根据约定的利率，按期到保险公司领取保险金所产生的利息。

3.定期收入方式。这种方式是根据投保人的要求，在约定的给付期间，按约定的利率，计算出每期应给付的金额，以年金方式按期给付。

4.定额收入方式。定额收入方式是根据受益人生活开支的需要，确定每次领取保险金的数额。受益人按期领取这个金额，直到保险金的本息全部领取完为止。这种方式强调的是约定给付金额。

5.终身收入方式。这种方式是受益人用领取的保险金投保一份终身年金保险。此后，受益人按期领取年金直至死亡。

（十三）保险单所有人条款

保险单所有人是人身保险中的一个新名词。保险单所有人可能是保险单上所载明的被保险人、受益人，或是其继承人、保单质押权人。保险单所规定的权利由保险单所有人行使，包括经被保险人同意指定和变更受益人、退保、转让保险单所有权、保险单借款、领取红利、选择保险金给付方式等。

**三、人身保险合同附加特约条款**

常见的附加特约条款有免缴保险费附加特约条款、丧失工作能力收入附加特约条款、保证加保选择权条款、意外死亡双倍给付条款等。

（一）免缴保险费附加特约条款

根据这一附加特约条款的规定，如果投保人在规定的年龄或期限之前，因遭受人身伤害或患病而完全丧失工作能力，其在丧失工作能力期间可以免缴所有保险费，保险合同继续有效，死亡保险金给付、贷款、现金价值增加和分红等如同已缴付保险费那样处理。

（二）丧失工作能力收入附加特约条款

丧失工作能力收入附加特约条款规定，在被保险人丧失工作能力的情况下，保险人会按照保险金额的一定比例每月给付收入保险金。

（三）保证加保选择权条款

该附加特约条款允许投保人在将来某个日期增加人身保险合同的保险金额，无须提供可保性证据。如果投保人想要增加保险金额，但目前无力缴付增加保额的保险费，该选择权就能保证其在将来用标准保险费增加保险金额，这是一种期权。

（四）意外死亡双倍给付条款

如果被保险人的死亡是由于意外事故造成的，保险人则给付双倍保险金，甚至有的保险合同经约定可给付多倍保险金。该附加特约条款的费用较低，因为意外死亡风险比疾病风险相对要小得多。

拓展阅读 2-2

### 《保险法》关于人身保险三大亮点的解读

【亮点一】带病投保超2年后也可获赔

例：某年，患有肺气肿病的张三投保了一份简易人身保险，保期为15年，可他在健康询问一栏中填写了"健康"。买保险5年后，张三因肺心病去世，其子到保险公司要求理赔。引用《保险法》"不可抗辩条款"，此案保险公司必须理赔。

【亮点二】无民事行为能力者自杀，保险公司应理赔

例：某年，张三为8岁的女儿投保一份寿险。买保险1年后，张三的女儿在其母亲李四的带领下，从所住楼房8层坠楼身亡。经公安调查认定母女俩系自杀，原因是李四患有轻度抑郁症。张三向保险公司申请女儿死亡的保险赔偿。根据《保险法》的规定，保险公司应理赔。被保险人自杀（合同未满2年的），保险人可以拒赔，但被保险人自杀时为无民事行为能力人的除外。

【亮点三】被保险人遇害，多个受益人应区别对待

例：赵六于某年投保人身意外保险，身故受益人为张三、李四、王五。而买保险3年后，王五将赵六秘密杀害，王五被判刑。张三和李四向保险公司申请理赔，保险公司以受益人故意造成被保险人死亡为由拒赔。根据《保险法》的规定：受益人故意造成被保险人死亡、伤残、疾病的，或者故意杀害被保险人未遂的，该受益人丧失受益权，但保险人不能因此免除保险责任，其他受益人仍然受到保护。所以，按《保险法》的规定，张三和李四就可以得到保险赔偿。

资料来源：根据中国保险网相关资料整理.

## 综合训练

### 一、简答题

1.人身保险合同的特点是什么？

2.简要介绍人身保险合同的要素。

### 二、实务题

填写人身保险投保单应注意如下几点：第一，投保人的姓名；第二，投保人的地址；第三，投保人的职业或经营范围；第四，投保人欲投保何种险种险别；第五，投保的保险标的；第六，被保险人的姓名、年龄（出生年月日）、从事的职业或工作岗位等；第七，受益人的姓名、住址；第八，填写投保金额；第九，投保人签名或盖章。

要求：请根据上述内容，具体说明如何填写人身保险投保单。

### 三、案例题

A于2007年6月3日为其公公B投保10年期人身保险，经被保险人B的同意，指定受益人是B的孙子C，现年9岁。保险费按月从A的工资中扣缴。2009年2月，A与被保险人的儿子D因感情破裂离婚，离婚时经法院判决，C由D抚养。离婚后A仍按月从自己的工资中扣缴这笔保险费，从未间断。2010年3月22日，被保险人B因病身故。5月，A向人

寿保险公司申请给付保险金。

　　要求：请问这份保险合同是否有效？如有效，保险公司向谁支付保险金？请说明理由。

### 四、实训题

　　实训项目：人身保险投保单的填写。

　　实训目的：明确人身保险投保单的填写方法。

　　实训步骤：（1）阅读保险条款。

　　（2）熟悉投保单内容。

　　（3）正确填写投保单。

　　实训成果：根据本人情况填写人身保险投保单。

××人寿保险股份公司

**人身保险投保书（简化版）**

保险须知

　　1.在填写投保书之前，投保人认真详阅保险条款，充分理解保险责任、责任免除、合同解除处理条款、保险费率表，作出投保决定。

　　2.投保书用黑色墨水笔填写，不得涂改。

　　3.若业务员代替投保人填写，投保人需亲笔签名。

　　4.投保人应对投保书各项询问按规定如实详细地说明或填写清楚。所有告知事项以书面告知为准，口头告知无效。

　　5.一切与本投保书各事项及保险合同条款不相符的业务员解释、说明或书面承诺均无效。

客户资料（填写）

| 投保人资料 | 姓名　　性别　　国籍/户籍所在地　　出生日期　年　月　日　年龄　周岁 |
|---|---|
| | 证件类型：□身份证 □其他_____　证件号码□□□□□□□□□□□□□□□□□□ 身高　CM　体重　KG |
| | 教育程度　　　　婚姻状况　　　　　　　　　　　联系回访电话 |
| | 工作单位　　　　　职务　　　职业　　　　职业代码□□□□□□ |
| | 现住址　　　　　　　　　　　　　　　邮编□□□□□□ |
| | 住宅电话　　　　移动电话　　　　　　　　E-mail |
| | 详细邮寄地址　省/自治区　　市/县　区/镇　街/路/乡　巷/弄/村　号/组 |
| | 邮编□□□□□□ 与被保险人关系：□被保险人本人□其他_____ 选择本人时，可不填写以下被保险人资料 |
| 被保险人资料及受益人资料 | 被保险人 | 姓名　　性别　　　国籍/户籍所在地　　出生日期　　年　月　日　年龄　周岁 |
| | | 证件类型：□身份证 □其他_____　证件号码□□□□□□□□□□□□□□□□□□ |
| | | 教育程度　　　　婚姻状况　　　身高　　CM　体重　　KG |
| | | 工作单位　　　　　职务　　　职业　　　职业代码□□□□□□ |
| | | 现住址　　　　　　　　　　　邮编□□□□□□ |
| | | 住宅电话　　　　　移动电话　　　　　　E-mail |

续表

| 被保险人资料及受益人资料 | 受益人 | 满期/生存保险金受益人：□被保险人□投保人□其他　　　选择其他时，需填写满期/生存保险金受益人资料 |
|---|---|---|
| | | 姓名　　性别　　　出生日期　年　月　日　　　与被保险人关系 |
| | | 证件类型：□身份证□其他_____　证件号码□□□□□□□□□□□□□□□□□□ |
| | | 住宅电话　　　　　　移动电话　　　　　　　　　　E-mail |
| | | 联系地址　　　　　　　　　　　　　　　　　邮编□□□□□□ |
| | | 身故保险金受益人姓名　性别　　　出生日期　　年　月　日　与被保险人关系 |
| | | 证件类型：□身份证□其他_____　证件号码□□□□□□□□□□□□□□□□□□ |

# 项目三　人身保险定价

**学习目标**

【知识目标】

1. 掌握人身保险费的构成
2. 熟悉单利、复利、现值和终值
3. 明确生命表的内容
4. 熟练掌握寿险费率的厘定

【能力目标】

1. 能够掌握人身保险费的构成及其决定因素
2. 能够掌握单利、复利、现值和终值的应用
3. 能够熟悉生命表的内容
4. 能够掌握寿险费率厘定的原则和方法
5. 能够了解人身意外伤害保险和健康保险的定价方法

【素质目标】

1. 能够运用实例向客户解释复利、终值、现值，以及其间的关系
2. 能够看懂生命表并举例解释各个项目间的关系
3. 能够举例说明人寿保险的费率是如何制定的
4. 能够解释意外伤害保险和健康保险费率厘定的原理和方法

【工作任务】

1. 列表说明人寿保险的费率厘定过程
2. 举例说明意外伤害保险和健康保险的费率厘定

案例导入

## 好朋友怎么能赚我的钱

王小明是一家私营企业的财务负责人，个人收入水平较高，家庭生活状况很好。王小明有一个很要好的朋友李小雨，现从事人身保险代理人工作，她出于职业习惯，经常向朋友或熟人介绍保险，久而久之，王小明对人身保险产生了兴趣。一天，王小明在李小雨的劝说下，通过李小雨购买了一份重大疾病附加意外伤害保险，保险期限为15年，趸缴保险费约为10万元。

　　保险两个月后，王小明在与公司同事赵小光的闲谈中了解到，人身保险代理人是很赚钱的，在缴纳的保险费中约有10%是他们的佣金收入。王小明想到自己花了10万元购买保险，就有1万元揣进了李小雨的腰包。对此，他十分气愤，心想作为好朋友怎么能赚自己的钱，而且任何消息都没有告诉自己。于是，就找李小雨理论，可两人一个觉得不解，一个认为冤枉，二人为此大吵了一场，搞得不欢而散。

　　李小雨觉得十分冤枉，这1万元是从保险公司，按照正规的业务流程和业务规定获得的保险费佣金收入，并不是自己从中取巧想要赚好朋友的钱，自己拿这笔收入，正常合理、坦坦荡荡。

　　资料来源：根据中国保险网相关资料整理.

　　这一案例表明：人身保险的保险费在厘定时已经将诸如代理费用等事先包含在内了。人身保险的保险费由纯保险费和附加保险费两部分组成，附加保险费的主要部分就包括保险公司各种营业费用，营业保险费里有专门的一部分是用来支付给保险代理人的佣金收入。这个费用是保险公司在制定保险费率时已经事先预定的，作为投保人的王小明没有认识到这一点，而作为保险代理人的李小雨也没能向好朋友很好地解释这一点，才会造成两人间的误解。

## 任务一　明确人身保险定价基础

【学生任务】

◇ 要求每个学生课前预习相关内容，理解人身保险费的构成。

◇ 要求每个学生课前预习相关内容，结合金融学知识，进行单利、复利、现值和终值的相关计算。

◇ 要求学生了解生命表的概念和分类，重点掌握生命表的内容。

◇ 要求每个学生扩大课外阅读量，结合本部分内容，说明人身保险费的定价基础。根据自身理解，写出不少于400字的书面作业。

◇ 将学生随机分组，按小组选出若干份作业在课堂上进行点评，学生间相互评出每一份书面作业的优劣；学生对作业进一步修改后提交教师，以便教师进行评价。

【教师任务】

◇ 指导学生理解人身保险费的构成，启发学生理解人身保险费的决定因素。

◇ 提示学生完成书面作业所需要关注的主要知识点，如保险费的概念、人身保险费的构成、利息理论和生命表的基础知识等。

◇ 指导学生分组，在小组内对学生进行不同的分工，对学生书面作业完成情况及时进行跟进，督促其按时完成。

◇ 对各小组进行的课堂点评进行适时指导，对选出的作业予以及时、客观、公正的评价，准备回答学生可能提出的各种疑问等。

### 活动　认识人身保险定价基础

**一、人身保险费的构成**

保险费是投保人为转移风险、取得保险人在约定责任范围内承担的赔偿（或给付）责任而交付的费用，也是保险人为承担约定的保险责任而向投保人收取的费用。保险费是建立保险基金和责任准备金的主要资金来源，也是保险人履行保险赔偿（或给付）义务的经济基础。

保险费率，是指应缴纳的保险费与每一保险金额单位的比率。保险费率是保险人用以计算保险费的标准，保险人承保一笔保险业务，用保险金额乘以保险费率就得出该笔业务应收取的保险费。计算保险费的影响因素有保险金额、保险费率及保险期限，以上因素均与保险费成正比，即保险金额越大，保险费率越高，或保险期限越长，则应缴纳的保险费就越多。其中任何一个因素的变化，都会引起保险费的增减变动。保险金额单位一般为1 000元或100元，所以保险费率通常用千分率或百分率来表示。

人身保险费可以通过如下公式进行计算：

人身保险费=保险金额×保险费率

保险费率一般由纯费率和附加费率两部分组成。习惯上，将由纯费率和附加费率两部分组成的费率称为毛费率。纯费率也称净费率，是保险费率的主要组成部分，它一般是根据损失概率确定的。按纯费率收取的保险费称纯保险费，用于保险事故发生后对被保险人进行赔偿和给付。附加费率是保险费率的次要组成部分，按照附加费率收取的保险费称附加保险费。它是以保险人的营业办公费用为基础计算的，用于保险人的业务经营费用支出、业务手续费支出以及提供部分保险利润等。

所以，人身保险费的构成可以用如下的公式表示：

人身保险费=纯保险费+附加保险费

**二、利息理论在人身保险定价中的运用**

人身保险属于长期性保险业务，它的保险期限都很长，一般的人身保险保单的保险期限有10年、20年不等，并且人身保险的缴费一般在保单生效后的一段时间内分期进行。由于保险费的缴纳和保险金的支付不是同时进行的，一般都会有一个时间间隔，而资金是有时间价值的，因此为了保障被保险人的利益，在厘定费率时要考虑到货币或资本的时间价值，即利息的因素。

保险人应在其所收入的保险费中设立责任准备金用于履行其在以后要承担的给付保险金的责任。责任准备金在履行给付之前，保险公司可以利用它进行投资，其收益由保险公司在计算保险费率时，按照一定的收益率计算给被保险人。人寿保险期限越长，利息的作用就显得越为重要，对保险费率的影响也就越大。

在进行人身保险费率的厘定时，保险精算师要根据当前经济状况和投资收益率变动的情况确定一个合理利率作为资金累积的利率，这个利率在保险精算学上称为预定利率。预定利率不等于银行利率，但两者是密切联系的。银行利率的变动必然会引起预定利率的变动，因为银行利率的变动是精算师确定预定利率时要考虑的一个非常重要的因素。这几年我国银行的几次降息，使得保险公司制定保险费率的预定利率也随之相应下降。

利息是货币资本投资的收益，这种收益可以理解为货币的所有者将货币的使用权转让给他人而获得的报酬。利息的多少取决于三个因素：本金、时期和利息率水平。资金借入者借入的资金称为本金；运用本金的期限为时期；在单位时间内使用单位本金所赚取的利息称为利率，利率通常用百分比（%）表示。

一般情况下，存在两种常见的计算利息的方式，即单利和复利。通常的情况下，保险公司在厘定保险费率和进行保险投资时考虑的都是复利。

（一）单利和复利

1.单利。单利是指在结算利息时，只对资金本金计算利息，而对每个计息期间所产生的利息不再计算利息。其计算公式为：

利息=本金×利率×计息期间

期末本利和=本金+利息=本金×（1+计息期间×利率）

假设I表示利息，S表示期末本利和，p表示本金，i表示利率，t表示计息期间，则：

$I=p×i×t$

$S=p+I=p（1+i×t）$

2.复利。与单利相对应，复利的计算是将上一期所赚取的利息一并放入下一期，与资金本金一起合并计算利息，即不仅本金生息，利息收入也生息，俗称"利滚利（驴打滚）"。

期末本利和=本金×（1+利率）$^{计息期间}$

利息=期末本利和−本金

以下为复利计息方法下本利和计算公式的推导。设本金为p，每期的利率为i，t表示计息期间，则其计算公式为：

第1期末的本利和为：$p+pi=p（1+i）$

第2期末的本利和为：$p（1+i）+p（1+i）i=p（1+i）^2$

⋮

第n期末的本利和为：$p（1+i）^{n-1}+p（1+i）^{n-1}×i=p（1+i）^n$

所以：

$S=p（1+i）^n$

$I=S-p$

（二）终值和现值

不论是单利还是复利，都存在资金的两个数量值，即终值和现值。

1.终值。资金本金经过一定时期的利息作用后形成的最终全部金额称为终值，它是本金和利息之和，即前面提到的本利和。设t是资金本金投资使用的时间长度，以S（t）表示时刻的终值，它是t的函数，称为终值函数。当t=0时，S（0）就是本金。利息是终值与本金的差，I（t）表示在t时的利息金额，则：

$S（t）=S（0）+I（t）$

为了数学计算上的方便，我们进一步用函数S（t）表示一个单位货币资金经过t时期后的价值。

如果用$I_n$表示第n个时期后所得的利息额，则：

$I_n=S（n）-S（n-1）$

如果用I（t）表示到t时刻为止，资金本金在投资使用期间总共获得的利息总额，则：

$$I（t）=I_t+I_{t-1}+\cdots+I_1$$
$$=S（t）-S（t-1）+S（t-1）-S（t-2）+\cdots+S（2）-S（1）+S（1）-S（0）$$
$$=S（t）-S（0）\quad(t\geq0)$$

在单利的情况下，本利和的总额计算公式为：

S（t）=S（0）×（1+i×t）

则每个计息期间所获得的利息为：

$I_n$=S（t）-S（t-1）=S（0）×i

在复利的情况下，本利和的总额计算公式为：

S（t）=S（0）（1+i）'

第 n 期获得的利息为：

$I_n$=S（n）-S（n-1）=S（0）×（1+i）"-S（0）×（1+i）"⁻¹=S（0）×（1+i）"⁻¹×i

2.现值。现值又称为现价，是指按照一定的利率经过一定时期利息作用需要达到一定金额的本利和所需要的本金的金额。

现值=终值÷（1+利率）<sup>计息期间</sup>

设 P 为现值，则：

P=S（n）/（1+i）"

### 三、生命表

在人身保险中，特别是在人寿保险中，通常是以被保险人的生存和死亡作为保险标的的，所以人身保险保险费和准备金的计算与被保险人的生死有着密切的关系，而被保险人从保单生效时起，在未来存活时间是不确定的，因此，我们就需要研究人的生死规律，以及与这些规律有关的概率计算。

在人身保险中，我们使用生命表来描述某人口群体死亡规律的概率。

（一）生命表的概念

生命表（Life Table /Mortality Table）又称为"死亡表"，是反映一个国家（或一个地区）人口或特定人口群体（如某个城市的所有职业女性、某单位的全体员工）生存死亡规律的调查统计表。生命表是人口统计学中一个非常有用的工具，它通常被用于模拟某一人口群体从出生到死亡的过程。因可根据它计算人口的平均预期寿命，在中文里有人称其为寿命表。生命表是根据分年龄死亡规律编制的，并主要反映各年龄死亡水平，故而又称为死亡率表。

生命表是对相当数量的人口自出生（或一定年龄）开始，直至这些人口全部去世为止的生存与死亡记录。通常以 10 万（或 100 万）人作为 0 岁的生存人数，然后根据各年中死亡人数和各年末生存人数计算各年龄人口的死亡率、生存率，列成表格，直至此 10 万（或 100 万）人全部死亡为止。所以，人寿保险对于风险的估计，通常都是以生命表中的死亡率为依据。生命表中最重要的就是设计产生每个年龄的死亡率。影响死亡率的因素很多，主要有年龄、性别、职业、习性、以往病史、种族等。一般情况下，在设计生命表时，主要考虑年龄和性别。生命表上所记载的死亡率、生存率是决定人寿保险费的重要依据。

生命表不是简单初步的信息资料，而是根据一定的调查所获得的有关国家或地区的人口普查资料（或有关部门的统计资料）。生命表以年岁为纲，全面、完整地反映了某一国家或地区一定人群从诞生直至全部死亡的生死规律。生命表的编制为经营人寿保险业务奠定了科学的数理基础，是计算人身保险的保险费、责任准备金、退保金的主要依据。

拓展阅读 3-1

### 生命表的历史

生命表的建立可追溯到公元 1661 年，那时英国就有了历史上最早的死亡概率统计表。到 1693 年，世界上第一张生命表是英国天文学家哈雷制定的"哈雷死亡表"，它奠定了近代人寿保险费计算的基础，到 1700 年，英国又推出了"均衡保险费法"，使投保人每年的缴费金额相同。

生命表是怎么来的呢？对于单个人来说，出生后何时死亡是不可知的，但对于一个国家、一个地区而言，在一定时间、一定的社会经济条件下，人的生、老、死是有规律可循的。人们可根据大数法则的原理，运用统计方法和概率论，编制出有生命规律的生命表，它是同批人从出生后到陆续死亡的生命过程的统计表。

在 1929—1931 年间，金陵大学的肖富德编制了中国第一张生命表，称为"农民生命表"。1982 年，第二次全国人口普查得到了完整的生命表资料。1996 年 6 月，我国保险监管机构颁布了我国第一张"中国人寿保险业经验生命表（1990—1993 年）"，规定从 1997 年 4 月 1 日起，在中国境内开展人寿保险业务的保险公司统一使用此生命表计算人寿保险的费率、责任准备金及退保金。

随着人民生活水平、医疗水平的逐渐提高，保险公司的核保制度逐步建立，未来保险消费者群体的寿命呈延长趋势，原生命表已经不能反映实际的人身风险状况。中国保监会于 2003 年 8 月正式启动了新生命表编制项目，并于 2005 年 11 月 12 日通过了以著名的人口学专家、全国人大副委员长蒋正华为主任的专家评审会的评审。2005 年 12 月 19 日，我国的第二张寿险业生命表——"中国人寿保险业经验生命表（2000—2003 年）"正式颁布，并从 2006 年 1 月 1 日起实行。新生命表是根据我国的经营时间较长、数据量较大的六家寿险公司（中国人寿、平安人寿、太平洋人寿、新华人寿、泰康人寿、美国友邦）的 1 亿多条保单数据编制的。在新生命表中，男、女的平均寿命比第一张生命表均有所提高：非养老金业务表男性的平均寿命为 76.7 岁，较原生命表提高了 3.1 岁；女性的平均寿命为 80.9 岁，较原生命表提高了 3.1 岁。养老金业务表男性的平均寿命为 79.7 岁，较原生命表提高了 4.8 岁；女性的平均寿命为 83.7 岁，较原生命表提高了 4.7 岁。新生命表被视作寿险监管以及寿险公司责任准备金评估的标准表和寿险产品定价的参考表，也可以视作其他相关研究预测的依据。新生命表将定价权交给保险公司，规定寿险公司的定价可以以新生命表为基础，也可以以其他生命表为基础，因此，公司可以根据产品、地域、受保人群、公司的核保技术或者市场策略的需要，采用不同的生命表。这是我国寿险费率市场化的重要一步，无疑会大大促进人身保险市场的发展。

（二）生命表的分类

根据统计对象的不同，生命表可以分为国民生命表和经验生命表两大类。

1.国民生命表。国民生命表是以全体国民或特定地区的人口生存状况统计资料编制而成的统计表。依国民生命表编制的技术，可将其分为完全生命表和简易生命表。完全生命表是根据准确的人口普查资料，依年龄分别计算死亡率、生存率、平均余命等生命函数而编制的。简易生命表则是根据每年的人口生存状况动态统计资料和人口抽样调查的资料，按年龄段（如 5 岁或 10 岁为一段）计算死亡率、生存率、平均余命等而编制的。

2.经验生命表。经验生命表是人寿保险公司依据其承保的被保险人实际经验的死亡统计资料编制的统计表。根据经验生命表使用的统计资料性质的不同，将经验生命表分为综合生命表、选择-终极生命表等。综合生命表不考虑保险合同投保后的经历年数，而是以全期间为对象，按年龄计算死亡率。由于投保后随着时间的延长，危险选择的效果递减并逐渐消失，而死亡率逐渐上升，能够反映这种变化趋势，按年龄、性别并依所经过的年龄计算死亡率的生命表叫作选择表；选择表都有一个特定的选择期（一般为3年），经过年数超过选择期间，则选择效果便消失了。为验证效果消失后的经验死亡率，基于终极死亡率编制的生命表称为选择-终极生命表。

目前，各个人寿保险公司普遍在用的是"中国人寿保险业经验生命表（2000—2003年）"，英文名称为"China Life Insurance Mortality Table（2000—2003年）"，简称：CL（2000—2003年）。其中包括非养老金业务表两张、养老金业务表两张，分别是：①非养老金业务男表，简称CL1（2000—2003年）；②非养老金业务女表，简称CL2（2000—2003年）；③养老金业务男表，简称CL3（2000—2003年）；④养老金业务女表，简称CL4（2000—2003年）。

（三）生命表的内容

下面仅用"中国人寿保险业经验生命表（1990—1993年）"非养老金业务男表CL1来简要说明生命表的内容，见表3-1。

表3-1　　　　中国人寿保险业经验生命表（1990—1993年）（男）

| 年龄（x） | 死亡概率（$q_x$） | 生存人数（$l_x$） | 死亡人数（$d_x$） | 平均余命（$e_x$） |
|---|---|---|---|---|
| 40 | 0.002051 | 958 785 | 1 966 | 35.93 |
| 41 | 0.002250 | 956 819 | 2 153 | 35.00 |
| 42 | 0.002470 | 954 666 | 2 358 | 34.08 |
| 43 | 0.002713 | 952 308 | 2 584 | 33.16 |
| 44 | 0.002981 | 949 724 | 2 831 | 32.25 |
| 45 | 0.003276 | 946 893 | 3 102 | 31.35 |
| 46 | 0.003601 | 943 791 | 3 399 | 30.45 |
| 47 | 0.003958 | 940 393 | 3 722 | 29.56 |
| 48 | 0.004352 | 936 670 | 4 076 | 28.67 |
| 49 | 0.004784 | 932 594 | 4 462 | 27.80 |

在了解生命表的结构和作用时，我们要设定一些前提条件。首先要选择初始年龄，并且假定该年龄生存的一个适当的人数，这个数称为生命基数。为了方便起见，一般选择0岁作为初始年龄，并假定在此年龄的人数通常取整数，如10万人、100万人、1 000万人

等。在生命表中还规定了最高年龄，用ω表示，满足$l_{\omega+1}=0$。

一般的生命表中都包含以下几方面的内容：

1.年龄区间[x，x+1]。[x，x+1]表示x到x+1岁的年龄区间，除最后一个年龄区间（如：95岁以上）为开区间以外，其余每一个区间都由两个确定的年龄值来定义。通常，最后一个年龄区间的起点为ω，半开区间为[ω，+∞]。

2.生存人数$l_x$。假设正好活到某一确切年龄x岁的生存人数以$l_x$表示。生命表的基础是生存人数，它表示在一封闭区域一定数量的人口集团随着时间的推移因死亡而逐渐减少的人口生存状态。生存人数$l_x$表示正好活到某一确切整数年龄x岁的人数。

在人的生命表中，作为起点的出生人数$l_0$称为生命表的基数，理论研究中可以任意取值，但为方便计算和处理，一般设为10万人。

3.死亡人数$d_x$。$d_x$为年龄区间[x，x+1]内死去的人口数。$d_x$是生命表上年龄区间[x，x+1]内的死亡数，不同于实际人口死亡数。

根据定义可知：

$l_{x+1}=l_x-d_x$，x=0，1，…ω

4.死亡概率$q_x$。$q_x$表示存活到确切年龄x岁的人在到达x+1岁前死亡的概率。以x至x+1的死亡人数$d_x$占x岁存活人数$l_x$的比重表示。

$q_x=d_x/l_x$，x=0，1，…ω

$q_x$这一指标是计算生命表的基础，在已知$q_x$后，就可以依生命表基数$l_0$由前述两项公式计算出各年龄的存活人数$l_x$和死亡人数$d_x$。

$l_{x+1}=(1-q_x)\times l_x$，$d_{x+1}=q_x\times l_x$

5.平均余命$e_x$。平均余命$e_x$是对人的生命的一种有根据的预测，表示存活到确切年龄x的人群$l_x$平均还能存活的年数，即今后尚能生存的平均寿命。每个$e_x$包括了人们在x岁以后的经历，因而，这一列在生命表中非常重要，而且这是生命表中除$q_x$外唯一独立基数$l_0$的序列。通常，平均余命随年龄x的增加而减少。

案例分析 3-1

### 利用生命表计算

根据书中给定的生命表数据，如何计算年龄为45周岁的男性的生存概率？

分析：

生存概率，是指已经生存到x岁的人在一年后仍生存的概率，即到x+1岁时仍生存的概率，我们可以用$p_x$表示。

根据这一定义可知，$p_x$的计算公式为：

$p_x=l_{x+1}/l_x$，x=0，1，…ω

或者：

$p_x+d_x=1$

解答：

方法一：$p_{45}=l_{46}/l_{45}=943\ 791/946\ 893=0.996724$

方法二：$p_{45}=1-q_{45}=1-0.003276=0.996724$

# 任务二 掌握人身保险定价方法

【学生任务】

◇ 要求每个学生课前预习相关内容，结合已经学过的保险学知识来理解寿险费率厘定的原则。

◇ 要求学生能够计算定期死亡保险的费率，包括纯保费和附加保费的计算。

◇ 要求学生了解人身意外伤害保险及健康保险保费的定价方法。

◇ 要求每个学生扩大课外阅读，结合本部分内容，进行调研并收集资料，说明寿险费率厘定的影响因素。根据自身理解，结合具体案例写出不少于400字的书面作业。

◇ 将学生随机分组，按小组选出若干份作业在课堂上进行点评，学生间相互评出每一份书面作业的优劣；学生对作业进一步修改后提交教师，以便教师进行评价。

【教师任务】

◇ 指导学生利用收支相等的原则进行寿险纯保费和附加保费的计算。

◇ 提示学生完成书面作业所需要关注的主要知识点，如寿险保费的构成、死亡率、利率和费用率如何影响寿险费率等。

◇ 指导学生分组，在小组内对学生进行不同的分工，对学生书面作业完成情况及时进行跟进，督促其按时完成。

◇ 对各小组进行的课堂点评进行适时指导，对选出的作业予以及时、客观、公正的评价，准备回答学生可能提出的各种疑问等。

### 活动1 人寿保险定价方法

#### 一、寿险费率厘定原则

保险的价格指的是保险费率。人身保险的定价，即人身保险保险费率的厘定。保险作为一种分散风险的手段，是保险人将大量的风险单位（个人或单位）集合起来，以收取保险费的方式来建立风险准备基金，当其中个别的风险单位发生保险合同约定的保险事故时，用此基金进行经济补偿。可见，保险人收取的保险费是风险准备基金的基础，确定适当的费率，收取恰当的保险费是保险公司正常运营的重要前提。

保险业不同于一般的行业，通常的做法是保险费收取在先，保险赔款（或者保险金）支付在后，也就是说，保险费都可以看作是预付的。既然保险费是在保险合同生效之前确定的，那么保险公司对保险费的计算就不是以保险标的已经发生的实际损失的资料为基础，而是依据过去的损失统计与费用记录等因素来推算的。

因此，保险费计算的特点就是：以历史将会再现作为前提假设，在过去损失资料的基础上，通过对统计数据的逻辑处理，形成对未来的合理预期。因此，计算保险费时采用的比率都是预期的比率，而不是真实的或实际的比率，预期比率与实际比率之间可能出现的偏差正是保险公司的经营存在风险的主要原因，这也是毛保险费中还包括风险加成的原因。

对于一家保险公司来说，在厘定保险费率时应遵循以下四个原则：

1.充分保障原则

保险的基本职能是提供经济补偿，保险人收取的保险费应能充分满足保险人履行保险赔偿（或给付）责任的需要，以保障被保险人的经济利益。保险费率是保险人收取保险费的依据，保险费率的厘定必须保证保险人有足够的资金来源和偿付能力，能够补偿因危险事故发生所需赔偿（或者给付）的金额，以及支付有关的营业费用。因此，从实现保险基本职能的角度看，保险费率水平应与提供充分保险的要求相适应，否则，就会危害保险经营，使保险企业破产倒闭，被保险人也将蒙受经济损失。充分保障原则确定了保险费率应该达到的最低水平。

2.稳定灵活原则

稳定是指保险费率一经确定，在相当长的一段时期内应保持相对的稳定，不要频繁变动。保险费率相对稳定对保险人和被保险人双方都有好处。一方面，从被保险人的角度看，保险费率稳定，可以使被保险人的负担稳定，能依照预计金额按时支付保险费。如果保险费率频繁变动，则不利于被保险人核算经费，也不利于在不同的被保险人之间保持公平。另一方面，从保险人的角度看，稳定的费率有利于稳定成本核算和业务经营。

灵活是指保险费率虽然力求保持稳定，但仍须具有一定的灵活性。也就是说，在短期内应注意保险费率的稳定，在长期中又应该根据实际情况的变动对其做适当的调整。因为在较长的时期内，由于社会、经济、技术、文化的不断进步，保险标的所具有的危险是变动的，保险费率水平也应随之而变动。例如，随着医疗卫生、社会福利的进步，人类寿命的延长，死亡率的降低，疾病的减少，人寿保险过去制定的费率就需要进行调整以适应变化了的新情况。在竞争激烈的保险市场，自主的保险费率还应该根据保险表和竞争对手的具体情况在具体的保险业务中做出相应的调整。

3.公平合理原则

公平是指保险费率的厘定必须考虑能适用个别危险，使被保险人能基本上按照其本身危险程度大小来分担相应的保险费。由于相同保险标的在不同地点、不同时间使不同主体所具有的风险水平不同，这就要求在保险费率水平上也应有所差异。但这种差异性只能在相对精确的程度上得以实现，要做到完全公平在客观现实上很难实现，除非进行个别核算，但这种办法不仅事实上行不通，而且也不符合大数法则的要求。为了计算方便，通常将性质相同或者相近的危险归纳为若干种类，然后计算分类费率，以适用于不同种类的保险标的。

合理是指保险费率水平要与被保险人及其保险标的的风险水平和保险人的业务经营需要相适应。保险费率过低，必然会影响保险基本职能的实现，使被保险人得不到充分的保障。而费率过高，特别是对附加费用比例过高，会加重被保险人的经济负担，损害被保险人的利益，也不利于保险业务的开展。公平合理原则确定了保险费率可能达到的最高水平。

4.促进防损原则

促进防损原则指的是保险费率的制定应该有利于促进被保险人加强防灾防损工作，杜绝或者减少保险事故的发生。对于应对积极、防灾工作做得充分到位的被保险人，适用较低的保险费率；对于没有损失或者损失较少的被保险人，适用优惠的保险费率；而对于态度消极、防灾防损工作做得差，甚至根本没有应对措施的被保险人，适用较高的保险费率或者是在续保时加收保险费。

### 二、寿险费率厘定原理

#### （一）寿险费率影响因素

人寿保险是以人的生命或健康为保险标的的保险，其保险费率的厘定主要取决于死亡率、利率、费用率及其他因素。

**1.死亡率因素**

在人寿保险中，保险人可以利用生命表来了解预期的死亡率。生命表是以特定人群为研究对象，反映或概括特定人群的生命规律的一种表格，可以向保险人提供以下信息：①各整数年龄对应的生存人数、死亡人数、生存概率和死亡概率，以及该整数年龄的平均剩余寿命；②生死人数总是以生命表基数为基础；③生死概率是相对的预期概率，反映特定群体中个体预期生死可能性大小；④生命表中独立的核心函数是死亡率，它是人寿保险费计算所需的条件。

如前所述，生命表可分为经验生命表和国民生命表，各寿险公司的经验生命表是制定寿险费率十分重要的考虑因素之一。从国外的情况来看，各家寿险公司之间的经验生命表可能存在很大差别。国民生命表虽然在整体上与总人口的寿命情形一致，但是对于某一地区、某一群体就不一定适合了。各寿险公司的科学做法应是将国民生命表与各公司的经验数据相结合，找出最适合本公司的死亡率数据。

**2.利率因素**

人寿保险的期限通常比较长，投保人交付保险费与保险公司给付保险金之间可能存在着相当长的时间间隔。保险人收取保险费时，要考虑在预定利率下，保险费存放到一定时期内所产生的利息与本金相加是否与将要给付的保险金相等的问题。因此，预期的利率对于保险公司制定费率十分重要，特别是对于传统型寿险，因为它们在保单有效期内是固定不变的。寿险公司预期的利率能否实现，主要看其未来的投资收益，保险公司的精算人员在确定预期的利率之前要与投资部门进行协商，要考虑本公司及其他公司过去的投资收益情况。在人寿保险保险费的计算中，预期的利率均采用复利来进行计算。

**3.费用率因素**

保险人在经营人寿保险业务的过程中所发生的各项费用是由被保险人负担的，因此，预期的费用率也是人寿保险费率厘定的一项重要内容。寿险公司的费用一般包括但不限于：①合同初始费，包括签发保单费用、承保费用等；②代理人酬金，包括代理人佣金、奖金、奖励、研讨会会费、养老金计划支出等；③保单维持费用，包括缴费费用、会计费用、佣金的管理费用、客户服务费用、保单维持的记录费用和保费收入税等；④保单终止费，包括退保费用、死亡给付费用和到期费用等。

预期的费用应以会计数据为基础，通过分析同类业务过去长期发生的费用，以此决定预期费用的额度，预期的费用率高，保险费增加；反之，保险费降低。由此可见，预期的费用率的高低，对人寿保险费的高低影响很大。

**4.其他因素**

（1）失效率。在人寿保险中投保人可能因种种原因中断缴费而使人寿保险合同失效。对于长期寿险合同，失效后保险单具有现金价值，因此，在计算人寿保险费时，还得考虑以现金价值为基础的退保金及相应的解约率。一般而言，影响保单失效率的因素包括：①保单年度。保单失效率随保单年度的增加而降低。②被保险人投保时的年龄。十几岁至二十几岁的人口保单失效率较高，而30岁以上的被保险人的保单失效率较低。③保险金额。大额保单的失效率通常较低。④保费缴付频率。每年缴费一次比每月预先从工资中扣除保费的保单失效率低，而每月直接缴费的保单的退保率则较高。⑤被保险人性别。当其他情况相同时，女性保单失效率要比男性保单失效率低。预期的失效率应基于本公司的经验数据，因各公司之间由于各种差别使保单失效率大相径庭，可以衡量与公司经营状况相类似的公司的经验数据，再根据年龄、性别和保额等因素进行平衡调整。

（2）分红率。保险单分红源于保险中的死差益、利差益和费差益，但死差益、利差益和费差益的根本原因又受到计算基础的影响。也就是说，采取较保守的计算基础，保险单分红的来源可能相对增加。如果事先已确定了保险单的分红率，那么在计算保险费时，就要对死亡率、利率和费用率等方面重新进行选择，才能使分红得以实现。

（3）残疾率。残疾率是指健康人在保险年度内发生残疾的概率。随着人寿保险的发展，寿险合同现已常常附有伤残给付或伤残优惠等条件。因此，残疾率也应当成为厘定保险费率的资料之一。残疾率可以通过永久完全残疾发生率与残疾者死亡率两个数据来求得。

课堂训练3-1 （多选）

影响人寿保险费率厘定的基本因素包括（　　）。
A.死亡率　　　　B.利率　　　　C.费用率　　　　D.其他因素

（二）寿险费率的厘定与保费的计算
1.趸缴纯保费的计算

情境模拟3-1

### 趸缴纯保费的计算

场景：

假设你是一家寿险公司的精算人员，面对一个保险金额为10 000元、保险期限为3年的寿险业务。保单规定如果被保险人在保险有效期内死亡，则保险人在死亡年度末支付10 000元的保险金额。现在请你在没有其他寿险费率的情况下，根据生命表的相关数据厘定该被保险人应该趸缴的纯保费金额。

操作：

假设该被保险人应缴纳$S_x$元的保费，共有$l_x$个被保险人买了同样的险种，且保险金额都为10 000元。根据生命表可知，$l_x$个x岁的人在x岁到x+1岁（第一保单年度）这一年中将有$d_x$个人死亡，在x+1岁到x+2岁（第二保单年度）将有$d_{x+1}$个人死亡，在x+2岁到x+3岁（第三保单年度）将有$d_{x+2}$个人死亡。假设每个被保险人缴纳$S_x$元保费，则$l_x$个被保险人共缴纳$l_x \times S_x$元的保费。

由生命表可知，$l_x$个x岁的被保险人有$d_x$个在第一个保险年度死亡，每个死亡者在年末获得10 000元的保险金给付，则保险公司在年末共支出$d_x \times 10\,000$元的保险金，这$d_x \times 10\,000$元的保险金在年初的现值为$(d_x \times 10\,000)/(1+i)$；依此类推，在第二保险年度末支出的保险金额在第一年年初的现值为$(d_{x+1} \times 10\,000)/(1+i)^2$；在第三保险年度末支出的保险金额在第一年年初的现值为$(d_{x+2} \times 10\,000)/(1+i)^3$。

根据纯保险费收支相等的原理，收取的保费应该等于未来每个保单年度可能的保险金额支付的现值之和，即：

$l_x×S_x=$ （$d_x×10\,000$）/ （1+i）+ （$d_{x+1}×10\,000$）/ （1+i）$^2$+ （$d_{x+2}×10\,000$）/ （1+i）$^3$

由上式可得，该被保险人应该缴纳的纯保险费金额为：

$S_x=$［（$d_x×10\,000$）/（1+i）+ （$d_{x+1}×10\,000$）/ （1+i）$^2$+ （$d_{x+2}×10\,000$）/ （1+i）$^3$］/$l_x$

其中，$d_x$、$d_{x+1}$、$d_{x+2}$和$l_x$的数值都可以在生命表上查到相应数据，在确定了预期的利率之后，该寿险业务的纯保费就能够计算出来了。

2.均衡纯保费的计算

情境模拟 3-2

### 均衡纯保费的计算

**场景：**

假设你是一家寿险公司的精算人员，面对一个保险金额为10 000元、保险期限为3年的寿险业务。保单规定如果被保险人在保险有效期内死亡，则保险人在死亡年度末支付10 000元的保险金额。现在请你在没有其他寿险费率的情况下，根据生命表的相关数据厘定该被保险人应该缴纳的年度纯保险费金额。

**操作：**

以上面的寿险业务为例，假设保费不是趸缴的，而是在保险期限内分期均衡缴纳的，也就是在每个保险年度初缴纳s元。在第一保险年度初假设有$l_x$个x岁的被保险人，每人缴纳s元，其现值为$s×l_x$元；如果在第二保险年度初还有$l_{x+1}$个被保险人活着，每个人再缴纳s元，共缴纳$s×l_{x+1}$元，现值为$s×l_{x+1}$/（1+i）；同样道理，第三保险年度缴纳的保费现值为$s×l_{x+2}$/（1+i）$^2$。3个保单年度初缴纳的保险费现值和为：

$s×l_x+s×l_{x+1}$/ （1+i）+ $s×l_{x+2}$/ （1+i）$^2$

根据"情境模拟3-1"的计算，该寿险业务未来可能的保险金给付的现值为：

（$d_x×10\,000$）/ （1+i）+ （$d_{x+1}×10\,000$）/ （1+i）$^2$+ （$d_{x+2}×10\,000$）/ （1+i）$^3$

根据纯保险费收支相抵原则，每期缴纳保险费的现值之和等于未来可能的保险金给付的现值之和，即：

$s×l_x+s×l_{x+1}$/（1+i）+$s×l_{x+2}$/（1+i）$^2$=（$d_x×10\,000$）/（1+i）+（$d_{x+1}×10\,000$）/（1+i）$^2$+（$d_{x+2}×10\,000$）/（1+i）$^3$

由上式可得，该被保险人应该缴纳的纯保险费金额为：

$s=10\,000×$［（$d_x×10\,000$）/（1+i）+（$d_{x+1}×10\,000$）/（1+i）$^2$+（$d_{x+2}×10\,000$）/（1+i）$^3$］/［$l_x+l_{x+1}$/（1+i）+$l_{x+2}$/（1+i）$^2$］

3.寿险营业保费的计算

营业保费是由纯保费和附加费构成的，即在纯保费的基础上附加费用支出。虽然在人寿保险公司业务经营中费用支出情况比较复杂，但其计算的基础仍是等价交换、收支相等。人寿保险营业保费的计算常用下列三种方法：

（1）三元素法。该方法是将营业费用按照新合同费用、合同维持费用和收费费用三部分分别计算。①新合同费用，即原始费用。这是承保新业务在第一年度所需的一切开支，主要包括宣传、招待等费用。这就需要将这部分费用乘以生存年金现值系数，并将其平均分配在整个缴费期内以逐年平均收回。②合同维持费用。这主要包括固定资产折旧、内部管理、职员工资等费用，这些费用基本上与保险金额的大小、保险费的多少无关，不宜采用按保额或保费附加的方法，通常采取按保单张数定额附加的方法。③收费费用。这主要包括支付代理手续费、劳务支出等费用，这些费用通常是按营业保险费一定比例支付的，应按照每年对营业保险费的比例计算。三元素法按不同性质的费用的用途不同进行计算，分摊方法较为科学合理，在实务中较多采用。

（2）比例分摊法。①按保险金额的固定比例分摊。根据历年的统计资料或经验，大体上核定一个标准，即确定每 10 000 元保险金额应分摊多少营业费用，在年缴纯保险费中逐年加一个固定费用即可。②按营业保险费的固定比例分摊。把业务上的各种费用开支，统一按照营业保险费的固定比例计算。用这种方法确定附加费率，保险费越高，所负担的附加费越多，显然对大额投保人不利。为了照顾投保人或被保险人的正当利益，同时也为了简化计算手续，实务中在计算营业保险费时，一律在营业保险费上附加一个较小的百分比作为附加费率。

（3）混合比例法。这是指将附加费率分成两部分确定，一部分按保险金额的固定比例分摊，另一部分按营业保险费的固定比例分摊。把上述两种方法结合起来，这样将比单独使用一种方法更为公平合理。

### 三、寿险费率的调整

根据人身保险费率厘定的稳定灵活原则，在客观条件没有发生巨大变化的相对稳定的一段时间内，寿险费率是不需要调整的。但是随着客观环境的变化，确定原来寿险费率的因素发生了变化，这时，我们可以按照前面的步骤，采取重新厘定费率的方法，也可以通过以下的方法对寿险费率进行相应的调整。

（一）分类法

分类法是指将性质相同的风险分别归类，而对同一类别各风险单位，根据它们共同的损失概率，定出相同的保险费率。在分类时，应注意每类中所有各个单位的风险性质是否相同，以及在适当的时期中，其损失经验是否一致，以保证费率的精确度。分类费率确定之后，经过一定时期，如与实际经验有所出入，则应进行调整。

其调整公式为：

$$M=（A-E）/（E\times C）$$

其中，M——调整因素，即保险费应调整的百分比；A——实际损失比率；E——预期损失比率；C——信赖因素。对于许多具体业务来说，费率的调整比费率的计算更重要。采用上面的公式来决定费率调整的百分比，关键在于确定信赖因素 C 的大小。信赖因素的大小，表示经验期间所取得的数据的可信赖程度。

（二）经验法

经验法是根据被保险人过去的损失及给付记录，对既定的寿险费率加以增减而得到新的适应性的费率。但是当年的保险费率并不受当年经验的影响，而是用过去数年的平均损失来修订未来年份的保险费率。经验法的理论基础是：凡是能够影响到将来的风险因素，一定已经影响过去的投保人的经验。

其计算公式为：

$$M=（A-E）/（E\times C\times T）$$

其中，M——保险费率调整的百分比；A——经验时期被保险人的实际损失；E——被保险人适用某分类时的预期损失；C——信赖因素；T——趋势因素（考虑平均赔偿金额，又称给付金额，支出趋势及物价指数的变动）。经验法的优点是，在决定被保险人的保费时，已考虑到若干具体影响因素，更能全面地顾及到影响危险的各项因素。

## 活动2 人身意外伤害保险和健康保险定价方法

### 一、意外伤害保险费率的厘定

与人寿保险一样，意外伤害保险费由净保费和附加保费两部分组成。净保费用于发生保险事故造成意外伤害时的保险金给付，保险公司收取的附加保费用于保险公司的营业费用开支。与人寿保险一样，意外伤害保险的费率计算依据的是过去的经验资料，即经过统计的以往保额损失率。

（一）意外伤害保险费率厘定概述

依据商贸往来的等价交换的原理，意外伤害保险的费率应与被保险人受到的危险程度相适应，首先要根据被保险人受到的危险程度进行分类。在一年期内，虽然被保险人可从事各种活动，但决定被保险人受到的危险程度的，主要是被保险人从事劳动的性质。例如，井下采煤工人、海上捕鱼的渔民、机关事业单位的职工，他们所面临的危险显然不一样。因此，在一年期意外伤害保险中一般按被保险人的职业分类。

职业分类是一件看似简单实为技术性很强的工作：划分过粗，对保险人比较方便，但会造成被保险人之间保费负担的不公平；划分过细，保险费在被保险人之间分担较为公平，却给保险人带来了繁重的工作。极短期（期限短于一年）的意外伤害保险，一般按被保险人所从事的活动性质分类，即对飞机旅客、公路旅客、索道乘坐者等分别制定保险费率。对被保险人进行分类后，就可依据有关统计资料分别计算费率。对新开办的险种，可根据相关的资料估算费率。例如，煤矿工人意外伤害保险的费率，可以根据矿山安全部门的工伤事故统计资料进行估算；铁路旅客意外伤害保险的费率，可以根据铁路部门的伤亡统计资料进行估算。对于已开办多年的意外伤害保险险种，则可根据经验资料计算保额损失率，并在此基础上计算出精确的保险费率。

在对被保险人分类的基础上，对各类被保险人分别计算净费率，在净费率的基础上再加上附加费率，从而得到保险费率。由于一年期意外伤害保险在意外伤害保险中最为普遍，且按保险金额的一定比率计收保险费又是保险费计算的主要方式，所以，我们仅以一年期意外伤害的保费计算为例，介绍费率的计算方法。

（二）意外伤害保险费率的计算

1.意外伤害保险纯费率的计算原理

保险是一种商品，因此也要求等价交换。这种等价交换，从整体来看，是全部被保险人所缴纳的纯保险费与保险人所给付的保险金额相等；从个别来看，是每个被保险人所付出的保费代价与所取得的保障程度相符，即每位被保险人缴纳的纯保险费与其所能获得的保险金的数学期望值相等。

设某被保险人投保意外伤害保险，保险金额为S，其获得的保险金给付为X，则随机变量X的取值范围为$0 \leq X \leq S$，以E（X）表示X的数学期望值，以P表示该被保险人应缴纳的纯保费，则有：

P=E（X）

从理论上讲，X是一个连续型随机变量，则其数学期望的公式为：

$$E(X)=\int_0^s X\cdot P(X)\,dx$$

但是，在实际业务中 X 通常被离散化了，即 X 是一个离散型随机变量，因此，其数学期望值通常表示为：

$$E(X)=\sum X_i\cdot P_i$$

在上述公式中，$X_i$ 表示随机变量 X 可能取的值是 $X_1$，$X_2$，$X_3\cdots X_i$；P 表示随机变量 $X_i$ 出现的概率；$\sum$ 为求和符号。

如果我们知道每一被保险人因意外伤害致死和造成各种程度残疾的概率，就可以用 $E(X)=\sum X_i\cdot P_i$ 求出该被保险人应缴纳的净保费。但客观现实是，在投保时保险人一般是无法知道某个被保险人因意外而造成伤害导致死亡或各种程度残疾的概率的，因此，保险人只能根据已知的资料去估计给付每一被保险人保险金的数学期望值。根据大数法则，可以利用过去的统计资料中平均每一被保险人实际获得的保险金去估计未来某一被保险人所获得保险金的数学期望值。只要过去承保的被保险人数量足够大，这种估计就能够达到相当准确的水平。

在意外伤害的业务实践中，保险人会对许多被保险人承保，但这些被保险人的保险金额并不相同，所以保险人在计算净费率时，通常是将被保险人获得的平均保险金与被保险人的平均保险金额的比率作为净费率。

假设保险公司同时承保 n 个被保险人，他们的保险金额分别为 $S_i$，他们获得的保险金分别为 $X_i$，以 $\bar{S}$ 表示平均每个被保险人的保险金额，以 $\bar{X}$ 表示每个被保险人获得的保险金，则可以得到以下公式：

$$\bar{S}=\frac{1}{n}(S_1+S_2+\cdots+S_n)=\frac{1}{n}\sum_{i=1}^n S_i$$

$$\bar{X}=\frac{1}{n}(X_1+X_2+\cdots+X_n)=\frac{1}{n}\sum_{i=1}^n X_i$$

从以上公式不难看出，$\sum_{i=1}^n X_i$ 就是 n 个被保险人获得的保险金总额，$\sum_{i=1}^n S_i$ 就是 n 个被保险人的总的保险金额。这表明，如果有 n 个被保险人（假设 n 足够大的话）同时投保意外伤害保险的某一险种，我们就可以根据这些被保险人所获得保险金总额与总保险金额的比率来计算净费率。

但是，在业务实践中，我们很难对同时投保的一批被保险人进行跟踪记录，而且每一批同时投保的被保险人数量也不够多。所以实践中比较可行的做法是使用某一年度的保险金总额和该年度的有效保额总额计算净费率，即：

$$意外伤害保险净费率=\frac{某年度给付的保险金的总额}{该年度有效的保险金额的总额}$$

可以看出，这个比率就是保险金额损失率。这一结果表明，某险种的净费率应该等于该险种的保险金额损失率。

2.意外伤害保险纯费率的计算方法

仔细观察意外伤害保险某一险种的保额损失率，可以发现其各个年度可能并不一定相等，而是表现出一定的波动性。因此，不能将某一年的保额损失率作为纯保险费率，而应根据若干年的保额损失率统计资料来推断纯保险费率。根据最近若干年的保额损失率计算纯保险费率的方法一般有以下几种：

（1）一元线性回归分析法。它是用一元回归方程对事物变化的因果关系作出定量分析。我们以 X 为时间变量（自变量），以 Y 为保额损失率的预测值（因变量），以 a 和 b 为回归方程系数，设 X 与 Y 之间的关系为 $Y=a+bX$，则根据一元线性回归的求解方法即可求出 a 和 b。使用一元线性回归方法应注意的是，当保额损失率逐年上升或下降并呈线性趋势时，这种方法较为准确，当保额损失率的变化没有这种线性趋势时应寻求其他方法。

（2）加权移动平均法。当保额损失率未呈现上升或下降趋势，且年与年之间波动不大时，则可采用移动平均法计算纯费率。较常用的是一次移动平均法和加权移动平均法。一次移动平均法是将原始时间数列逐项移动，依次计算出包含一定项数的序时平均数的方法。加权移动平均法是对所取几年的保额损失率分别赋予不同的权重数，离预测年份越近的保额损失率权重数越大，把权重数与各年保额损失率的乘积加总，再以权重数之和除之。

（3）正态分布法。正态分布法是把各年度保额损失率看作一个随机变量，而且这一随机变量服从正态分布，根据以往若干年度实际发生的保额损失率，估计下一年度的保额损失率小于某一数值的概率。正态分布法适用于保额损失率各年度间变化无规律可循，且承保人数又不多的情况。为使计算准确，要求保额损失率的资料的时间跨度应尽量长。

3.意外伤害保险附加费率计算

意外伤害保险的附加保险费率是以经营管理费、预期利润和税收为基础计算的，换言之，保险公司按附加费率收取的保险费，主要由以下三个部分构成：

（1）业务费用。业务费用包括保险从业人员工资、代理手续费、宣传费等。衡量方式有两种：一是业务费用占承保金额的比重；二是业务费用占保费收入的比重。

（2）预期经营利润。保险企业利润收入包括经营利润和投资利润两项，在费率中所反映的是经营利润。其衡量方式有两种：一是经营利润占承保金额的比重；二是经营利润占保费收入的比重。

（3）税收。保险企业的赋税包括增值税、城市维护建设税、所得税、房产税、车船税、土地使用税等。衡量方法同上。

考证直通车 3-1 （单选）

货币或资本的时间价值是（　　　）。

A.现值　　　　B.终值　　　　C.利息　　　　D.利率

**二、健康保险费率的厘定**

（一）影响健康保险费率的因素

健康保险费的厘定与意外伤害保险一样，也应遵循适当、合理、公平的原则。但与意外伤害保险和人寿保险相比，影响健康保险的因素比影响另两大类保险的因素要多，除了死亡率、利息率等保费计算中常见的基本要素外，主要还包括以下因素：

1.索赔总额

在计算健康保险费率时，保险公司首先要确定预期的索赔总额。索赔总额是指预计的索赔次数和平均每次索赔金额的乘积，而预计索赔次数又是单个被保险人的索赔频率和生存的被保险人数的乘积，用公式表示如下：

索赔总额=预计索赔次数×平均每次索赔额

预计索赔次数=单个被保险人的索赔频率×生存的被保险人数

从另一个角度来说，索赔总额又是保险公司的理赔成本，因为它构成了保险公司处理给付案件过程中发生的全部成本的绝大部分。根据索赔总额计算出的保险费率构成了健康保险的纯费率。

影响医疗保险和残疾收入保险的预计索赔总额的因素是不同的。在医疗保险中，精算师在确定平均索赔成本时，主要考虑的因素有：被保险疾病的发病率、患者平均住院天数、平均每天的住院成本、手术费用、医师服务费用等。同时，还应考虑在不同区域、不同经济环境下这些费用的差异。而在确定残疾收入保险的索赔总额时，精算师应考虑的因素包括：被保险人因保险事故伤残的概率、被保险人伤残的程度、残疾可能持续的天数、平均残疾收入给付水平等。

通常保险公司利用连续发病率表和连续残疾表来反映上述信息。发病率是指在特定年龄组，一个人发生伤残或疾病的可能性。而连续发病表则是根据疾病持续时间或索赔金额而编制的用以显示索赔概率分布情况的疾病统计表。例如，从一家医院的连续发病表中可以预测出住院一定天数（如5天、10天、18天等）的40岁病人的人数。同样，从连续残疾表中可以预测出有某种残疾的某一年龄的人可能的残疾持续天数。连续发病表还考虑了因死亡或康复而终止疾病的情况。年龄和性别会影响到发病率，如某种疾病同龄女性的发病率高于男性，因此女性年轻时的保险费率要高于男性，而随着年龄的增长，女性的保费成本可能反而会变得低于男性。

2.费用

在计算保险费率时，保险公司也要考虑其在经营中发生的一些费用，如税金、代理人的佣金、保单的签发及管理成本、保险理赔成本等。这些费用构成了健康保险费率中附加费率的一部分。通常，这些费用可以表现为纯费率的一定比例或每份保单的分摊数额。

3.等待期及免赔额

等待期的长短影响到保险公司所承担的责任。在其他因素不变的情况下，对于等待期长的险种，保险费率会较低，而等待期短的险种，保险费率就会较高。同样，免赔额的规定也降低了保险公司必须承担的责任和成本。如果保险公司提高免赔额，就可以降低保险费率；如果降低了免赔额，就必须提高保险费率。

4.续保率或失效率

续保率是指在给定期间内，一组保单在应缴保费日仍然持续有效的保单数量与期初有效保单数量之比。与续保率相对的是失效率，它专指在特定时期内，因未缴续期保费而终止的保单数量与期初保单数量之比。

持续率或失效率对健康保险定价非常重要，因为通常保单初年的附加费用较高，尤其是佣金费用和保单的签发成本较高，如果保单初年的失效率很高或续保率很低，而保险公司在定价时又没有充分考虑这一点，则对保险公司的日常经营非常不利。

5.利率

利率在健康保险中的作用，主要体现在残疾收入保险等长期险种中。因为对于长期性险种，保险公司目前多采用均衡费率，这样保险公司为应对未来风险而提取准备金进行投资的业绩就在很大程度上取决于利率水平。同时，由于健康保险费率的测算中要包含伤病发生率和持续时间、医疗价格、医疗机构等级、地区差异等寿险精算中不常涉及的因素，且这些因素对健康保险费的影响不易被准确、完整地测定出来，因而健康保险的定价和人寿保险的定价仍有很大的差别。在我国，由于监管方面的原因，保险公司的准备金投资渠道非常狭窄，主要集中在银行存款和购买国债等方面，受利率的影响更大。而对于残疾收入保险而言，保险金的现值也会因利率的变化而变化。

6.安全余量

与人寿保险相同，健康保险在定价时也要考虑意外事件造成的异常损失，因此保险公司要在保险费率上留出一部分空间，作为安全余量或安全系数。安全余量既可以单独设定为纯保费的一定百分比，也可以不单独设定，而是保守地估算发病率、费用、续保率或利率等，提高保费水平，从而留出一定的安全空间。

考证直通车 3-2 （单选）

在计算寿险营业保险费时，将营业费用按照新合同费用、合同维持费用和收费费用三部分分别计算的方法是（    ）。

A.比例分摊法                    B.三元素法

C.混合比例法                    D.经验法

（二）健康保险费率的计算

健康保险定价的基本原理和人寿保险相同，即保费收入要足以弥补保险公司的赔款支出，因此健康保险在定价中同样要用到概率论、大数法则和利息理论等。但由于健康保险计算预期索赔的指标是发病率，而不是死亡率，而且发病率统计比死亡率统计要复杂得多，因此健康保险无论在统计上还是在数学计算上都非常复杂。

1.健康保险纯费率的计算

通常情况下，健康保险的保险成本是逐年增加的。这是因为，随着医疗技术的进步和医疗条件的改善，医疗收费标准和药品价格都呈递增趋势，加上人们健康消费意识的提高，这些都是导致医疗费用支出上涨的因素，因此保险人的平均每千元保额的保险给付将增加，即保险成本加大。由于从以前的保险给付中总结出某些经验，保险事故的经验数据和将来可能发生的概率之间会有某些联系和规律，因此，保险公司经常用以前发生的经验数据来为未来作预测。预测的方法如下：

（1）一元回归分析法。一元回归分析法是回归分析法（又称因果关系分析法）的一种，它是用一元回归方程对事物变化的因果关系作出定性分析，预测可靠性较高，是一种比较科学的预测方法。由于处理的变量只有一个，称为一元回归。利用一元回归分析法计算纯费率一般至少要掌握3~5年的保额损失率的统计资料。

（2）趋势平均数法。趋势平均数法是利用过去若干时期实际数量的平均水平，考虑变动趋势（即前后两个平均数的差额）的平均数，预测未来时期数量的一种预测方法。其中，比较简单而适用的方法是一次移动平均法。所谓一次移动平均法，是指根据原始时间数列，逐项移动，依次计算包含一定项数的序时平均数的方法。一次移动平均数的计算公式为：

$$Y'_t = \frac{Y_t + Y_{t-1} + \cdots + Y_{t-n+1}}{n}$$

其中：$Y'_t$——末项为t时期的一次移动平均数；$Y_t$——每项实际数据；t——每个移动平均数中末项的序时项数；n——每个序时平均数所包括的项数。

（3）正态分布法。如果某种保险近年来的保额损失率变化不是呈逐年上升或逐年下降的趋势，那么可看作或近似看作服从正态分布。正态分布法是把各年的保额损失率看作一个随机变量，而且这一随机变量服从正态分布，根据以往若干年度实际发生的保额损失率，估计下一年度的保额损失率以多大的概率小于某一数值。采用正态分布计算纯费率，至少要依据最近年份的保额损失率资料。

**2.健康保险附加费率的计算**

如上文所述，除纯保费以外，健康保险费还包括附加费。附加费主要用于弥补保险公司的税收、业务费用，另外还包括一定水平的安全余量，并且还要包括为保险公司提供一定的预期利润。如果保险精算师根据经验数据确定了以往若干年度的税金、业务费用、预期利润水平，就可以计算出健康保险的附加费率。

（1）税金。保险企业必须按国家税法的规定纳税。按照现行税法，我国的保险企业缴纳的税金可分为两部分：一部分是营业环节的税金，包括增值税、城市维护建设税和教育费附加等；另一部分是利润环节上的税金，包括所得税。

（2）业务费用。保险公司的业务费用包括保险公司在经营中发生的代理人佣金，管理人员工资，宣传费用，保单印刷、签发、管理费用，理赔费用等。业务费用可以由保险公司在制定费率时根据以往的经验数据进行估算，它有两种表示方式：一是业务费用占承保金额的比重；二是业务费用占保费总收入的比重。

（3）预期利润。商业性保险公司是以营利为目的的企业，既在经营中承担风险，又要从经营中获得利润。保险企业的利润收入包括经营性利润和投资性利润两种。其中，经营性利润主要来自附加费率。衡量经营性利润的方式也有两种：一是经营性利润占承保金额的比重；二是经营性利润占保费收入的比重。

课堂训练3-2（多选）

健康保险费率厘定的主要因素为（　　　）。

A.索赔总额　　　B.利率　　　C.续保率　　　D.等待期

拓展阅读3-2

**我国人身保险业首套重大疾病经验发生率表发布**

2013年11月，中国精算师协会发布"中国人身保险业重大疾病经验发生率表（2006—2010年）"（以下简称"重疾表"）。这是我国人身保险业第一套重疾表，填补了我国重疾表的空白，对于夯实行业发展基础、促进产品创新、推动行业转型升级具有深远影响。从2013年12月31日起，保监会将以该重疾表作为准备金评估用表，用于重大疾病保险产品的法定准备金评估工作。

该套重疾表共有5张表，包括6病种经验发生率男性表和女性表、25病种经验发生率男性表和女性表，以及恶性肿瘤、急性心梗、脑中风等3种主要重大疾病的单病种发生率参考表。在该套重疾表的编制过程中，采用了高达7 500万条的样本保单量，且数据质量高，采用的编制技术成熟，达到国际领先水平，并有所创新，编制效率高，仅用了不到国外同行一半的时间。据了解，关于该套重疾表的编制报告将于近期出版发行。

重大疾病经验发生率是指按照保险合同约定的诊断标准而确认患重大疾病的概率，主要用于重大疾病保险产品的定价和准备金评估。长期以来，我国一直没有自己的疾病发生率表，重疾产品的定价和法定准备金评估，主要依靠再保险公司提供的国外发生率数据。

在中国保监会的指导和行业的支持下，中国精算师协会经验分析办公室于2011年10月启动中国人身保险业重大疾病经验发生率表编制项目。2013年6月21日，项目成果通过评审。

重大疾病保险起源于1983年的南非，一经面世即受到广泛关注并迅速发展。1995年，重大疾病保险被引入中国市场，很快发展成为我国主要保障型险种之一。2012年，重大疾病保险实现保费收入406亿元，为近9 000万人提供了1.6万亿元的重大疾病保障。

资料来源：佚名. 我国人身保险业首套重大疾病经验发生率表发布［N］. 上海金融报，2013-11-19.

## 综合训练

### 一、简答题

1. 人身保险保险费率厘定的影响因素有哪些？
2. 简述保费的构成及决定因素。
3. 保险费率厘定时应遵循的原则有哪些？
4. 简述健康保险费率厘定的影响因素。

### 二、实务题

1. 计算45岁的男性活到47岁的概率是多少。
2. 一位42岁的男性购买了2年期的生存保险，保险金额为100 000元，计算趸缴纯保险费。
3. 一位42岁的男性购买了2年期的生存保险，保险金额为100 000元，计算均衡纯保险费。

### 三、案例题

赵小刚是一位刚刚从高校保险专业毕业的高材生，进入一家人寿保险公司的精算部门工作。这一天，部门梁经理找到赵小刚，给他布置了参加工作以来最具挑战性的一份工作："公司最近的经营情况不怎么乐观，高层领导认为是我们的保险产品在费率的制定上不具有竞争优势。你是学保险专业的，又是高材生，我把这个艰巨的任务交给你，请你针对我们公司目前经营的寿险、意外险和健康险等几大主要险种，在保险费率的制定和修改上，拿出一套切实可行的方案。"

赵小刚高兴得几乎一夜没合眼，领导把这么重要的工作交给自己，就是对自己的器重和赏识，自己一定要好好把握这次机会，好好地表现一下。于是，赵小刚通过各种关系，找到了一个在美国知名保险公司担任高层经理的远房亲戚，好说歹说终于搞到了一份机密的寿险生命表和费率方案。赵小刚在这些资料的基础上，综合运用自己在大学所学的专业知识，一连熬了好几个通宵，最后终于完成了一套保险费率整改方案，并附上了相关的从美国公司获得的资料。

当赵小刚满心欢喜地将自己的"成果"交到梁经理手上时，本以为梁经理会对自己刮目相看、大加赞赏。没想到的是，梁经理只是默默地看了一小会儿，就将资料甩到桌上，轻轻地摇了摇头，同时叹了口气。

问题：梁经理为什么会有上述的表现？赵小刚在制订方案过程中有哪些问题？应该如何改进？

分析提示：1.生命表的适用范围。

2.影响寿险费率制定和修改的因素。

3.意外险和健康险费率厘定的特殊性。

## 四、实训题

实训项目：寿险均衡纯保险费的计算。

实训目的：了解生命表的结构，掌握生命表中各个函数指标的具体含义，从理论上掌握如何厘定寿险的纯保险费率，掌握货币资金现值的含义和计算方法，并将上述技能应用于寿险均衡纯保险费的计算。

实训步骤：1.以实务题2和3为计算的根据和要求。

2.以本书中给定的生命表为计算的依据。

3.在生命表中查找年龄为42岁的相应数据。

4.按照【情境模拟3-2】的计算步骤计算保费的现值。

5.按照【情境模拟3-2】的计算步骤计算给付保险金的现值。

6.根据收付平衡的原则使得上述两个现值相等。

7.利用一元方程计算出寿险均衡纯保险费。

实训成果：1.掌握生命表中各个函数指标的具体含义。

2.掌握生命表结构，可以从中获取相应数据。

3.学会计算寿险趸缴纯保险费。

4.学会计算寿险均衡纯保险费。

# 项目四　人寿保险

【知识目标】

1.明确人寿保险的特点

2.熟练掌握人寿保险的分类

3.熟悉传统寿险和现代人寿保险的险种及特点

4.掌握传统寿险和现代人寿保险合同条款的基本内容

【能力目标】

1.能够准确描述寿险的特点

2.能够掌握人寿保险各种分类方法及业务范围

3.能够熟悉传统寿险和现代人寿保险的险种及特点

4.能够熟悉我国目前传统寿险和现代人寿保险合同条款内容

5.能够具备处理人寿保险业务的能力

【素质目标】

1.能够在众多的保险产品中识别人寿保险产品并精确归类

2.能够通过对比说明人寿保险产品的独有特征

3.能够用通俗语言向客户解释人寿保险的主要险种

4.能够举例说明特种人寿保险和现代人寿保险产品的关系

5.能够向客户解释分红保险和投资连结保险的区别和联系

【工作任务】

1.举例说明人寿保险产品的主要险种

2.对比说明各个人寿保险产品的区别和联系

案例导入

**投资性寿险市场上的"新宠"——万能寿险**

从2016年7月的数据来看，银行一年期存款利率进一步下行，仅为1.5%，前两年火热的余额宝七日年化收益率已从最高点降至2.4%，分红保险和三个月理财产品的利率分别为3.5%和4%，万能人寿保险的结算收益率平均值在4%~6%之间。在银行利率进入下行周期的背景下，理财产品的收益率迅速下降，市场上万能人寿保险的年化收益率要普遍高于存款利率、银行理财收益率、传统年金保险和分红保险的实际收益率。

在此背景下，万能人寿保险成为个人投资者的"新宠"。许多中小保险企业将万能人寿保险的年化收益定在7%左右，使得这些保险产品销售火爆，导致"一险难求"的现象愈演愈烈。

然而，自2016年9月起，监管层开始加强对万能人寿保险的风险管理，令此类产品"短钱长投"等风险点暴露出来。那么，"万能人寿保险的主要风险是什么？""投资者应该怎样配置万能人寿保险？"这些问题引起投资者广泛关注。保险业界的专家指出，万能险的风险主要有三个方面：一是，实际收益或有折扣。万能人寿保险都有保底收益，但高于保底收益的部分是不确定的。二是，投资收益并非立竿见影。产品需持有一段时间才能真正产生收益。三是，存在退保风险，由于购买万能人寿保险需要扣除初始费用、风险管理费等诸多费用，保险单生效后的前几年，保单个人账户价值非常低，如果退保，损失非常巨大。

资料来源：根据中国保险网相关资料整理.

上述资料表明：万能人寿保险是一种兼具投资与保障功能的产品，只有通过长期持有、长期投资才能见效益的险种。对于具有一定财力基础，且有资产传承需求的人来说，购买万能人寿保险是很好的选择。一是，适合长期持有，短期投资很难见到收益；二是，适合有稳定持续的收入、有一笔富余资金且长期内没有其他投资意向的投资者；三是，适合有一定的投资和风险承受意识、但又没有时间和精力进行其他投资的，对万能险的收益回报有中长期准备的人群。

## 任务一　掌握人寿保险内涵

【学生任务】

◇ 要求每个学生课前预习相关内容，结合已经学过的知识来理解人寿保险的含义和特点。

◇ 要求学生查看相关专业网站或阅读相关资料，能够描述人寿保险业务的主要险种分类。

◇ 要求每个学生扩大课外阅读，结合不同的险种分类，说明人寿保险的重要作用，根据自身理解，结合具体案例写出不少于500字的书面作业。

◇ 将学生随机分组，按小组选出若干份作业在课堂上进行点评，学生间相互评出每一份书面作业的优劣；学生对作业进一步修改后提交教师，以便教师进行评价。

【教师任务】

◇ 指导学生在相关专业网站上查找所需资料，查看保险公司对于人寿保险方面的服务内容和要求；启发学生理解人寿保险的特点。

◇ 提示学生完成书面作业所需要关注的主要知识点，如人寿保险的含义、特征、分类和合同条款内容等。

◇ 指导学生分组，在小组内对学生进行不同的分工，对学生书面作业完成情况及时进行跟进，督促其按时完成。

◇ 对各小组进行的课堂点评进行适时指导，对选出的作业予以及时、客观、公正的评价，准备回答学生可能提出的各种疑问等。

## 活动 认识人寿保险

### 一、人寿保险的含义和特征

（一）人寿保险的含义

人寿保险简称"寿险"，是以被保险人的寿命为保险标的，以被保险人的死亡或者生存为保险事故的一种人身保险，投保人向保险人缴纳一定量的保险费，当被保险人在保险期间内死亡或者生存到一定年龄时，保险人依照约定向被保险人或其受益人给付一定数额的保险金。人寿保险是人身保险中最基本和最主要的险种，其业务量占据了人身保险业务的绝大部分。

（二）人寿保险的特征

人寿保险除了具有人身保险的一般特征外，还在承保风险、保险期限、保险费计算和长期险种等方面表现出其特殊性。

1.承保风险的特殊性

人寿保险承保的风险是人的死亡或生存事件，与人的年龄密切相关，同一年龄段的人有比较稳定的死亡率，随着年龄的增长，呈现出较强的规律性。在实际业务中，保险人依据生命表提供的死亡率或生存率计算纯保险费，而生命表又是根据长期业务经营实践积累编制而成，由于观察的时间长，被保险人资料多，能够符合大数法则的要求，生命表中的死亡率、生存率接近被保险人实际发生的死亡率、生存率，呈现出明显的规律性。

2.保险期限的长期性

人寿保险的保险期限较长，短则数年，长则数十年甚至一个人的一生。原因之一在于人寿保险主要用于为被保险人提供生存、养老保障，故而具有较长的保险期限。原因之二在于均衡保险费的采用要求较长的保险期限。采用均衡保险费，其保险前期均衡保险费多于当年应缴的自然保险费，多出部分由保险人投资增值，用于补充保险期限后一阶段均衡保险费低于当年应缴保险费的不足。这可以克服自然保险费中的当被保险人年龄增高、劳动能力和收入下降，导致缴费困难而失去保险保障的不足。

3.保险费计算的特殊性

人寿保险费计算的基础是各年龄的死亡率或生存率。早期的人寿保险的保险费是逐年递增的，这种按照各年龄死亡率计算而逐年更新的保费称为自然保费。但是，按照这种方式收取保险费，会导致被保险人年老时因保险费逐年增高而缺乏保险费支付能力，使其在年老最需要保险保障时无法继续保险，削弱了人寿保险的社会效益。而且，往往身体好的人因逐年加重保险费负担而退出保险，而身体不好的人却坚持保险，容易出现逆向选择。为了解决这一矛盾，人寿保险现在采用均衡保费，亦即投保人在保险年度内的每一年所缴纳的保险费数额相等。

4.长期险种的储蓄性

人寿保险除提供一般保险保障外，还兼具储蓄性质，即具有返还性和收益性。购买人寿保险产品类似储蓄，合同中约定的保险事件或事故发生，被保险人或者受益人总能领取保险金额的全部或一部分。同时，由于人寿保险采用均衡保险费，投保人每年缴纳的纯保险费可以分为两部分：一部分用于当年发生的死亡给付，成为危险保费；另一部分储存起来用于以后年度发生的死亡给付或满期生存给付，成为储蓄保险费，对于后者，保险人可以运用投资增值，所以应该对投保人计算利息。

**考证直通车 4-1**（单选）

人身保险中最基本和最主要的险种是（　　　）。

A.生存保险　　　　　　　　　　　B.人寿保险

C.两全保险　　　　　　　　　　　D.人身意外伤害保险

**案例分析 4-1**

### 认识人寿保险产品

某寿险公司产品主要的保险责任如下：

◆生存保障

保单生效后每满三年被保险人生存，按保险金额的9%给付生存保险金，直至被保险人身故。

◆祝寿金

被保险人生存到66周岁，按保险金额一次性给付祝寿金，其他保险责任继续有效。

◆身故保险金

①被保险人于合同生效一年内因疾病身故，按保险金额的10%给付身故保险金，并无息返还所缴保险费，合同效力终止。

②被保险人于合同生效一年后至年满66周岁之前因疾病导致身故，按保险金额的两倍给付身故保险金，合同效力终止。本保险兼具保险与储蓄双重功能；生存保险金，每隔三年给付一次；提供残疾与疾病保障，奉送分红利益。

③被保险人于年满66周岁之前因意外伤害导致身故，按保险金额的两倍给付身故保险金，合同效力终止。

④被保险人于年满66周岁以后因意外伤害或因疾病导致身故，按保险金额给付身故保险金，合同效力即行终止。

分析：这是一款典型的人寿保险，其特征是：当被保险人在保险期内身故时，其受益人领取保险金；当被保险人生存到保险单规定的期限届满时，也可以领取保险金。

#### 二、人寿保险的分类

早期的人寿保险主要是为死亡者亲属提供保障，即死亡保险。人们由于生存和长寿需要生活费用，在人寿保险的发展中又出现了年金保险，以及把死亡保险与生存保险相结合的两全保险。随着经济、金融形势的发展，人寿保险产品不断增多和创新，由传统的保障性、储蓄性向分红性、投资性方向发展，客户可以与保险公司共同分享保险经营成果，或者保险公司为客户设立专门账户进行投资理财。因此，现代人寿保险不仅具有储蓄性，而且具有分红性和投资性。

（一）按保险事故，分为死亡保险、生存保险、两全保险

1.死亡保险。死亡保险是以被保险人的死亡为保险事故，当被保险人死亡后，保险人向受益人给付保险金。它是人寿保险中最基本的、最早产生的一种保险。

2.生存保险。生存保险是以被保险人生存到一定年限（一定年龄）为保险金给付责任

的人寿保险。

3.两全保险。两全保险又称生死合险，是把定期死亡保险和定期生存保险相结合的一种人寿保险。

考证直通车 4-2 （单选）

以被保险人生存到一定年限（一定年龄）为保险金给付责任的人寿保险（ ）。

A.生存保险 　　　　B.年金保险 　　　　C.人寿保险 　　　　D.两全保险

（二）按保险金给付方式，分为一次性给付的人寿保险和分期给付的人寿保险

1.一次性给付的人寿保险。其特点是保险人一次性将保险金给付被保险人或其受益人，如单纯的死亡保险和生存保险。

2.分期给付的人寿保险。其特点是其保险金按照保险合同约定分期给付，如年金保险。

（三）按缴费方式不同，分为趸缴保费的人寿保险和分期缴费的人寿保险

1.趸缴保费的人寿保险。它是在投保时一次缴清全部保险费。

2.分期缴费的人寿保险。这是在投保时缴纳第一次保险费，以后每隔一定时间间隔缴纳一次保险费，依据缴费时间不同，又可以分为年缴、半年缴、季缴、月缴等。

（四）按被保险人的数量，分为个人人寿保险、团体人寿保险和联合人寿保险

1.个人人寿保险。这是指一张保险单所承保的保险标的是单个人的生命，即被保险人只有一个。

2.团体人寿保险。这是指以团体的方式投保的定期或终身保险，是团体人身保险的一种重要类型，一张保单可以承保几十甚至几百人。

3.联合人寿保险。这是指用一张保险单承保若干被保险人的人寿保险。

（五）按保险单是否分红，分为分红保险和不分红保险

1.分红保险。这是保险人约定将盈利的一部分分配给被保险人的保险。

2.不分红保险。这是指保险期限较短、保险金额较低的人寿保险，其只提供保险保障，一般不予分红。

此外，按被保险人的危险程度不同，人寿保险可分为标准体保险和次标准体保险；按被保险人年龄不同，可划分为少儿保险、成人保险以及老年人保险等。联系我国人寿保险业的发展现状，人寿保险业务还可以分为普通寿险、分红保险和投资衍生险等。

课堂训练 4-1 （多选）

1.下列属于人寿保险的是（ ）。

A.人身保险 　　　　B.死亡保险 　　　　C.生存保险 　　　　D.两全保险

2.人身保险给付条件包括（ ）。

A.死亡和伤残 　　　　　　　　B.医疗费用或收入的减少

C.约定事件发生 　　　　　　　　D.投资分红等

# 任务二　区分人寿保险的种类

**【学生任务】**

◇ 要求每个学生课前预习相关内容，结合已经学过的人寿保险的相关内容来理解主要的人寿保险品种，能够总结出传统人寿保险和现代人寿保险各险种的特点和作用。

◇ 要求每个学生扩大课外阅读量，结合本部分内容，进行调研并收集资料，说明传统寿险及现代寿险的主要险种的保险合同条款，根据各险种的特点，结合具体合同写出不少于700字的书面作业，要求包括的险种不少于6种，尽量使用专业术语。

◇ 将学生随机分组，按小组选出若干份作业在课堂上进行点评，学生间相互评出每一份书面作业的优劣；学生对作业进一步修改后提交教师，以便教师进行评价。

**【教师任务】**

◇ 指导学生在相关专业网站上查找所需资料，或到附近的保险公司查看其对于人寿保险方面的服务内容和要求；启发学生理解目前我国的主要人寿保险产品的种类、特点和作用。

◇ 提示学生完成书面作业所需要关注的主要知识点，如传统寿险和现代寿险的分类、各寿险险种的特点及合同中的主要条款，尤其是对现代寿险险种条款的解释说明。

◇ 指导学生分组，在小组内对学生进行不同的分工，对学生书面作业完成情况及时进行跟进，督促其按时完成。

◇ 对各小组进行的课堂点评进行适时指导，对选出的作业予以及时、客观、公正的评价，准备回答学生可能提出的各种疑问等。

## 活动1　认识传统人寿保险

### 一、普通人寿保险

普通人寿保险业务属于保障程度高的人寿保险，其基本形态通常包括三大类。

**（一）死亡保险**

死亡保险是以被保险人死亡为给付保险金条件的保险，按照保险期限的不同，分为定期寿险和终身寿险。

1.定期寿险。定期寿险是提供特定期间的死亡保障，按特定期间表示不同，分为以特定的年数表示（如5年期）和以特定的年龄表示（如保至50岁）。无论以哪种方法表示期间，只有被保险人在保险有效期内死亡，保险人才承担保险金给付责任。定期寿险大多期限较短，不具备储蓄因素，保单没有现金价值，保险费比较低廉。因此，它适宜低收入阶层、家庭经济负担较重又有保险需求的人投保。除此之外，偏重死亡保障的人也适宜投保定期寿险。

> 情境模拟 4-1

### 某保险公司定期寿险产品研习

**场景：** 选择某寿险公司的"吉祥相伴定期保险"，将学生分成若干组，使其分别负责归纳产品的核心内容，进行产品介绍和扮演客户等。在特定的模拟情境中，组织学生通过角色扮演对认识保险公司的产品进行演练。

操作：①"吉祥相伴定期保险"产品简介：

保险责任。被保险人一年内因疾病身故，身故保险金为保险单上载明的本合同保险金额的10%与投保人累计所缴的本合同保险费（无息）之和；被保险人因遭受"意外伤害"身故或一年后因疾病身故，按本合同保险金额向受益人给付身故保险金，本合同终止。

投保范围和保险期限。投保年龄为16周岁至60周岁；保险期间分为10、20、30年三种。

缴费期间分别为趸缴或者同保险期间（分别为10/20/30年）。

②产品归纳：低廉的保费投入，高额的身价保障、定期保障，灵活满足不同客户人群的各种保障需求。

③投保案例说明：王先生30岁投保"吉祥相伴定期保险"50万元，若考虑不同的保障期，保费缴纳情况见表4-1：

表4-1　　　　　　　　　　　　王先生保费缴纳情况表

| 保险期间 | 趸缴保费 | 年缴保费 |
| --- | --- | --- |
| 10年期 | 6 080元 | 725元/年 |
| 20年期 | 18 000元 | 1 220元/年 |
| 30年期 | 40 725元 | 2 040元/年 |

2.终身寿险。终身寿险是一种不定期的死亡保险，保险单签发后除非应缴的保险费不缴外，被保险人在任何时候死亡，保险人都给付保险金。

终身寿险按其保费缴纳的方法可分为三种：①连续缴费的终身寿险，又称普通终身寿险，这是投保人一直缴费至被保险人死亡为止的终身寿险。只要被保险人活着，就得继续缴费。习惯上，若被保险人已届生命表的"最终年龄"，保险人将自动放弃此后的保险费，并给付全额的保险金。②限缴保费的终身寿险，该险种与普通终身寿险类似，只是保险费限定在特定期间内缴付，特定期间可以是特定的年数，也可以是特定的年龄；③趸缴保费的终身寿险，是指投保人在投保时一次将全部保险费交付完毕的终身寿险，具有较高的储蓄性，因此，对于偏重储蓄的人较有吸引力，在国外，它常被用来抵消遗产税的税负。

比较以上三种终身寿险，就储蓄成分而言，趸缴保费终身寿险>限缴保费终身寿险>连续缴费终身寿险；就保障成分而言，连续缴费终身寿险>限缴保费终身寿险>趸缴保费终身寿险。

考证直通车 4-3 （单选）

1.以生命风险作为保险事故的人寿保险，其主要风险因素是（　　　）。

A.死亡率　　　　　B.生存率　　　　　C.利率　　　　　D.年龄

2.人寿保险按保险责任划分的种类之一是（　　　）。

A.终身寿险　　　　B.两全保险　　　　C.定期死亡保险　　　D.年金保险

拓展阅读 4-1

### 某保险公司的终身寿险产品简介

投保范围：凡16~65周岁、身体健康者均可作为被保险人，由本人或对其具有保险利益的人作为投保人向中国人寿保险公司（以下简称本公司）投保本保险。

保险责任：在本合同有效期内被保险人身故，本公司按保险单载明的保险金额给付身故保险金，本合同终止。

保险费：保险费的交付方式分为趸缴、年缴和半年缴，分期交付保险费的缴费期间又分为5年、10年、15年和20年，由投保人在投保时选择。

投保示例：一个21岁的男性（或女性），投保本保险，选择交费方式为20年，保险金额为1万元，则每年需缴纳保费230元，20年共缴纳保费4 600元，终身保障是1万元。

资料来源：根据中国保险网相关资料整理.

情境模拟 4-2

### 险种介绍与推荐

场景：首先将学生分成若干组，分别负责收集指定的寿险产品条款及其辅助资料，准确归纳产品的核心内容进行产品介绍与分析，然后进行角色扮演，给出特定的模拟情境，组织学生进行角色演练。

险种推荐示例：王女士35岁，月收入4 000元，希望购买一款保障高又有一定收益的险种，试问应如何安排？

操作：推荐某人寿保险公司的"长乐终身寿险"，并进行产品说明。

保险责任：被保险人因疾病或意外伤害而身故，受益人获得保险单所列明保险金额作为身故保险金，本合同终止。

产品特征：凡65周岁以下，身体健康者都可以投保；缴费方式为趸缴、5/10/15/20/25/30年缴或年缴至55/60/65周岁，任选；保险期间为终身。

险种特色：本保险集高额身故保障与投资理财于一身，终身分红，提供减额缴清、保险合同贷款、保费自动垫缴等超值服务，能够使客户利益得到保障。

保障利益说明：王女士购买"长乐终身寿险（分红型）"，保险金额为10万元，选择20年缴费，年缴保费为3 100元。王女士所拥有的利益及保障见表4-2：

表4-2 保单红利表

| 保险合同周年日 | | 保证现金价值 | 累积红利 | | |
|---|---|---|---|---|---|
| 年度 | 年龄 | | 低 | 中 | 高 |
| 30 | 60 | 49 200 | 13 298 | 36 453 | 51 890 |
| 40 | 70 | 63 300 | 25 306 | 68 752 | 97 716 |
| 50 | 80 | 76 500 | 43 068 | 115 457 | 163 716 |
| 60 | 90 | 86 500 | 68 390 | 180 991 | 256 057 |
| 75 | 105 | 97 900 | 124 820 | 326 706 | 461 297 |

注：红利水平，采用低、中、高档进行演示，不作为对本公司未来业绩的预期。实际的红利水平由公司的经营状况决定。提供身故保障，若被保险人不幸因疾病或意外伤害而身故，受益人可领取身故保险金10万元，本合同终止。

（二）生存保险

生存保险是指被保险人生存至保险期满，保险人给付保险金的一种人寿保险。生存保险与死亡保险恰好相反，保险金的给付是以被保险人在期满时生存为条件，如果被保险人中途死亡，则保险人既不给付保险金，也不退还已缴的保费。这种纯粹的生存保险在现实业务中一般不作为单独的保险形式推行，而是附加在死亡保险或其他人身保险合同上投保。

（三）两全保险

两全保险是被保险人无论在保险期内死亡还是生存至保险期满，保险人都给付保险金的一种人寿保险。两全保险的期间，可以特定的年数或特定的年龄来表示，如5年、10年、20年或到被保险人60岁、70岁。由于人非生即死，被保险人不是在保险期内死亡，就是生存至期满，被保险人或受益人终会得到一笔保险金。

两全保险的主要形态如下：

1.普通两全保险。这是一种单一保额的两全保险。例如，某人投保保额为5万元，保期为10年的普通两全保险，则无论被保险人在10年内死亡，还是生存至第10年底，本人或其受益人均可领到5万元的保险金。

2.期满双倍两全保险。这种保险的被保险人如果生存至期满，保险人给付保险金额的两倍；如果在保险期内死亡，则只给付保险金额。

3.两全保险附加定期寿险。对于这种保险，如果被保险人生存到保险期限届满，保险人按保险金额进行给付；如果被保险人在期内死亡，保险人则按保险金额的多倍进行给付，较适宜家庭生计的主要负担者投保。

4.联合两全保险。这种保险承保两人或两人以上的生命，在约定的期限内，任何一人先死亡，保险人给付全部保险金，保险合同终止。若期满时，联合投保人全部健在，也给付全部保险金，这种保险适用于家庭投保。

**二、特种人寿保险**

（一）弱体人寿保险

弱体人寿保险又称次标准体保险，即以身体有缺陷或从事危险职业的人作为被保险人的人寿保险。寿险产生之初，保险人对非标准体一概不予承保。后来随着医学的发展，人们发现非标准体的寿命未必就短。于是，保险人就设计了对次标准体附加特别条件承保的险种。弱体保险的承保方式包括：

1.增龄法。按高出被保险人实际年龄若干岁的年龄计算保险费。

2.减额法。对被保险人按正常费率承保，但是，在一定时期内按比例减少保险金的给付，然后逐渐趋于正常。

3.增收额外保险费法。这种方法要加收额外的保险费。

（二）简易人寿保险

简易人寿保险是为低收入阶层获得保险保障而开办的险种。它是一种小额的、免体检的两全性质的人寿保险，具有保障性和储蓄性双重作用。

简易人寿保险特点包括：（1）被保险人免于体检，这是为了充分体现投保此险种的方便性，但要求被保险人如实告知健康状况，对不符合健康标准的被保险人将拒绝承保；（2）低保额，这是为了满足低收入者设计的；（3）内容简单，保险费按份计收，每一份的保费和保险金额是根据被保险人所处的年龄段和所选择的保险期限确定的；（4）采取标准化格式，保险期限分5年、10年、15年、20年等供投保人选择，保险费统一化，保险金额分组化，投保人不分男女一律按份投保，每份缴纳的保险费相同；（5）缴费频繁，一般为每月一次，代理人上门收费，或者由被保险人单位在发放工资时代为扣费，这使得简易人身保险的工作比普通人寿保险繁琐，费用开支也多。

拓展阅读 4-2

### 目前我国推出的小额人身保险

小额人身保险是一类为低收入人群提供的人身保险产品的总称，具有保费低廉、保障适度、保单通俗、核保理赔简单等特点，是小额金融的重要组成部分，也是一种有效的金融扶贫手段。小额保险保额被限定于1万~5万元之间，保险期间在1~5年，主要针对低收入农民面临的疾病、死亡和残疾等特定风险提供保险服务。

我国目前开办农村小额人身保险业务模式。对于居住地集中，或同属某个组织的客户，可采用团体方式承保。如果以个险方式承保，保险公司可以只向客户提供简单的保险凭证。凭证上包含投保人、被保险人、受益人、保险种类和保险名称、保险金额、保险期间、每期保费、交费期限、保险责任及除外责任、承保人地址和客户服务热线等必要信息。同时，将保险条款公开备置于保险公司营业场所、客户集中居住地或客户所属组织等地，方便客户随时查询。

（三）少儿保险

少儿保险是以未成年人作为被保险人，由其父母或扶养人作为投保人的人寿保险。少儿保险在开展之初是两全保险形式，但是，现在多数是终身寿险形式。目前，我国各人寿保险公司推出的子女保险大都是提供子女教育金、婚嫁金、养老金和意外伤害保障等多种保障。

拓展阅读 4-3

### 某寿险公司少儿两全保险简介

投保范围：凡出生30日以上、17周岁以下，身体健康者均可作为被保险人，由其父母作为投保人向本公司投保本保险。

保险期间：合同的保险期间为合同生效之日起至被保险人年满60周岁的年生效对应日止。

交费方式：保险费交付方式分为趸缴（一次性缴清）、年缴和月缴三种，分期交付保险费的，保险费的缴费期间分为三年缴和缴至被保险人年满18周岁的年生效对应日零时止两种，由投保人在投保时选择。

保险责任：①教育保险金，被保险人生存至年满18周岁、19周岁、20周岁和21周岁的年生效对应日，给付教育保险金1万元；②婚嫁保险金，被保险人生存至年满25周岁的年生效对应日，给付婚嫁保险金6万元；③满期保险金，被保险人生存至年满60周岁的年生效对应日，给付满期保险金20万元，合同终止；④身故保险金，被保险人于合同生效后至其年满18周岁的生效对应日前身故，按照所缴保险费（不计利息）的130%给付身故保险金，合同终止；被保险人自其年满18周岁的生效对应日后身故，给付身故保险金20

万元，合同终止。

　　险种特色：本保险集教育、婚嫁、养老、投资理财、保险保障于一体。

　　少儿保险的特征包括：（1）保险责任以生存给付为主，以提供他们的教育费用、创业基金或结婚费用。为防范道德风险，保障未成年人的安全、健康，在经营少儿保险业务时有条款规定，被保险人在21岁前死亡的，给付保险金额的50%，22岁以后至25岁死亡的，给付保险金额的100%。（2）控制保险金额，几乎所有的国家都对少儿保险的保险金额加以限制，有的是直接规定投保的最高限额，有的则是采取递增式。（3）保费豁免条款，在投保人是儿童父母的情况下，如果于缴费期内投保人死亡或全残，未缴保费可以免缴，保险单继续有效，这个条款充分体现了对儿童利益的保障。（4）保险期限有两种规定，有的少儿保险的保险期限从投保到被保险人成年（21岁或22岁）终止，有的则从投保到被保险人死亡为止。

**案例分析 4-2**

### 巧用孩子的压岁钱买保险

　　每到春节，孩子们最大的快乐莫过于收到压岁钱，并且随着生活水平的提高，压岁钱也水涨船高，动辄几千元或几万元。章先生的儿子6岁，过年压岁钱很可观，章先生打算用这笔钱来买一份保险，既可从小培养孩子的风险管控意识及理财意识，还可让孩子感受到父母的关爱。

　　分析：目前，市场上的少儿保险种类较多，包括少儿意外伤害保险、少儿健康医疗险、少儿教育金保险及少儿投资理财险。由于少儿自我保护意识不强，很容易发生意外，因此投保一份意外险是必不可少的，且意外险保费便宜，每年只须缴纳几百元的保费，即可获得高保额保障。另外，少儿体质较弱，生病住院支出成为令不少家庭头疼的事，可选择一份住院医疗险，可报销一定比例的住院和医疗费。在教育费用不断走高的情况下，通过保险为家长提供强制储蓄的通道，为若干年后孩子提供各个年龄阶段的教育金、创业金、婚嫁金等，这也是少儿保险的一大功能。

### 三、年金保险

**小思考**

### 年金与年金保险

　　日常经济生活中，年金随处可见，它是有规则地定期收付一定款项的方法，即每隔一定的时间（如一年、一个季度、一个月等）间隔，有规则地收付款项，如银行的零存整取、零存零取业务就是一种年金。又如单位每月对职工发放工资，若月工资固定不变，对单位而言就是支出年金，对职工而言就是收入年金。年金并非以年为周期收付款项，实际上年、月、半年、季等都可以成为年金的周期，不过一般以年为周期。

　　年金保险是按年金的方法支付保险金的保险，即按合同的规定，在被保险人生存期间，每隔一定的周期支付一定的保险金给被保险人。在年金保险中，领取年金额的人称年金受领人，保险人定期给付的金额称年金领取额，投保人缴付的保费称年金购进额。

　　人们现在习惯将年金保险称为年金，二者是有区别的：年金是大概念，而年金保险只是年金的一种。年金的收付有确定的期间，与收付款者的生命无关，而年金保险的给付期取决于被保险人的生命，人的生死事先又是不能预料的，因而其给付期是不确定的。为区别二者，也有人称前者为确定年金，称后者为不确定年金。

（一）年金保险的特点

1.年金保险是生存保险的特殊形态，表现在保险金的给付采取年金方式，而非一次性给付上。

2.年金保险保单上有现金价值，其现金价值随保险单年度的增加而增加，至缴费期结束时，现金价值为最高。因为年金收入中不仅包括了投保人缴付的本金和利息，还包括了期内死亡者的利益，同时，年金保险的保险费采取按月、年缴费的方式积存养老资金，为子女积存教育、婚嫁等所需资金，可以降低保险费，缓解支付压力，避免浪费。因此，年金保险的主要作用就是为老年生活提供保障，为未成年人成长、学习、创业、婚嫁积累资金，年金保险也可以作为一种安全的投资方式，获得税收上的优惠。

3.年金保险有积累期（或缴费期）和清偿期（或给付期）的规定，有的年金保险还有等待期的规定。积累期是指年金保险资金积累期间或投保人分期缴纳保险费的期间。清偿期是指保险人向年金受领人给付年金的期间。等待期是指缴费结束后至开始给付保险金的期间。

（二）年金保险的分类

1.年金保险按年金给付的期限，可分为定期年金保险和终身年金保险。

定期年金保险是指保险人在合同规定的期限内，被保险人如果生存，保险人按期给付约定的年金额；若期限届满或被保险人在约定的期限内死亡，则保险人停止给付（以两者先发生的日期为准）。

终身年金保险其年金的给付没有期限的规定，保险人给付年金额至被保险人死亡时为止。

2.年金保险按年金给付是否有保证，可分为有保证年金保险和无保证年金保险。

有保证年金保险是为防止被保险人在领取年金的早期死亡带来损失而设计的年金品种，具体分为两种：一种是期间保证年金，是指无论被保险人寿命长短，年金的给付都有一个保证期，若被保险人在保证期内死亡，保险人继续给付年金于其受益人，直到保证期届满时为止。另一种是金额保证年金，是指如果被保险人死亡，其所领的年金数额不足所缴的年金现价，余下的由其受益人领取。

无保证年金保险是指年金给付以被保险人生存为条件，死亡则停止给付。

3.年金保险按年金给付开始期的不同，可分为即期年金保险和延期年金保险。

即期年金保险是指投保后立即开始领取年金，其年金现价采取趸缴的形式。一次缴清年金现价需要的数额较大，一般投保人难以负担，因而即期年金通常采用较少。

延期年金保险是指合同订立后，经过一段时间后才开始进入年金的领取期。延期年金通常有两种：一种情况是立即进入领取期；另一种情况是先经历等待期，再进入领取期。

拓展阅读 4-4

### 鸿寿年金保险条款简介

投保范围：凡年满16周岁以上、60周岁以下的公民均可作为被保险人，由本人或对其具有保险利益的人作为投保人向本公司投保本保险。

保险期间：合同的保险期间为合同生效之日起至被保险人年满80周岁的年生效对应日止。

交费方式：保险费的交付方式分为趸缴（一次性缴清）、年缴和月缴三种，分期缴付保险费的缴费期间分为10年和20年两种，由投保人在投保时选择。

年金开始领取日：年金开始领取年龄分为55周岁和60周岁两种，投保人可选择其中一种作为合同的年金开始领取年龄。年金开始领取日为年金开始领取年龄的年生效对应日。

投保示例：

张先生，30岁时投保鸿寿年金保险（分红型），选择10年交费，年交保费13 100元，保额10万元，60岁开始领取。其保险利益如下：

养老年金：

自60周岁起至被保险人年满79周岁的年生效对应日止，每年在合同的年生效对应日，若被保险人生存，每年给付5 000元养老年金。

身故保险金：

被保险人身故，本公司给付身故保险金20万元，合同终止。

满期保险金：

被保险人生存至年满80周岁的年生效对应日，本公司给付满期保险金20万元，合同终止。

资料来源：根据中国保险网相关资料整理.

4.年金保险按被保险人的人数，可分为个人年金保险、联合生存者年金保险、联合最后生存者年金保险。

（1）个人年金保险，是指被保险人只有一人的年金，通常这种年金的被保险人就是年金受领人。

（2）联合生存者年金保险，是指两人或两人以上的被保险人联合投保的年金保险，即当联合被保险人全部活着时，年金全数给付；如果其中任何一个被保险人死亡，保险人即停止年金给付。

（3）联合最后生存者年金保险，是指两人或两人以上的被保险人联合投保的年金保险。在约定的给付开始日，只要有一个被保险人生存，保险人就全数给付保险金，直至被保险人全部死亡，保险人才终止给付保险金。

5.年金保险按年金金额是否变动，可分为定额年金保险和变额年金保险。

定额年金保险是指在年金给付周期中，年金受领人领取的年金额都相等。

变额年金保险是指在年金给付周期中，年金受领人领取的年金额随投资收益而变动。变额年金保险是为了克服通货膨胀对长期年金保险的影响设计的产品。

**考证直通车 4-4** （单选）

1.以生存为给付保险金条件的保险是（　　）。

A.终身保险　　　　　B.年金保险　　　　　C.人寿保险　　　　　D.两全保险

2.不属于人寿保险的是（　　）。

A.人身意外伤害保险　　　　　　　　B.普通人寿保险

C.年金保险　　　　　　　　　　　　D.简易人寿保险

**情境模拟 4-3**

场景：首先将学生分成两组，使其分别负责收集指定的寿险产品条款及其辅助资料，准确归纳产品的核心内容进行产品介绍与分析，然后进行角色扮演，给出特定的模拟情境，组织学生进行角色演练。

投保案例说明：

小王35岁，男，月收入5 000元，欲购买年金保险。你作为寿险公司的业务员，请推荐一款适合的险种。要求：首先对想推荐的险种进行介绍，然后说明小王可以得到的利益。

操作：某寿险公司的"××养老保证年金保险"，购买了10份（每月领取1 000元）。

首先是险种简介：

险种特色：养老年金无论被保险人是否生存，只要领取开始，保证领取20年；月领方式满足广大客户的养老需求；保全本金收益，使其放心规划养老；缴费期间及领取年龄可多样选择，灵活满足客户的养老规划需求。

保障利益：身故给付，在合同约定的时点领取养老金前，被保险人身故，本公司将向受益人给付身故保险金，本合同终止。身故保险金为以下两个金额中取大者：

（1）被保险人已经缴纳的本合同保险费无息累计之和。

（2）被保险人身故日的本合同保证现金价值。

生存给付：若被保险人生存至养老金领取日，本公司将每月按保险金额的1%向被保险人给付年金，无论被保险人生存或者身故，保证支付20年。20年给付期满，本合同终止。

产品特征：投保年龄为18周岁至60周岁，领取年龄为50/55/60周岁；保险期间是至年金领取年龄后20年，缴费期间可以为趸缴或3/5/10/15/20年缴。

然后说明小王的保障利益：

按照不同的领取年龄及缴费期，险种收益情况见表4-3。

表4-3　　　　　　　　　　　　险种收益情况表

| 领取时间 | 总投资回报率 | 缴费累计 | 领取累计 |
| --- | --- | --- | --- |
| 50岁 | 36.87% | 每年缴费：11 690元 | 每年领取：12 000元 |
| | | 缴费年期：15年 | 领取年期：20年 |
| | | 总计投入：175 350元 | 总计领取：240 000元 |
| 55岁 | 50.38% | 每年缴费：7 980元 | 每年领取：12 000元 |
| | | 缴费年期：20年 | 领取年期：20年 |
| | | 总计投入：159 600元 | 总计领取：240 000元 |
| 60岁 | 75.95% | 每年缴费：6 820元 | 每年领取：12 000元 |
| | | 缴费年期：20年 | 领取年期：20年 |
| | | 总计投入：136 400元 | 总计领取：240 000元 |

## 活动2　认识现代人寿保险

现代人寿保险是在传统寿险产品基础上的创新，又称为创新型人寿保险，是保险公司为了适应新的保险需求，提高保险产品的竞争力，结合电子信息技术的进步，开发出的一系列新型的寿险品种，以克服通货膨胀和利差损失的影响。较为常见的有分红保险、投资连结保险、万能人寿保险等。

### 一、分红保险

（一）分红保险的概念

分红保险又称利益分配保险，是指签订保险合同的双方事先在合同中约定当投保人所购险种的经营出现盈利时，保单所有人享有红利的分配权。这是一种保险人约定将每期盈利的一部分分配给被保险人的人身保险产品。

（二）分红保险的特点

1.具有风险保障和投资理财双重功能

分红保险在拥有投资功能的同时，还拥有保障的功能，这既符合传统寿险产品的特点，同时又在一定程度上满足了客户对投资功能的需求。尤其是像传统保障类的分红险种，不仅保障程度较高，而且拥有投资功能，可以满足投保者对保障和投资的双重需求。投资收益成为决定红利高低的重要因素。

2.保单持有人享有经营成果

保险公司每年要将经营分红险种产生的部分盈余以红利的形式分配给保单持有人。目前，中国保险监督管理委员会规定保险公司应至少将分红保险业务当年度可分配盈余的70%分配给客户。这样投保人就可以与保险公司共享经营成果，保险给付、退保金中含有红利。

3.投保手续简便，便于消费者购买

从投保程序来看，很多分红保险的投保都不需要体检。从销售渠道来看，分红保险产品不仅适合代理人销售，还适合通过中介渠道包括邮政、银行等销售，这拓宽了分红保险的分销渠道，便于消费者购买，但是客户会因此承担一定的投资风险。由于每年保险公司的经营状况不一样，客户所能得到的红利也会不一样，因此，分红保险使保险公司和客户在一定程度上共同承担了投资风险。

4.保险费的精算假设比较保守

寿险产品在保险费率厘定时主要以预死亡率、预定利率和预定费用率三个因素为依据，这三个预定因素与实际情况的差距直接影响到寿险公司的经营成果。对于分红保险，由于寿险公司要将部分盈余以红利的形式分配给客户，所以在定价时对精算假设的估计较为保守，即保单价格较高，以便实际经营过程中产生更多的可分配盈余。

（三）分红保险的红利来源

1.利差益：实际投资回报率大于预定利率所产生的盈余。其计算公式为：

利差益=（实际资金运用收益−预定利率）×责任准备金

2.死差益：实际死亡率小于预定死亡率所产生的盈余。其计算公式为：

死差益=（预定死亡率−实际死亡率）×风险保额

3.费差益：实际费用率小于预定费用率所产生的盈余。其计算公式为：

费差益=（预定费用率－实际费用率）×保险金额

寿险公司分红保险的红利除了上述盈余来源之外，其他还有解约收益、投资收益及资产增值、残疾给付、意外加倍给付及年金预计给付额与实际给付额之间的差额等。

（四）分红保险红利的分配方式

每一会计年度末，根据分红保险业务的盈余计算结果，由公司董事会讨论决定当年的可分配盈余，并在分红保单持有人和公司股东之间进行分配。按照我国保险监督管理委员会的规定，保险公司每一会计年度向保单持有人实际分配盈余的比例不低于当年可分配盈余的70%。

保单的所有人领取红利的方式主要有以下几种：

1.现金领取。

2.累积生息。受益人将红利存留在保险人处，以复利计息获取收益。

3.抵缴保险费。红利可用来抵缴到期应缴纳的保险费。若红利的金额不足以抵缴到期保险费，不足部分由投保人补齐；若红利的金额超过到期保险费，剩余部分累计生息，也可以现金方式支取。

4.缴清增值保险。根据被保险人当时的年龄将红利作为趸缴保险费购买非分红保险（此方式不适用于次标准体）。

目前，市场上的分红保险险种分为终身型、两全型、年金型、养老型等。

拓展阅读 4-5

### 某寿险公司的分红保险简介

投保范围：0~65岁身体健康者均可投保。

保险责任：本保险的保险责任有两部分，即保障和分红。

保障：生存保险金每满3周年领取一次，每次按保额的8%领取，如1万元的保额，被保险人只要生存，每年可以领取800元，直至终身。被保险人在保单生效一年内疾病身故，受益人按保额的10%领取身故保险金，无息退还保险费，责任终止；被保险人在保单生效一年后因疾病身故或保单生效后，被保险人因意外身故，受益人按保额的100%领取身故保险金，责任终止。

分红：红利多少根据寿险公司每年经营状况确定。红利领取方式有三种：累积生息，即可在寿险公司建立红利账户，按复利计息，随时领取现金；抵缴保险费；购买增额保险，即用当年分得红利再购买同一保险以增加保险金额。

险种特色：本保险是融保障、投资于一体的终身保险。红利领取有三种选择权；保单具有贷款功能，可一定程度上解决人生困难；保单的现金价值，逐年积累。

资料来源：根据中国保险网相关资料整理.

### 二、投资连结保险

（一）投资连结保险

根据中国保险监管机构的规定，投资连结保险是保险保障功能与投资相结合的新型寿险产品。

1.保险费。人寿保险公司将客户缴付的保险费分成保障和投资两个部分。一部分购买寿险保障；另一部分用来购买由保险公司设立的投资账户中的投资单位。投资账户内的资金由保险公司的投资专家负责投资运作，客户享有全部投资收益，同时承担相应投资风险。

2.保险金额。投资连结保险的保险金额由基本保险金额和额外保险金额两部分组成。基本保险金额是被保险人无论何时都能得到的最低保障金额；额外保险金额部分则另设立账户，由投保人选择投资方向委托保险人进行投资，其具体数额根据资金运用实际情况而变动。

3.投资账户。投资连结保险的投资账户必须是资产单独管理的资金账户。目前，保险公司的投资连结保险产品都设计了风格不同的投资账户供客户选择，这些账户投资的产品有相当大的差异，因此可能会随着当年不同投资市场的行情差异产生完全不同的盈利结果。一般说来，投资连结保险账户会分为以下几种：一是低风险收益型投资账户，资金主要投资于银行存款、现金拆借等；二是高风险高收益型的投资账户，最少有60%的资金用于投资基金；三是稳健平衡型的投资账户，不低于20%的资金用于投资国债及银行存款，不高于60%的资金用于投资基金。

以某寿险公司为例，该公司目前设有5个投资账户，分别为成长型账户、平衡型账户、稳定型账户、安益型账户和避险型账户，客户资金在账户间的转换是免费的。客户可以根据投资市场的变化，结合自身理财需求，通过在不同风险收益级别的投资账户间进行自由转换，及时调整原有理财方案，实现财富长期增值。据了解，在股市行情看好时，各家保险公司都希望借助投资连结保险产品分享股市红利，因此其账户大多为偏股型。

（二）投资连结保险与传统人寿保险的主要区别

1.主要功能不同

传统人寿保险只具有保障或储蓄的功能；投资连结保险具有保障和投资双重功能。

2.保险金额的确定不同

传统人寿保险的保险金额一般是在投保时就已经确定，保障程度是固定的。投资连结保险的保险金额由两部分构成：一部分为合同规定的最低死亡给付金额，是固定的；另一部分随资金运用情况的好坏而变动，是可变动的。

3.保险单的现金价值不同

传统人寿保险的保单现金价值是在出售时就已确定了的；投资连结保险保单现金价值是保单拥有的所有"投资账户单位"的价值总和。

4.透明度不同

传统人寿保险的客户不知道所支付的保险费是如何运作的；投资连结保险的投资资金单独设立账户，拥有自己的投资顾问，保险公司将定期向客户公布有关信息，包括投资账户的设置及资金投向、投资收益率、投资单位价格、各项费用的收取比例等信息。

5.账户设置及管理不同

传统寿险只设一个综合性账户，所有的保费收入、保险金给付以及其他的资金往来都通过综合性账户进行。投资连结保险除了设置综合性账户之外，还要设置投资账户用于投资运作。

6.风险责任的承担不同

传统寿险的保险人承担了包括利率变化、死亡率提高和费用增加等方面的风险。投资连结保险的保险人只承担死亡率和费用率变动的风险，保单的投资部分风险则完全由保单所有人承担。

（三）国际保险市场投资连结保险产品的主要特征

1.投资账户设置。投资连结保险均设置单独的投资账户。保险公司收到保险费后，按照事先的约定将保费的部分或全部分配进投资账户，并转换为投资单位。投资单位是为了方便计算投资账户的价值而设计的计量单位。投资单位有一定的价格，保险公司根据保单项下的投资单位数和相应的投资单位价格计算其账户价值。

2.保险责任和保险金额。其保险责任与传统产品类似，不仅有死亡、残疾给付、生存保险领取等基本保险责任，一些产品还加入了豁免保险费、失能保险金、重大疾病等保险责任。

投资连结保险的死亡保险金额设计有两种方法：一种是给付保险金额和投资账户价值两者较大者（方法A）；另一种是给付保险金额和投资账户价值之和（方法B）。方法A的死亡保险金额在保单年度前期不变，当投资账户价值超过保险金额后，随投资账户价值波动。方法B的死亡保险金额随投资账户价值而不断变化，但净风险保额（死亡保险金额与投资账户价差）保持不变。

3.保险费。投资连结保险的缴费机制具有一定的灵活性，缴费机制有两种：一种方式是在固定缴费基础上增加保险费假期，即允许投保人不按约定的日期缴费，而保单照样有效，从而避免了因为超过60天宽限期而导致保险合同的失效。另外，还允许投保人除缴纳约定的保险费外，可以随时再支付额外的保险费，增加了产品的灵活性。另一种方式是取消了缴费期间、缴费频率、缴费数额的概念，投保人可随时支付任意数额（有最低数额的限制）的保险费，并按约定的计算方法进入投资账户。这种方式对客户而言灵活性最高，但降低了保险公司对保费支付的可控性和可预测性，同时提高了对内部操作系统的要求。

4.费用收取。投资连结保险在费用收取上相当透明。保险公司详细列明了扣除费用的性质和使用方法，投保人在任何时候都可以通过电脑终端查询。收取的费用包括：初始费用，即保险费进入个人投资账户之前所扣除的费用；买入卖出差价，即投保人买入和卖出投资单位的价格之间的差价；风险保险费，即保单风险保额的保障成本；保单管理费，即为维持保险合同有效向投保人收取的服务管理费用；资产管理费，即按账户资产净值的一定比例收取的费用；手续费，即保险公司在提供部分领取和账户转换等服务时收取的费用；退保费用，即在保单中途退保或部分领取时收取的用以弥补尚未摊销的保单成本费用。

**三、万能人寿保险**

万能人寿保险是一种缴费灵活、保险金额可调整、非约束性的寿险。

（一）万能人寿保险的特征

1.缴费方式灵活

万能人寿保险的投保人可以用灵活的方式缴纳保险费。保险公司一般对每次缴费的最高和最低限额做出规定，只要符合保单规定，投保人可以在任何时间不定额地缴纳保费，多数保险公司仅规定第一次保费必须足以涵盖第一个月的费用和死亡成本，但实际上大多数投保人支付的首次保费会远远高于规定的最低金额。

知识延伸4-1
投资连结保险的相关知识

2.保险金额可以按约定调整

投保人决定一个初期的保额，然后每年可调整，并在适当范围内无须体检就可增加保险金额，保单所有人可以自行确定保险金额，而且可以提高和降低保险金额，在提高保险金额时通常要提供可保证明，目的是防止逆选择。降低保险金额时不需要提供可保证明。

一些保险单还允许保单所有人选择带有生活成本调整附加条约和可保选择权的万能寿险保单，生活成本调整附加条约的死亡给付金可以随着物价指数的上升而提高；可保选择权是允许保单所有人在未来某一年龄或某一事件发生时，不必出示可保证明就可以增加保险金额。

3.保险单运作透明

保险人定期向保险单持有人公开组成账户价格的各种因素。保单持有人每年都可以得到一份保险单信息状况表，用以说明保险费、保险金额、利息、保险成本、各项费用以及保险单现金价值的数额与变动状况，便于客户进行不同产品的比较，并监督保险人的经营状况。

4.设立独立投资账户，有固定的保证利率

万能人寿保险设立独立的投资账户，并且个人投资账户的价值（保险单的现金价值）有固定的保证利率。首先，万能人寿保险的保单提供一个最低保证利率，结算利率不得高于单独账户的实际投资收益率，并且两者之差不得高于2%。其次，当单独账户的实际收益率低于最低保证利率时，万能人寿保险的结算利率应当是最低保证利率。保险公司可以自行决定结算利率的频率。

5.有两种死亡给付方式

万能人寿保险主要提供两种死亡给付方式，即A、B方式，投保人可以任选其一。

A方式是一种均衡给付的方式；B方式是直接随保单现金价值的变化而改变的方式。在A方式中，死亡给付额固定，净风险保额（死亡保险金额与投资账户价差）每期都进行调整，使得净风险保额与现金价值之和成为均衡的死亡给付额。这样，如果现金价值增加了，则净风险保额就会等额减少；反之，若现金价值减少了，则净风险保额会等额增加。这种方式与其他传统的具有现金价值给付的保单较为类似。在方式B中，规定了死亡给付额为均衡的净风险保额与现金价值之和。这样，如果现金价值增加了，则死亡给付额会等额增加。

在A方式中，为避免由于现金价值太高而超过规定的保额，一些保险公司规定了最低净风险保额，从而使总的死亡给付额增加。中国保监会《个人万能保险精算规定》中规定，在万有合同有效期内，若被保险人身故，保险公司可按照身故时该保险年度的保险金额给予保险金，也可以以保险金额与当时个人账户价值之和作为身故给付。在保险合同有效期内，其风险保额应大于零。

（二）万能人寿保险业务的流程

首先，保单持有人缴纳一笔首期保费。首期保费有一个最低限额，首期的各种费用支出从首期保费中扣除。其次，根据被保险人的年龄，按保险金额计算的死亡给付分摊额以及一些附加优惠条件（如可变保费）等费用从保费中扣除。死亡给付分摊是不确定的，而且常常低于保单预计的最高水平。进行了这些扣除后，剩余部分就是保单最初的现金价值。这部分价值通常是按新投资利率计息累积到期末，成为期末现金价值。许多万能人寿保险收取较高的首年退保费用以避免保单过早终止。在保单的第二个周期（通常以1个月为一个周期），期初的保单现金价值为上一周期期末的现金价值额。在这一周期，保单持有人可以根据自己的情况缴纳保费。如果首期保费足以支付第二个周期的费用及死亡给付分摊额，在第二个周期内保单持有人就可以不缴纳保费。如果前期的现金价值不足，保单就会由于保费缴纳不足而失效。本期的死亡给付分摊及费用分摊也要从上期期末现金价值余额及本期保费中扣除，余额就是第二期期初的现金价值余额。这部分余额按照新投资利率累积至期末，成为第二周期的期末现金价值余额。这一过程不断重复，一旦现金价值不足以支付死亡给付分摊额及费用，又没有新的保费缴纳，该保单就失效了。

知识延伸4-2

万能寿险的相关知识

拓展阅读 4-6

### 某寿险公司两全万能型保险简介

保险责任：

满期给付，被保险人生存至保险期满，保险人给付满期保险金，金额为满期日被保险人个人账户余额的全数，本合同终止。

身故或全残保障，被保险人在本合同生效180天内因疾病身故或全残，保险人给付身故或全残保险金，给付金额为即时保险金额的10%与保险事故发生日个人账户余额之和，本合同终止。

被保险人因意外伤害身故或全残，或者于合同生效180天后因疾病身故或全残，保险人给付身故或全残保险金，给付金额为即时保险金额与保险事故发生日个人账户余额之和，本合同终止。

本合同生效满2年，投保人可向保险人申请提取部分个人账户余额（每年仅限1次），每次最低以人民币100元为限，最高以不超过上个结算日个人账户余额的50%为限，被保险人一次领取账户余额在10 000元以上的，需有2~7天的预约期。若个人账户余额不足以支付其一年的保障费用，保险人不允许提取部分个人账户余额。

保险金额：

保险人与投保人在投保时约定保险金额，最低为人民币10 000元。经保险人审核同意，投保人可申请增加保险金额，但必须经被保险人书面同意；投保人可申请减少保险金额，但减少后的保险金额最低以人民币10 000元为限；保险金额的调整必须以人民币1 000元为最小调整单位，每年仅限一次。

保险费：

在保险期满日之前，投保人可约定定期或不定期、定额或不定额地缴纳保险费，每次缴费最少为人民币1 000元。本保险的保障费用标准视被保险人的性别、年龄而定（详见保障费用表）。

被保险人账户：

个人账户，本合同生效后的须缴保费在扣除手续费、管理费费用后记入个人账户。本合同承诺最低保证利率为两年期居民定期储蓄存款利率。

账户余额，为其上一结算日的账户余额按上一结算日的结算利率累积到该日的本利和及本季所缴保险费扣除手续费后按上一结算日累积到该日的本利和之和。

其他规定：

若被保险人的账户余额不足以支付下季的管理费用及保障费用，应续缴保险费；保险人在每年1月份向投保人或被保险人寄送上一年度个人账户余额对账单，以通报其账户余额和过去一年的保险金额、手续费、管理费用、保障费用、续缴保险费和提取金额等情况。

资料来源：根据中国保险网相关资料整理．

## 综合训练

### 一、简答题

1.人寿保险特点和业务种类有哪些？

2.年金保险的特点有哪些？

3.对比投资连结保险与传统人寿保险的区别。

### 二、实务题

幼儿至18岁，有什么适合的保险产品？

### 三、案例题

王某于2010年10月向某保险公司投保了一份生死两全保险，被保险人为本人，受益人为其妻李某。2012年1月，王某经医院诊断为突发性精神分裂症。治疗期间，王某病情进一步恶化，终日意识模糊，狂躁不止，最终自杀身亡。事发之后，妻子李某以保险合同中条款列明"被保险人因疾病而身故，保险人给付死亡保险金"为由向保险公司提出给付死亡保险金的索赔要求。保险公司则依据《保险法》第六十六条的规定"被保险人自杀身亡，且自杀行为发生在订立合同之后的两年之内，为保险的除外责任"，拒绝了李某的索赔要求，只同意退还保险费。试分析保险公司拒赔是否合理。

### 四、实训题

实训项目：人到中年，首先想到的就是靠什么养老，买房可以养老，工资可以养老，保险也可以养老。如果你是保险理划师，如何为40岁的王先生做保险养老规划？王先生，40岁，私营企业主，年度收入总额为47.4万元，支出为12.6万元，年结余总额为34.8万元。

实训目的：满足中年人作为家庭经济支柱的养老保障需要。

实训步骤：

1.分析王先生的财务和风险状况。

2.收集多家保险公司产品，从中选择最优方案。

3.对保险方案作分析说明。

实训成果：用图表列出王先生可能面临的风险和相应的险种，并介绍所选保险的保险责任。

# 项目五　人身意外伤害保险

## 学习目标

**【知识目标】**

1.掌握人身意外伤害保险的含义及界定

2.明确人身意外伤害保险的特征

3.熟练掌握人身意外伤害保险的分类及主要险种

4.熟悉目前我国主要的人身意外伤害保险险种合同的条款内容

**【能力目标】**

1.能够准确界定人身意外伤害的保险责任

2.能够准确描述人身意外伤害保险的业务种类

3.能够掌握人身意外伤害保险主要险种合同的条款内容

4.能够熟悉我国目前人身意外伤害保险常见品种

5.能够具备处理人身意外伤害保险业务的能力

**【素质目标】**

1.能够对比解释说明意外伤害保险的独特特征

2.能够举例说明意外伤害保险和疾病医疗保险的关系

3.能够对比说明意外伤害保险条款和其他人身保险条款的关系

4.能够用通俗语言向客户解释意外伤害保险的主要险种

5.能够说明个人意外伤害保险和旅客意外伤害保险的内容

**【工作任务】**

1.举例说明意外伤害保险产品的主要险种

2.对比说明各个意外伤害保险产品的区别和联系

案例导入

### 意外伤害是年轻人面临的第一大风险

看了中央电视台《身边的感动》的观众都会被赵小亭的故事感动。赵小亭是一名大三的学生，被学校分配到贵州某乡支教。2010年7月21日，赵小亭和队友在去家访的路上，被突然滚落的山石击中头部，不幸当场遇难。这对赵小亭的家庭无疑是一个沉重的打击。培养了20年的孩子还没来得及独立就没了，父母付出的精力、财力还有寄予的巨大希望全部破灭。我们设想，如果赵小亭之前购买人身意外险，她的父母还能在她离世之后获得一定的经济赔偿，这也算是一种慰藉。在痛心之余，还应该反思的是大学生保险意识的薄弱。

以上资料表明：赵小亭事件其实就是一起单纯的意外事件，大学生虽然比中学生成熟许多，但是长期处在学习状态，尚未和社会进行全面接触，往往会忽略自身的安全问题。因此，大学生在选购保险时应优先选购意外险。

# 任务一　掌握人身意外伤害保险

【学生任务】

◇ 要求每个学生课前预习相关内容，结合已经学过的知识来理解人身意外伤害保险的相关内容，能够用人身意外伤害的内涵及特点进行人身意外伤害保险责任的判定。

◇ 要求学生查阅资料，描述人身意外伤害保险业务的主要险种，说明意外伤害保险险种合同条款的主要内容。

◇ 要求每个学生扩大课外阅读量，结合人身意外伤害保险的具体险种，说明人身意外伤害保险的重要作用，写出不少于500字的书面课后作业；将学生随机分组，按小组选出若干份作业在课堂上进行点评，学生间相互评出每一份书面作业的优劣；学生对作业进一步修改后提交教师，以便教师进行评价。

【教师任务】

◇ 指导学生在相关专业网站上查找所需资料，进行保险案例的分析，以掌握人身意外伤害保险责任的判定。

◇ 提示学生完成书面作业所需要关注的主要知识点，如人身意外伤害保险的含义、特征、分类等。

◇ 指导学生分组，在小组内对学生进行不同的分工，对学生书面作业完成情况及时进行跟进，督促其按时完成。

◇ 对各小组进行的课堂点评进行适时指导，对选出的作业予以及时、客观、公正的评价，准备回答学生可能提出的各种疑问等。

## 活动1　认识人身意外伤害保险

### 一、人身意外伤害保险的含义

（一）人身意外伤害保险的含义

人身意外伤害保险是在保险合同有效期内以意外伤害而致被保险人身故或残疾为给付保险金条件的保险。

其内涵表现为三个要点：第一，客观上必须有意外事故发生，事故为意外的、偶然的、不可预见的；第二，被保险人必须有因客观事故造成人身死亡或残疾的结果；第三，意外事故的发生和被保险人遭受人身伤亡的结果之间存在着内在的、必然的联系，即意外事故的发生是被保险人遭受伤害的原因，而被保险人遭受伤害是意外事故的后果。

（二）意外伤害的界定

意外伤害是指在被保险人没有预见到或违背被保险人意愿的情况下，突然发生的外来致害物对被保险人的身体明显、剧烈侵害的客观事实。意外伤害包含"意外"和"伤害"两个必要条件。目前,我国保险公司条款中对"意外伤害"的界定是:"意外伤害"是指遭受外来的、突发的、非本意的、非疾病的使被保险人身体受到剧烈伤害的客观事件。

**1.意外的界定**

"意外"针对被保险人的主观状态而言,是指伤害事件的发生是被保险人事先没有预见到的,或伤害事件的发生违背了被保险人的主观意愿。意外事故,既是伤害的直接原因,也是被保险人或受益人主张保险给付的根据。所谓意外事故,是指外来的、突然的、非本意的事故,即只有同时具备"外来""突然""非本意"三个条件,才能构成意外伤害保险合同的保险事故。具体可以从以下几个方面来理解:

(1)外来性。所谓"外来"是指伤害被保险人身体的外部因素作用所致,如因交通事故、不慎落水、遭雷击、蛇咬、煤气中毒等。如果伤害由自己身体的疾病而起,则不属意外事故。

(2)突发性。所谓"突发"是指人体受到强烈而突然的袭击而形成的伤害。如果伤亡系由被保险人长期劳作损伤所致,如地质勘探工作者、运动员长年运动致腰及关节损伤等就不是意外事故;或者伤害系由某些事件的原因在较长时间里缓慢发生,如长期接触某类化学物质引起的慢性中毒,这些是可以预见的,一般也不属于意外伤害。

(3)非本意。所谓"非本意"是指意外事故的发生非被保险人事先能够预见到;或者意外事故的发生违背了被保险人的主观意愿,即伤害事件的发生是被保险人事先所不能预见到或无法预见到的;或者虽然被保险人能够事先预见到,但由于被保险人的疏忽而没有预见到,如飞机失控、海轮遇难等;或者伤害事件的发生即便被保险人能够预见到,但在技术上已不能采取措施避免;或者虽然可以采取措施避免,但由于法律或职责上的规定,不能躲避的情形,如公安干警执行公务。

案例分析 5-1

### 意外伤害事故的界定

案情:2010年8月5日,张某为自己投保了某寿险公司的"福寿安康保险",疾病死亡保险金额为20万元,意外伤害保险事故死亡保险金额为50万元。2011年1月2日,张某突然晕倒,经医院抢救无效死亡,被保险人家属要求保险公司按照意外事故死亡给付50万元。经调查,被保险人生前有高血压等既往病史,且事发当时被保险人坐在办公桌前打电话,突然头部侧落,脸色苍白,由同事送往医院进行抢救,医院诊断为突发性脑血管破裂出血死亡。

分析:在整个事件过程中,没有任何外来的因素导致事故的发生。本案明显不符合构成意外伤害事故的条件,事故发生的直接原因来自被保险人身体方面,属于疾病的范畴。所以,保险公司应按照疾病死亡给付保险金额20万元。

**2.伤害的界定**

"伤害"是指被保险人的身体受到外来致害物侵害的客观事实。"伤害"由致害物、侵害对象、侵害事实三个要素构成,三者缺一不可。

(1)致害物。致害物是指直接造成伤害的物体或物质。没有致害物,就不可能构成伤害。按照致害物进行分类,"伤害"一般分为:器械伤害、自然伤害、化学伤害、生物伤害。与疾病保险承保被保险人身体内部形成的疾病不同，在意外伤害保险中，只有致害物是外来的时，才被认为是伤害，凡是在体内形成的疾病对被保险人身体的侵害不能构成意外伤害。

拓展阅读 5-1

### 关于致害物的理解

器械伤害一般指各种器械，包括钝器、武器、坠落物、机器、运输工具、劳动工具、建筑物等对人体的伤害；自然伤害一般指自然环境中的高温、低温、高气压、低气压和日光辐射以及洪水等对人体的伤害；化学伤害一般指各种形态的化学物质对人体的伤害，如硫酸、硝酸、瓦斯、有毒气体、有毒液体等对人体的伤害；生物伤害一般指动物、植物等对人体造成的伤害。

（2）侵害对象。侵害对象是指致害物侵害的客体。在意外伤害保险中，只有致害物侵害的对象是被保险人的身体时，才能构成伤害，即这里的伤害必须是身体或生理上的伤害。这里的"身体"是指一个人的生理组织的整体，有时专指躯干和四肢。人工装置是代替实现人体功能的假肢、假眼、假牙等，不是人身躯体的组成部分，不能作为意外伤害保险的保险对象。

（3）侵害事实。侵害事实是指致害物以一定的方式破坏性地接触、作用于被保险人身体的客观事实。如果致害物没有接触或作用于被保险人的身体，就不能构成伤害。侵害的方式有：碰撞、撞击、坠落、跌倒、坍塌、淹溺、灼烫、火灾、辐射、爆炸、中毒、触电、掩埋、倾覆等。

致害物、侵害对象、侵害事实三者之间必须存在因果关系，即须存在致害物以一定的方式破坏性地作用于被保险人身体的客观事实。

课堂训练 5-1 （多选）

意外伤害保险中"伤害"的客观事实包括（　　　）。

A.器械伤害 　　　　B.自然伤害 　　　　C.化学伤害 　　　　D.生物伤害

### 二、人身意外伤害保险的特征

（一）费率厘定主要以损失率为依据

人身意外伤害保险的纯保险费率是根据保险金额损失率计算的。与人寿保险的被保险人的死亡概率取决于年龄不同，人身意外伤害保险的被保险人遭受意外伤害的概率取决于其职业、工种或其所从事的活动，一般与被保险人的年龄、性别、健康状况无必然的内在联系。在其他条件都相同的情况下，被保险人的职业、工种、所从事活动的危险程度越高，应缴的保险费就越多。

（二）保险责任是被保险人因意外伤害所致的

人身意外伤害保险的保险责任是被保险人在保险期限内遭受了人身意外伤害，并且是其死亡或残疾的直接原因或近因；人身意外伤害医疗保险的保险责任是当被保险人由于遭受人身意外伤害需要治疗时，由保险人支付医疗保险费；人身意外伤害停工保险的保险责任是当被保险人由于遭受人身意外伤害暂时丧失劳动能力不能工作时，由保险人给付停工保险金。

（三）季节性明显，灵活性较强

人身意外伤害保险的许多险种往往因季节变化而有不同的投保高峰期。例如，春、夏和秋季往往是风景游览区的旅游人身意外伤害保险的旺季；就灵活性来看，许多人身意外伤害保险的订立，是经保险双方当事人协商一致的结果，保险方式比较灵活。此外，人身意外伤害的承保条件一般较宽，高龄者可以投保，对被保险人也不必进行体检。

（四）保险期间与责任期限的不一致性

人身意外伤害保险的保险期间较短，一般为1年，有些极短期人身意外伤害保险的保险期间往往只有几天、几个小时，甚至更短，但责任期限并不随着保险期限的结束而终止。责任期限是人身意外伤害保险所特有的概念，是指从被保险人遭受人身意外伤害之日起的一定期限，如90天、180天、360天或13周、26周、52周等。人身意外伤害保险强调被保险人在遭受伤害后的死亡或残废必须发生在责任期限内。只要被保险人遭受的人身意外伤害事故发生在保险有效期间，而且在自遭受人身意外伤害之日起的一定时期内造成死亡、残废的后果，保险人都要承担保险责任，给付保险金。

拓展阅读 5-2

### 关于保险业界的"第三领域"

第三领域的概念是从日本引进的。日本的《保险业法》将其定义为"约定对意外伤害和疾病给付一定金额的保险金，并对由此产生的该当事人受到的损害予以补偿，收取保险费的保险"。日本保险管理当局规定，意外伤害保险和医疗保险既不属于人寿保险，也不属于财产保险，而是属于第三领域的险种，其是介于寿险和产险公司传统经营范围之间的险种。两类保险公司皆可以自由销售第三领域的产品。

我国保险法允许经营财产保险业务的保险公司经营短期健康保险业务和意外伤害保险业务。意外伤害保险和健康保险成为我国保险市场的第三领域。其理论依据是这两类险种在费率厘定、保险赔偿方面与财产保险相似，在保险对象上与人身保险相同。

### 三、人身意外伤害保险与人身伤害责任保险的比较

人身意外伤害保险是人身保险业务中的一种，而人身伤害责任保险是财产保险中责任保险的一种。二者的区别可从以下几方面界定：

（一）保险标的不同

人身意外伤害保险的保险标的是被保险人的身体和生命；人身伤害责任保险的保险标的是被保险人对他人依法应承担的民事赔偿责任。

（二）保障范围不同

对于人身意外伤害保险，凡是保险期内发生意外事故造成被保险人死亡、伤残，保险人均负责赔偿；对于人身伤害责任保险，则只有当被保险人依据法律对第三者负有法律赔偿责任时，保险人才履行赔偿责任。

（三）适用的赔偿原则和赔偿金额的确定方式不同

人身意外伤害保险适用定额给付原则，并根据保险合同中规定的死亡或伤残程度给付标准来给付保险金；人身伤害责任保险适用补偿原则，保险赔偿以被保险人依照法律或合同对第三者的人身伤害承担民事赔偿责任为依据，赔偿金额以保险单规定的被保险人应对第三者负责的赔偿限额为最高限额。

（四）合同主体不同

人身意外伤害保险的投保人既可以为自己投保，也可以为与其有保险利益的其他自然人投保，投保人与被保险人可以为同一人（此时被保险人为缴费义务人），也可不为同一人（此时被保险人不是缴费义务人）；人身伤害责任保险的投保人与被保险人一般为同一人，其同时也是缴费义务人。人身意外伤害保险的被保险人只能是自然人，是可能遭受意外伤害的人；人身伤害责任保险的被保险人可以是自然人，也可以是法人，是可能承担民事赔偿责任的人。

**四、人身意外伤害保险的分类**

（一）按照保险对象不同，可以分为个人意外伤害保险和团体意外伤害保险

1.个人意外伤害保险是以个人作为保险对象的各种意外伤害保险，如"中小学生平安保险""投宿旅客意外伤害保险""人身意外伤害综合保险"等。这类险种的主要特点是保险费率低而保障程度较高，投保人只要缴纳少量的保险费，即可获得较大程度的保障。

2.团体意外伤害保险是以团体为保险对象的各种意外伤害保险。团体意外伤害保险是我国意外伤害保险中最主要和最基本的险种。中国人寿保险公司开办的普通团体意外伤害保险险种很多，如"国寿团体人身意外伤害保险""建筑工程团体人身意外伤害保险"等。团体意外伤害保险的基本特点为：以投保人单位为投保人；用对团体的选择取代了对个别被保险人的选择；规定最低保险金额；保险费率低，工作性质不同，可采用不同的费率标准。

（二）按保险承保风险不同，可以分为普通意外伤害保险和特种意外伤害保险

1.普通意外伤害保险又称一般意外伤害保险。该保险是以意外事故造成被保险人死亡或伤残为保险责任，但不具体规定事故发生的原因和地点。这类意外伤害保险是为被保险人在日常生活中因一般风险导致的意外伤害而提供保障的一种保险。在实际业务中，大多意外伤害保险均属普通意外伤害保险，如我国现开办的"团体人身意外伤害保险""个人人身意外伤害保险""学生团体意外伤害保险"等。这类险种属于意外伤害保险的主要险种，其主要特点是：保险费率低，承保一般可保风险。

2.特种意外伤害保险是指以特定时间、特定地点或特定原因而导致的意外伤害事件的保险。其种类主要有旅行意外伤害保险、交通事故意外伤害保险、电梯乘客意外伤害保险及特种行业意外伤害保险等。这类险种的主要特点是：承保危险较广泛；保险期限短；意外伤害的概率较大。在实际业务中，大多采取由投保方和保险方协商一致后临时签订协议的方式办理。

（三）按照实施方式不同，可以分为法定意外伤害保险和自愿意外伤害保险

1.法定意外伤害保险又称强制意外伤害保险，是政府通过颁布法律、行政法规、地方性法规强制施行的人身意外伤害保险。目前，对于高危行业的强制保险工作也已在我国部分地区开始组织实施，如建筑行业中建筑公司为建筑工人投保意外伤害保险，采掘行业中煤矿部门为矿工投保意外伤害保险等。

2.自愿意外伤害保险是投保人和保险人在自愿基础上通过平等协商订立保险合同的人身意外伤害保险。我国目前开办的意外伤害保险的险种绝大多数都属于自愿形式投保，如"个人人身意外伤害保险""航空旅客意外伤害保险"等。

（四）按照保险期限不同，可以分为长期意外伤害保险、短期意外伤害保险和极短期意外伤害保险

1.长期意外伤害保险是指保险期限超过1年的意外伤害保险。

2.短期意外伤害保险一般是指保险期限为1年的人身意外伤害保险业务。在人身意外伤害保险中，1年期意外伤害保险占大部分。保险公司目前开办的个人人身意外伤害保险、附加意外伤害保险等均属1年期意外伤害保险。短期意外伤害保险，大多是普通意外伤害保险。

3.极短期意外伤害保险是指保险期限不足1年，只有几天、几小时，甚至更短时间的意外伤害保险。我国目前开办的公路旅客意外伤害保险、旅游保险、索道游客意外伤害保险、游泳池人身意外伤害保险、大型电动玩具游客意外伤害保险等，均属极短期意外伤害保险。极短期意外伤害保险，大多是特种意外伤害保险。

（五）按照保险承保的责任不同，可以分为意外伤害死亡残疾保险、意外伤害医疗保险和综合性意外伤害保险

1.意外伤害死亡残疾保险是指保险人仅以被保险人遭受意外伤害而致死亡或残疾为保险金给付条件的一种保险。

2.意外伤害医疗保险是指当被保险人由于遭受意外伤害需要治疗时，保险人给付医疗保险金的一种保险。

3.综合性意外伤害保险是指保险人除了承担被保险人因意外伤害的身故保障、残疾保障之外，还提供意外医疗保险金，即在普通意外伤害保险的基础上扩大了保障范围的一种保险。如太平洋人寿的"世纪行差旅出行保障卡"、平安人寿的"航空平安卡"，以及中国人寿的"综合交通意外险"等，这类都是综合性出行意外伤害保险。其涵盖了被保险人出行的方方面面，可以全面取代出外旅游的旅游保险和航空意外险，也可以作为保护平时工作和生活中的交通意外保险，具有投保范围广、保障全面的特点，既保障意外死亡，又保障意外伤残和医疗。

拓展阅读 5-3

**综合意外保险——金万福E款保险卡介绍**

适合人群：16~69周岁的人群。

投保限制：每位被保险人限投2份。

投保期限：一年。

保障范围：因意外伤害事故身故/残疾/烧烫伤，赔付意外身故/残疾/烧烫伤保险金6万元；因意外伤害事故发生医疗费用，将就其事故发生之日起180日内实际支出的按照当地社会医疗保险主管部门规定可报销的、必要的、合理的医疗费用超过人民币100元的部分给付医疗保险金6 000元；因意外伤害事故住院治疗，将按条款赔付每天10元的"住院护理津贴保险金"，共10天；赔付每天10元的"误工津贴保险金"，共10天。

产品特点：意外住院津贴可与其他医疗保障同时享有，可作为礼物，送给别人，投保流程简单，全国均可理赔。

资料来源：根据中国保险网相关资料整理.

4.意外伤害收入损失保险是指当被保险人由于遭受意外伤害暂时丧失劳动能力不能工

作时，保险人给付误工损失保险金的一种保险。由于薪金标准不好掌握，故目前我国这类险种并不多见。

拓展阅读 5-4

**普通意外伤害保险拒保职业、免责活动项目**

拒保职业：液化瓦斯批发及零售人员，高压线路带电检修人员，石油加工及炼焦业从业人员，石油和天然气开采业从业人员，炸药业从业人员，烟花爆竹业从业人员，航空空勤人员，地质勘察、海洋测绘工程技术人员，高楼外部烟囱清洁工，外墙清洁工，道路清洁工，交通警察，刑警，消防队队员，防爆警察，武警，特种部队特种兵，抢险员，稽查缉私人员，驯犬员，屠宰加工工人，职业运动员，金属热处理工，石棉制品工，石材加工工人，潜水工作人员，爆破工，凿岩工，船员等。

免责活动项目：浪板、水上摩托车、足球、曲棍球、冰上曲棍球、橄榄球、拳击、滑雪、潜水、跳伞、攀岩运动、探险活动、武术比赛、摔跤比赛、特技表演、赛马、赛车。

资料来源：根据中国保险网相关资料整理.

## 活动2　明确人身意外伤害保险基本条款

### 一、人身意外伤害保险的保险责任与除外责任

（一）意外伤害保险的可保风险

1.一般可保意外伤害

一般可保意外伤害是指在一般情况下，对普通风险都给予承保的意外伤害，即剔除不可保意外伤害、特约保意外伤害外，均属一般可保意外伤害。

其实，特约保意外伤害与一般可保意外伤害之间并无绝对界限。随着科学技术的发展和保险承保能力的提高，某些危险程度较高、曾被列为特约保意外伤害的活动，现在也成了一般可保意外伤害。例如，乘坐飞机危险较大，被保险人因飞机失事造成的意外伤害曾被列为意外伤害保险的除外责任，只有经过特别约定才能承保，但现在，由于乘坐飞机较安全，被保险人因飞机失事造成的意外伤害不再列为除外责任，成为一般可保意外伤害。

2.特约保意外伤害

特约保意外伤害，是指从保险原理上讲可以承保，但是，保险人往往考虑到意外伤害的概率大且保险责任不易区分或限于承保能力，将特约保意外伤害列为普通意外伤害保险的除外责任，不予承保。被保险人确实需要投保的，可选择特种意外伤害保险或在办理普通意外伤害保险的基础上经与保险人特别约定，在保险单上特别批注的方式，并另外加收保险费后予以承保。特约保意外伤害一般包括：

（1）战争造成的意外伤害。由于战争使被保险人遭受意外伤害的风险过大，保险公司一般没有能力承保。战争是否爆发、何时爆发、会造成多大范围的人身伤害，往往难以预计，保险公司一般难以拟定保险费率。

（2）被保险人从事登山、跳伞、滑雪、江河漂流、赛车、拳击、摔跤等剧烈的体育活动或比赛中造成的意外伤害。被保险人从事上述活动或比赛时，会使其遭受意外伤害的概率大大提高，因而保险公司一般不予承保。

（3）核辐射造成的意外伤害。核辐射造成人身意外伤害的后果，一般在短期内不能确

定，而且如果发生大的核爆炸，会造成较大范围内的人身伤害。从技术上和承保能力上考虑，保险公司一般不承保。

（4）医疗事故造成的意外伤害。例如，医生误诊，药剂师发错药品，检查时造成损伤，手术切错部位等，这类意外伤害可归属健康类保险，所以，保险公司在普通意外伤害保险中不承保医疗事故造成的意外伤害。

（二）意外伤害保险的承保项目

人身意外伤害保险的保障项目包括基本保障项目和附加保障项目。

1.基本保障项目

（1）意外死亡给付。死亡是指机体生命活动和新陈代谢的终止。在法律上发生效力的死亡包括两种情况：一是生理死亡，即已被证实的死亡；二是宣告死亡，即按照法律程序推定的死亡。当意外事故发生致使被保险人死亡时，保险人给付死亡保险金。

（2）意外残疾给付。这里的残疾包括两层含义：一是人体组织的永久性残缺（或称缺损），如肢体断离等；二是人体器官正常机能的永久丧失，如丧失视觉、听觉、嗅觉、语言机能、运动障碍等。当意外事故发生致使被保险人身体残疾时，保险人给付残疾保险金。

2.附加保障项目

丧葬给付和遗属生活费给付等，这是由死亡给付派生而来的；医疗费给付、误工给付等，这是由残疾给付派生而来的。需要注意的是，特种意外伤害保险的保险责任仅限于特定时间、特定地点或特定原因而造成的意外伤害。例如，"游泳者意外伤害保险"的保险责任仅限于在游泳池（场）内发生的溺水死亡。

**案例分析 5-2**

### 一起意外伤害医疗保险的给付

某女投保了意外伤害保险，因夜间骑车不慎撞在水泥桩上跌伤，在当地公立医院诊断为右胫骨骨折，支出医疗费共560元。次日，其不放心又在一家私人诊所重新做X光摄片检查，买药支出460元，要求保险公司理赔。

分析：保险公司根据保险合同约定，对其在私立医院所支付的费用460元按除外责任处理，不予赔付。意外伤害保险合同条款规定了绝对免赔金额100元，给付比例为80%。那么，保险公司给付意外医疗保险的金额应为368元（（560-100）×80%）。

启示：有许多特约保意外伤害都属于可保风险，包括在我国的特种意外伤害保险中，如"游泳者意外伤害保险"、"执法人员团体人身意外伤害保险"、"索道游客意外伤害保险"、"电梯乘客意外伤害保险"以及"体育赛事或特殊活动保险"等保险。此外，保险公司承保的特种行业人员从事高危险职业时发生意外事故也属于特约保意外伤害。所以，这些特殊活动、特殊行业办理意外伤害保险要与保险公司单独协商订立保险合同和协议。

（三）意外伤害保险的保险责任判定

1.被保险人遭受了意外伤害

被保险人遭受意外伤害必须是客观发生的事实，而不是臆想的或推测的。

2.被保险人遭受意外伤害的客观事实必须发生在保险期限之内

如果被保险人在保险期限开始以前曾遭受意外伤害，而在保险期限内死亡或残疾，不构成保险责任。

拓展阅读 5-5

### 意外伤害保险的责任期限

责任期限是意外伤害保险的重要概念，指自被保险人遭受意外伤害之日起的一定期限（如90天、180天、360天等）。如果被保险人发生死亡或残疾等保险事故，保险人仍然应承担保险责任。如果被保险人在保险期限内遭受意外伤害，在责任期限内死亡，则显然已构成保险责任。但是，如果被保险人在保险期限内因意外事故下落不明，自事故发生之日起满2年、法院宣告被保险人死亡后，责任期限已过。为了解决这一问题，可以在意外伤害保险条款中订有失踪条款或在保险单上签注关于失踪的特别约定，规定被保险人确因意外伤害事故下落不明超过一定期限（如3个月、6个月等）时，视同被保险人死亡，保险人给付死亡保险金；如果被保险人以后生还，受领保险金的人应将保险金返还给保险人。

如果被保险人在保险期限内遭受意外伤害，治疗结束后被确定为残疾，且责任期限尚未结束，当然可以根据确定的残疾程度给付残疾保险金。但是，如果被保险人在保险期限内遭受意外伤害，责任期限结束时治疗仍未结束，尚不能确定最终是否造成残疾以及造成何种程度的残疾，那么，就应该推定责任期限结束时这一时点上被保险人的组织残缺或器官正常机能的丧失是否是永久性的，即以这一时点酌情确定残疾程度，并按照这一残疾程度给付残疾保险金。以后，即使被保险人经过治疗痊愈或残疾程度减轻，保险人也不追回全部或部分残疾保险金。反之，即使被保险人加重了残疾程度或死亡，保险人也不追加给付保险金。

同理，对于持续性治疗所产生的医疗费用也应在责任期限范围内，并且以保险金额为最高限额，即医疗保险金累积给付已经达到保险金额时，保险合同责任终止。

资料来源：根据中国保险网相关资料整理.

3.被保险人在责任期限内死亡或残疾或支付了医疗费用

拓展阅读 5-6

### 被保险人死亡或残疾的法律界定

死亡即机体生命活动和新陈代谢的终止。在法律上发生效力的死亡包括两种情况：一是生理死亡，是指生物学意义上的死亡，即已被证实的人的机体死亡；二是宣告死亡，即按照法律程序推定的死亡。《中华人民共和国民法通则》第二十三条规定："公民有下列情形之一的，利害关系人可以向人民法院申请宣告他死亡：下落不明满四年的；因意外事故下落不明，从事故发生之日起满二年的。"

残疾包括两种情况：一是人体组织的永久性残缺（或称缺损），如肢体断离等；二是人体器官正常机能的永久丧失，如丧失视觉、听觉、嗅觉、语言机能或运动障碍等。

资料来源：根据2010年中国保险网相关资料整理.

4.意外伤害是死亡或残疾或支付医疗费用的直接原因或近因

在人身意外伤害保险中，被保险人在保险期限内遭受了意外伤害，并且在责任期限内死亡或残疾，并不意味着必然构成保险责任。只有当意外伤害与死亡、残疾之间存在因果关系，即意外伤害是死亡或残疾的直接原因或近因时，才构成保险责任。意外伤害与死亡、残疾之间的因果关系包括以下三种情况：

（1）意外伤害是死亡或残疾的直接原因，即意外伤害事故直接造成了被保险人死亡或残疾，保险人应该按照保险金额给付死亡保险金或按照保险金额乘以残疾程度给付残疾保险金。

（2）意外伤害是死亡或残疾的近因，即意外伤害是引起直接造成被保险人死亡或残疾事件或一连串事件的最初原因，根据近因原则，意外伤保险人必须对承保责任范围内的近因导致被保险人死亡或残疾承担保险责任。这也是人身意外伤害保险与其他人身保险业务理赔方面的重要区别。

（3）意外伤害是死亡或残疾的诱因，即意外伤害使被保险人原有的疾病发作，从而加重后果，造成被保险人死亡或残疾。当意外伤害是被保险人死亡或残疾的诱因时，保险人不是按照保险金额和被保险人的最终后果给付保险金，而是比照身体健康者在遭受这种意外伤害后可能造成的后果给付保险金。

总之，被保险人在保险期限内遭受了意外伤害，被保险人在责任期限内死亡或残疾，被保险人所受意外伤害是其死亡或残疾的直接原因或近因，这三个必要条件缺一不可。

案例分析 5-3

**突然死亡——一起看似"意外"的保险案件**

某年9月，马某在光大永明人寿保险有限公司北京分公司为其父投保永宁康顺综合个人意外伤害保险，保额为5万元人民币。依照条款约定，当被保险人遭受意外事故并且因此导致身故或高度残疾时，保险公司应承担保险责任。投保人坚持续交保费。次年3月26日，马某父亲在超市购物时倒地，经抢救无效身故，北京市海淀区公安分局刑侦大队介入此案并对尸体进行了检验。尸检报告结论为"马某尸体全身未见重要外伤，心血中未检出常见毒物，可排除外伤及中毒。结合案情，不排除猝死。此类疾病，过度劳累、情绪激动以及外伤等可成为其诱发因素"。光大永明保险公司经过调查后，认为被保险人身故原因不属于合同约定的"意外事故"，因此做出了拒赔决定。

分析：本案的焦点是原被告双方对"意外事故"的理解。意外伤害保险是以意外事故而致使被保险人死亡或者残疾为给付保险金条件的人身保险。意外事故是指外来的、非本意的、突然的、剧烈的、非疾病的事件。意外事故须具备以下条件：

（1）必须是外来的或者外界因素造成的事故，如交通事故、失足落水等，均为自身以外的原因遭受的伤害。相反的，如果被保险人因脑溢血引起的跌倒死亡，是由于被保险人身体内在原因造成的，就不属于意外事故。

（2）必须是不可预料的即非故意制造的事故。这是指事故的发生及其导致的结果都是偶然的，如行人被车碰撞等。相反，后果可预见却故意作为或者放任结果的发生，如不听司机劝阻强行挤车后坠地受伤，则不构成意外事件。

（3）必须是突然的、瞬间剧烈的事件，如高空坠落物引起的伤亡、交通事故等。相反，如长期从事具有接触性污染源的工作导致的身体伤害或者高原反应等，都不属于意外事故。

资料来源：根据中国保险网相关资料整理.

（四）意外伤害保险的除外责任

意外伤害保险的除外责任一般是指被保险人因违反法律规定和社会公共道德规范而引

发的道德风险，保险人一般不承担这类风险的给付责任。

**1.被保险人在犯罪活动中所受的意外伤害**

意外伤害保险不承保被保险人在犯罪活动中受到的意外伤害的原因：第一，保险只能为合法的行为提供经济保障，只有这样保险合同才是合法的，才具有法律效力。一切犯罪行为都是违法行为，所以对被保险人在犯罪活动中所受的意外伤害不予承保。第二，犯罪活动具有社会危害性，如果承保被保险人在犯罪活动中所受的意外伤害，即使该意外伤害不是由犯罪行为直接造成的，也违反社会公共利益。因此，一旦承保，则违反法律规定或违反社会公共利益。

**2.被保险人在寻衅殴斗中所受的意外伤害**

寻衅殴斗是指被保险人故意制造事端挑起的殴斗。寻衅殴斗不一定构成犯罪，但具有社会危害性，属于违法行为，因而不能承保，其道理与不承保被保险人在犯罪活动中所受意外伤害相同。

**3.被保险人在酒醉、吸食（或注射）毒品（如海洛因、鸦片、大麻、吗啡等麻醉剂，兴奋剂，致幻剂）后发生的意外伤害**

酒醉或吸食毒品对被保险人身体的损害，是被保险人的故意行为所致，理应不属意外伤害。

**4.被保险人的自加伤害和自杀行为造成的意外伤害**

意外伤害保险人仅承担外来的、偶然的、突发性事件导致被保险人的意外伤害，被保险人的自加伤害和自杀行为属于故意行为，其所导致的结果保险人不负责。

**二、人身意外伤害保险保险金的给付**

（一）死亡保险金的给付

**1.死亡保险金的给付方式**

在人身意外伤害保险合同中，死亡保险金的数额是保险合同中规定的，被保险人在保险有效期内因发生保险单规定的意外事故而死亡时，保险人按照保险合同规定如数给付保险金。按照我国人身意外伤害保险条款的规定，死亡保险金为保险金额的100%。

**2.死亡保险金的给付条件**

一是被保险人因约定的意外事故而死亡；二是死亡的时间必须在保险期限或责任期限内。

**3.死亡保险金给付的注意事项**

（1）当保险人承担身故保险金给付责任后，保险责任即告终止。

（2）如果在死亡给付保险金之前，已经给付过伤残保险金，则应当从死亡保险金中扣除已支付的伤残保险金。

（3）如果被保险人因意外事故而被依法宣告失踪或死亡，保险人给付死亡保险金后，被保险人生还，则被保险人应当向保险人退还死亡保险金。

（4）如果意外伤害保险中附加了医疗保险，则保险人在给付保险金时，应当分别计算医疗保险金与死亡或伤残保险金。

（二）残疾保险金的给付

**1.残疾保险金的给付方式**

残疾保险金的给付比较复杂。保险公司要将残疾分为暂时性残疾和永久性残疾，并只对永久性残疾承担给付责任，所以，在给付前要对被保险人的残疾状况进行认定，然后再确定残疾程度，残疾程度一般以百分率表示。残疾保险金的数额由保险金额和残疾程度两个因素确定，其计算公式是：

残疾保险金=保险金额×残疾程度百分率

在人身意外伤害保险合同中，应列举残疾程度百分率，列举得越详尽，给付残疾保险金时，保险人和被保险人就越不易发生纠纷。但是，残疾程度百分率列举得无论如何详尽，也不可能包括所有的情况。对于残疾程度百分率中未列举的情况，只能由当事人之间按照公平合理的原则，参照列举的残疾程度百分率协商确定。协商不一致时，可提请有关机关仲裁或由人民法院审判。

课堂训练 5-2 （多选）

人身保险给付条件包括（　　　）。

A.死亡和伤残　　　　　　　　B.医疗费用或收入的减少

C.约定事件发生　　　　　　　D.投资分红等

2.残疾保险金给付的最高限额

人身意外伤害保险的保险金额不仅是确定死亡保险金、残疾保险金数额的依据，而且是保险人给付保险金的最高限额，即保险人给付每一被保险人的死亡保险金和残疾保险金，累计以不超过该被保险人的保险金额为限。当一次意外伤害造成被保险人身体若干部位残疾时，保险人按保险金额与被保险人身体各部位残疾程度百分率之和的乘积计算残疾保险金。如果各部位残疾程度百分率之和超过100%，则按保险金额给付残疾保险金。被保险人在保险期限内多次遭受意外伤害时，保险人对每次意外伤害造成的残疾或死亡均按保险合同中的规定给付保险金，但给付的保险金以累计不超过保险金额为限。

3.残疾保险金给付的注意事项

（1）残疾保险金的受益人是被保险人本人，应由被保险人或其委托代理人作为保险金的申请人。如为代理人，应提供授权委托书、身份证明等相关文件。

（2）被保险人的身体残疾程度鉴定。应提供由保险公司指定或认可的医疗机构出具的残疾程度鉴定书。

（3）被保险人的身体损伤在医疗终结时间内彻底治愈的，不予以伤残给付。在医疗终结时间结束后仍不能治愈，留有不同程度后遗症的，可按180天时的有效鉴定，对照给付标准给付伤残保险金。这里的180天是残疾鉴定的等待期，等待期的设置可以减少理赔纠纷，保障客户的利益，也为保险公司的实务操作提供了便利。

（4）"人身保险残疾程度与保险金给付比例表"的残疾程度分为七级三十四项，既适合因意外伤害导致残疾的保险金给付，也适合作为疾病引起的残疾保险金的给付标准。

拓展阅读 5-7

## 人身保险残疾程度与保险金给付比例

人身保险残疾程度与保险金给付比例表(保监发〔2013〕46号)，自2014年1月1日起使用，见表5-1所示。

表5-1 人身保险残疾程度与保险金给付比例表

| 等级 | 项目 | 残疾程度 | 给付比例 |
|---|---|---|---|
| 第一级 | 一 | 双目永久完全失明的（注（1）） | 100% |
| | 二 | 两上肢腕关节以上或两下肢踝关节以上缺失的 | |
| | 三 | 一上肢腕关节以上及一下肢踝关节以上缺失的 | |
| | 四 | 一目永久完全失明及一上肢腕关节以上缺失的 | |
| | 五 | 一目永久完全失明及一下肢踝关节以上缺失的 | |
| | 六 | 四肢关节机能永久完全丧失的（注（2）） | |
| | 七 | 咀嚼、吞咽机能永久完全丧失的（注（3）） | |
| | 八 | 中枢神经系统机能或胸、腹部脏器机能极度障碍，终身不能从事任何工作，不能维持生命必要的日常生活活动，全需他人扶助的（注（4）） | |
| 第二级 | 九 | 两上肢，或两下肢，或一上肢及一下肢，各有三大关节中的两个关节以上机能永久完全丧失的（注（5）） | 75% |
| | 十 | 十手指缺失的（注（6）） | |
| 第三级 | 十一 | 一上肢腕关节以上缺失或一上肢的三大关节全部机能永久完全丧失的 | 50% |
| | 十二 | 一下肢踝关节以上缺失或一下肢的三大关节全部机能永久完全丧失的 | |
| | 十三 | 双耳听觉机能永久完全丧失的（注（7）） | |
| | 十四 | 十手指机能永久完全丧失的（注（8）） | |
| | 十五 | 十足趾缺失的（注（9）） | |
| 第四级 | 十六 | 一目永久完全失明的 | 30% |
| | 十七 | 一上肢三大关节中，有二关节之机能永久完全丧失的 | |
| | 十八 | 一下肢三大关节中，有二关节之机能永久完全丧失的 | |
| | 十九 | 一手含拇指及食指，有四手指以上缺失的 | |
| | 二十 | 一下肢永久缩短5厘米以上的 | |
| | 二一 | 语言机能永久完全丧失的（注（10）） | |
| | 二二 | 十足趾机能永久完全丧失的 | |
| 第五级 | 二三 | 一上肢三大关节中，有一关节之机能永久完全丧失的 | 20% |
| | 二四 | 一下肢三大关节中，有一关节之机能永久完全丧失的 | |
| | 二五 | 两手拇指缺失的 | |
| | 二六 | 一足五趾缺失的 | |
| | 二七 | 两眼眼睑显著缺失的（注（11）） | |
| | 二八 | 一耳听觉机能永久完全丧失的 | |
| | 二九 | 鼻部缺损且嗅觉机能遗存显著障碍的（注（12）） | |
| 第六级 | 三十 | 一手拇指及食指缺失，或含拇指或食指有三个或三个以上手指缺失的 | 15% |
| | 三一 | 一手含拇指或食指有三个或三个以上手指机能永久完全丧失的 | |
| | 三二 | 一足五趾机能永久完全丧失的 | |
| 第七级 | 三三 | 一手拇指或食指缺失，或中指、无名指和小指中有两个或两个以上手指缺失的 | 10% |
| | 三四 | 一手拇指及食指机能永久完全（注（13））丧失的 | |

注：

（1）失明包括眼球缺失或摘除，或不能辨别明暗，或仅能辨别眼前手动者，最佳矫正视力低于国际标准视力表0.02，或视野半径小于5度，并由保险人指定有资格的眼科医师出具医疗诊断证明。

（2）关节机能的丧失系指关节永久完全僵硬，或麻痹，或关节不能随意识活动。

（3）咀嚼、吞咽机能的丧失系指由于牙齿以外的原因引起器质障碍或机能障碍，以致不能作咀嚼、吞咽运动，除流质食物外不能摄取或吞咽的状态。

（4）为维持生命必要之日常生活活动，全需他人扶助系指食物摄取、大小便始末、穿脱衣服、起居、步行、入浴等，皆不能自己为之，需要他人帮助。

（5）上肢三大关节系指肩关节、肘关节和腕关节；下肢三大关节系指髋关节、膝关节和踝关节。

（6）手指缺失系指近位指节间关节（拇指则为指节间关节）以上完全切断。

（7）听觉机能的丧失系指语言频率平均听力损失大于90分贝，语言频率为500、1 000、2 000赫兹。

（8）手指机能的丧失系指自远位指节间关节切断，或自近位指节间关节僵硬或关节不能随意识活动。

（9）足趾缺失系指自趾关节以上完全切断。

（10）语言机能的丧失系指构成语言的口唇音、齿舌音、口盖音和喉头音的四种语言机能中，有三种以上不能构声，或声带全部切除，或因大脑语言中枢受伤害而患失语症，并须有资格的五官科（耳、鼻、喉）医师出具医疗诊断证明，但不包括任何心理障碍引致的失语。

（11）两眼眼睑显著缺损系指闭眼时眼睑不能完全覆盖角膜。

（12）鼻部缺损且嗅觉机能遗存显著障碍系指鼻软骨全部或1/2缺损及两侧鼻孔闭塞，鼻呼吸困难，不能矫治或两侧嗅觉丧失。

（13）所谓永久完全系指自意外伤害之日起经过180天的治疗，机能仍然完全丧失，但眼球摘除等明显无法复原之情况，不在此限。

××保险股份有限公司三度烫伤与给付比例见表5-2。

表5-2                ××保险股份有限公司三度烧烫伤与给付比例表

| 身体部位 | 项目 | 烧烫伤程度<br>（按三度烧烫伤面积占全身皮肤面积百分比） | 给付比例 |
|---|---|---|---|
| 头、颈和上肢 | 一 | 不少于8% | 100% |
| | 二 | 不少于5%但少于8% | 75% |
| | 三 | 不少于2%但少于5% | 50% |
| 除头、颈和上肢外的身体其他部位 | 四 | 不少于20% | 100% |
| | 五 | 不少于15%但少于20% | 75% |
| | 六 | 不少于10%但少于15% | 50% |

注：三度烧烫伤指伤及皮肤全层或皮下组织，甚至更深。

（三）医疗保险金的给付

1.医疗保险金的给付方式

意外伤害医疗费用给付应同时具备遭受意外伤害和因此而发生了医疗费用两个条件。由于同时具备这两个条件，因此，意外伤害险医疗费用的给付较健康险医疗费用给付的比例范围要宽一些，但往往也设立了绝对免赔额来控制医疗费用，如100元。损失在免赔额内保险人不负赔偿责任，对免赔额以上部分通常进行比例给付，比例大致为50%~80%。所以，大多人身意外伤害保险条款都有这方面的规定：被保险人因遭受意外伤害在县级以上（含县级）医院或本公司认可的医疗机构诊疗所的支出，符合当地社会医疗保险主管部门规定可报销的医疗费用，在扣除人民币100元免赔额后，在意外医疗保险金额范围内，按其实际支出的医疗费用的80%给付保险金。

2.医疗保险金的给付范围

医疗保险金给付的范围包括治疗费、药费、抢救费、住院费等。医疗费用的发生必须从意外伤害发生后的若干日内开始，以避免无法认定医疗费用发生的直接原因。严格来说，意外伤害医疗金的给付一般不属于人身意外伤害保险的责任范围，大多数情况下须经当事人同意，以特约条款方式附加于人身意外伤害保险合同中。

考证直通车 5-1

意外伤害残疾保险金的受领人是（    ）。

A.被保险人的受益人　　　　　　B.被保险人本人

C.投保人　　　　　　　　　　　D.被保险人的代理人

**案例分析 5-4**

### 食物中毒 意外险赔不赔?

6月15日,王先生和几位同事在吃完小龙虾回家后,半夜浑身酸疼,四肢乏力,不停呕吐,被家人送往医院治疗,检查结果确诊为食物中毒引起的急性骨骼肌溶解症,可能和进食小龙虾有关,但是其他人无异常。张先生单位购买了意外伤害保险,并附加了意外伤害门诊急诊保险。家人向保险公司索赔由食物中毒导致的住院医疗费用,保险公司是否该理赔呢?

分析:保险公司以此次食物中毒是因个人体质弱引起的,应该属于疾病,不是意外事故,拒绝理赔。

食物中毒符合非本意的、外来的、突发事件三个要素,属于意外事故。但是案例中王先生因细菌感染的食物中毒,也可能是因为个人体质关系所引起的肠胃等疾病,则不应是意外伤害保险的责任范围,所以保险公司对于个体食物中毒的案件,一般都不予按照意外事故处理。一般情况下,对于集体食物中毒,保险公司会视个案而考虑按照意外伤害进行赔付,如上海某小学300多名师生出现中毒症状,该校师生都投保了某保险公司的"校园人身意外伤害保险",保险公司进行了保险理赔。

## 任务二　目前我国主要的人身意外伤害保险产品

【学生任务】

◇ 要求学生采用去保险公司调研的方式调查当地保险公司开办人身意外伤害保险的情况及主要险种情况。

◇ 要求学生查阅相关资料了解全国保险公司开办人身意外伤害保险的情况及主要险种情况。

◇ 要求每个学生根据调研和查找方式所获取的资料,结合已经学过的相关内容来理解主要的人身意外伤害保险品种,能够用比较专业的语言来说明目前我国人身意外伤害保险合同条款的主要内容。

◇ 要求每个学生根据所学的人身意外伤害保险险种的情况,结合人寿保险主要险种的情况,给客户设计综合保险计划书,要求至少包括两种或两种以上的人身意外伤害保险。

◇ 将学生随机分组,按小组选出若干份作业在课堂上进行点评,学生间相互评出每一份书面作业的优劣;学生对作业进一步修改后提交教师,以便教师进行评价。

【教师任务】

◇ 指导学生在相关专业网站上查找所需资料,或到附近的保险公司查看其对于人身意外伤害保险方面的服务内容和要求。

◇ 提示学生完成书面作业所需要关注的主要知识点,如主险和附加险的搭配功效,人身意外伤害保险险种的保险责任和除外责任、赔偿和给付的标准等。

◇ 指导学生分组,在小组内对学生进行不同的分工,对学生书面作业完成情况及时进行跟进，督促其按时完成。

◇ 对各小组进行的课堂点评进行适时指导，对选出的作业予以及时、客观、公正的评价，准备回答学生可能提出的各种疑问等。

## 活动　明确我国目前主要的人身意外伤害保险产品

### 一、学生平安保险

学生平安保险是以在校的学生为保险对象，既可以采用团体方式，也可以采用个人方式投保的一年期意外伤害险附加医疗费保险的险种。其特点是：费率低，保障广，成为人身意外伤害保险的主要险种之一。

（一）保险期限及保险责任

保险期限自保险人签发保单之日零时起，至学生毕业离校之日24时止；被保险人在保险有效期间，因遭受人身意外伤害事故所致伤、残、亡发生的医疗费用，或其个人财产的直接经济损失，由保险人负责赔偿。

（二）保险金额与保险费

本保险按份投保，每人每学年交保费人民币20元，在投保时按学制一次交清；每份保险的保险金额分别为：人身意外死、残10 000元，人身伤害医疗费5 000元，个人财产1 000元。

（三）除外责任

除外责任包括：战争、军事行动、核辐射和核污染；打架、斗殴、寻衅滋事以及违法犯罪行为；被保险人的故意行为；因第三者造成被保险人伤害而引起的治疗费用中依法应由第三者承担的部分；被保险人在非保险人和学校指定或同意的医院的住院费用和专业门诊费用；基本医疗保险支付范围之外的自费项目等费用；被保险人因矫形手术或美容所支出的各种费用；被保险人先天性疾病或投保前已有残疾的康复和治疗费；被保险人投保前所患未治愈疾病及已有残疾的治疗和康复费用；被保险人因同一种疾病的第二次治疗费用；未经被保险人同意的转院治疗费用等。

（四）给付与赔偿

意外死亡给付该项保险金的全数。在每一学年内，被保险人无论是一次还是多次发生事故，其医疗费用金额给付累计达到其该项保险金额时，当年的该项保险责任即行终止。被保险人因意外伤害事故所支付的医疗费用每次事故限额为200元。意外伤害事故医疗费赔付方法是减去绝对免赔额100元，剔除除外费用，赔付90%。个人财产损失的赔付方法是：减去绝对免赔额100元，剔除年折旧费用后在保险金额内赔付。

（五）理赔时限

3 000元以下赔案，在15个工作日内赔付；3 000~5 000元赔案，在20个工作日内赔付；5 000~10 000元赔案，在30个工作日内赔付。

课堂训练5-3　（多选）

1.学生平安保险的条件有（　　）。

A.在校学生　　　　B.费率低　　　　C.身体健康　　　　D.能正常学习

2.学生平安保险的保险责任包括（　　）。

A.死亡保险金给付　　　　　　　　B.残疾保险金给付
C.医疗费给付　　　　　　　　　　D.生存保险金给付

## 二、个人意外伤害保险

### （一）保险的功能与特点

个人人身意外伤害保险是意外伤害险的基本险种，大多特种意外伤害保险是由此演变而来的，它是我国意外伤害保险中最主要的险种。其特点是：保险费相当低廉，保障高，保险费率分档次，可以按职业或工种变化转嫁风险。形式上多为卡式，展业方式一般作为对个人寿险的补充，或采取兼业代理方式。

### （二）保险条件

年龄在65周岁以下的身体健康，能正常学习、工作或正常劳动的自然人均可投保。

### （三）保险责任

被保险人因遭受意外伤害事故，并自事故发生之日起180日内身故的，保险人按保险合同中列明的保险金额给付身故保险金。被保险人因意外伤害所致残疾，保险人按保险单所载保险金额及该项身体残疾所对应的给付比例给付残疾保险金。如治疗仍未结束，按意外伤害发生之日起第180日时的身体情况进行鉴定，并据此给付保险金。被保险人因同一意外伤害造成两项及以上身体残疾时，保险人给付对应项残疾保险金之和，但不同残疾项目属于同一手或同一足时，保险人仅给付其中一项残疾保险金；如果残疾项目所对应的比例不同，仅给付其中比例较高一项的残疾保险金。

### （四）除外责任

除外责任包括：投保人、受益人故意杀害、伤害被保险人；被保险人犯罪或拒捕、自杀或故意自伤；被保险人殴斗、醉酒、服用、吸食或注射毒品；被保险人从事潜水、跳伞、攀岩、探险活动、武术比赛、摔跤比赛、特技表演、赛马、赛车等高风险运动或活动；被保险人因身患疾病导致的身故或残疾；战争、军事行动、恐怖活动、暴乱或武装叛乱；核爆炸、核辐射或核污染等。

### （五）保险金额和保险费

保险金额一般由投保人和保险人约定并于保险单或保险凭证上载明。

保险费依据保险金额与保险费率计收。一般普通工种每人每千元保额每年保险费为1.8元，其他职业的相应保险费率详见各保险公司的"个人人身意外伤害保险条款"和"职业分类表"。

### （六）保险期限

人身意外伤害险的保险期限为一年，期满时再办理续保。

### （七）注意问题

目前，各保险公司的个人人身意外伤害保险没有统一的保险条款，由各公司根据实际情况自行掌握，因此，在投保条件、保险责任、保险费等方面有所不同；条款中一般会列明被保险人在从事某些职业的工作期间造成的意外属于除外责任。

课堂训练 5-4 （多选）

个人人身意外伤害保险的保险责任包括（　　　）。

A.疾病残疾　　　　　　　　　　B.被保险人从事潜水死亡

C.意外伤残保险金给付　　　　　　　D.意外身故保险金给付

### 三、旅客意外伤害保险

（一）保险的功能与特点

旅客意外伤害保险属于意外伤害保险和意外伤害医疗保险的综合险种。其特点是：此类险种目前部分属于强制保险，旅客在购买车票、船票时就已经投保；投保条件宽松，不分职业、年龄；保障范围大，费率低，只要是乘坐约定的客运交通工具遭受的意外事故导致的死亡、残疾或者产生的医疗费用等均负赔偿责任；分别确定保险金额，分别给付。

（二）保险条件

凡持有效客票乘坐约定的从事合法客运的机动车辆、船舶、轮渡、火车等客运交通工具的旅客。

（三）保险责任

1.死亡保险金给付。

被保险人乘坐约定的客运交通工具过程中，因该交通工具发生交通事故而遭受意外伤害而致死亡，由保险公司给付死亡保险金。

2.残疾保险金给付。

被保险人乘坐约定的客运交通工具过程中，因该交通工具发生交通事故而遭受意外伤害，自意外伤害发生之日起180日内因该意外伤害导致身体残疾的，依"人身保险残疾程度与保险金给付比例表"的规定，按意外伤害保险金额及该项残疾所对应的给付比例给付残疾保险金。

3.医疗费用给付。

被保险人乘坐约定的客运交通工具过程中，因该交通工具发生交通事故遭受意外伤害而发生医疗费用支出的，在意外伤害医疗保险金额范围内，给付医疗保险金。

（四）除外责任

除外责任包括：投保人、受益人对被保险人的故意杀害、伤害；被保险人故意犯罪或者拒捕；被保险人殴斗、醉酒、自杀、故意自伤及服用、注射毒品；被保险人受酒精、毒品、管制药物的影响而导致的意外；被保险人疾病、流产、分娩；核爆炸、核辐射或者核污染；战争、军事行动、暴乱或者武装叛乱；爬、跳交通工具等违反客运规章的行为；当地社会医疗保险主管部门规定不可报销的费用。

（五）保险金额和保险费

1.意外伤害保险金额和意外伤害医疗保险金额相等，最低各为人民币10 000元。

2.保险费按公路、铁路、轮船、轮渡不同种类的费率标准计算。

（六）保险期限

被保险人购票踏入约定的客运交通工具时起至离开约定的客运交通工具时止。

（七）注意问题

1.在保险有效期间内，被保险人乘坐约定的客运交通工具过程中，因该交通工具发生交通事故遭受意外伤害而导致死亡、残疾或者发生医疗费用支出的，保险人也可参照国务院《道路交通事故处理条例》的规定范围执行，在意外伤害保险金额范围内承担死亡保险金、残疾保险金（含残疾用具费、抚养费），在意外伤害医疗保险金额范围内承担医疗保险金（含伙食补助费、误工补助费、护理费）。

2.当约定的机动车辆乘坐人数超过投保人数时，发生意外伤害事故致使被保险人死亡、残疾或者发生医疗费用支出的，保险人按投保人数与实际乘坐人数的比例给付各项保险金。

3.保险金额分为两项：意外伤害保险金额和意外伤害医疗保险金额，保险人给付的各项保险金以相应保险金额为限。

4.属于"交强险"范围的，按交强险条例执行。

课堂训练 5-5 （多选）

旅客意外伤害保险的保险责任包括（　　　　）。

A.死亡保险金给付　　　　　　　　B.残疾保险金给付

C.医疗费用给付　　　　　　　　　D.被保险人自杀

**四、运动员人身意外伤害保险**

（一）保险的功能与特点

运动员团体人身意外伤害保险属于死亡残疾保险，是将运动意外伤害和一般意外伤害二者合一的特种意外伤害险种。其特点是：采用团体投保方式，保障高，保险费率按运动类别分档次计算。

（二）保险条件

凡国家级运动队或省级运动队现役运动员均可作为被保险人；运动员所在单位作为投保人。

（三）保险责任

1.死亡保险金给付。

被保险人在运动训练和比赛期间发生运动意外伤害事故以致死亡，日常生活中发生意外伤害事故造成死亡的，保险人按保险单所载明的保险金额给付身故保险金。

2.残疾保险金给付。

被保险人在运动训练和比赛期间发生运动意外伤害事故所致残疾，日常生活中发生意外伤害事故造成残疾，保险人按保险单所载明的保险金额及"人身保险残疾程度与保险金给付比例表"中该项身体残疾所对应的给付比例给付残疾保险金。

（四）除外责任

除外责任包括：投保人、受益人对被保险人的故意杀害、伤害；违法，犯罪或拒捕；殴斗，醉酒，自杀，自伤及服用、吸食、注射毒品；受酒精、毒品、管制药品的影响而发生的意外；酒后驾驶、无照驾驶及驾驶无有效行驶证的机动交通工具；流产、分娩；因检查、麻醉、手术治疗、药物治疗而导致的医疗意外；未遵医嘱，私自服用、涂用、注射药物；患有艾滋病或感染艾滋病病毒（HIV呈阳性）期间；因意外伤害、自然灾害事故以外的原因失踪而被法院宣告死亡的；战争、军事行动、暴乱或武装叛乱；核爆炸、核辐射或核污染；在发生伤残事故的训练和比赛中，有直接或间接使用兴奋剂的行为；在训练和比赛中有违反法律、违反社会主义体育道德及损害国家、国家队或省级集训队声誉的行为；未经批准以个人名义或变相以个人名义参加的国内外的训练和比赛；在本保险投保之前已有疾病和残疾，投保时未如实告知而对保险事故的发生及鉴定有重大影响的；从事非训练、比赛要求的潜水、跳伞、攀岩、探险、武术、摔跤、特技、赛马、赛车等高风险运动和活动。

（五）保险金额和保险费

保险金额按份计算，每份的运动意外伤害保险金额和意外伤害保险金额各为人民币1万~1.5万元。保险费按照保险公司所附的运动分类表对应的费率标准计收，未列明的运动项目比照相关运动项目计收。

（六）注意问题

1.运动意外伤害事故是指被保险人在国内外的训练和比赛中发生的以训练和比赛为直接原因的伤残事故，并符合本保险所附的"运动创伤程度分级标准"中的具体规定。

2.对曾在世界三大赛事（奥运会、世锦赛、世界杯）中获得金牌的运动员，在比赛期间发生的运动意外伤害事故，多数保险公司按保险单所载明的运动意外伤害保险金额及"运动标准"给付双倍保险金。

3.被保险人因意外伤害事故所致的伤害，如治疗仍未结束，按意外伤害发生之日起第180日时的身体情况进行鉴定，并据此给付保险金。

考证直通车 5-2 （单选）

学生平安保险的除外责任不包括（　　　）。

A.战争　　　　　　B.军事行动　　　　　　C.打架　　　　　　D.意外伤残

**综合训练**

**一、简答题**

1.意外伤害的含义和构成条件是什么？

2.意外伤害保险的概念、特点和分类是什么？

3.意外伤害保险的承保项目是怎样规定的？

**二、实务题**

某被保险人投保意外伤害保险，保额为800 000元。在保险期限内的一次意外事故中造成一目永久完全失明，并两上肢永久完全丧失机能，请确定该案的给付金额。

**三、案例题**

张明明上小学三年级，今年11周岁，其就读学校于某年9月1日在某保险公司投保了"学生平安保险"。保险责任中规定：被保险人由于意外引起的门诊、急诊医疗费用保额为3 000元。在保险责任期间，张明明在家误食阿莫西林药物10粒（儿童用药每日最多6粒），约半小时后，张明明感到恶心、腹痛并呕吐，家人及时将其送往医院救治。此次事故急诊医疗费用共计680元。事后，其家长向保险公司索赔，却收到了保险公司的拒绝给付通知书。理由是：张明明误服阿莫西林药物不属于保险条款中的意外伤害事件。

问题：保险公司拒付合理吗？

**四、实训题**

实训项目：2010年8月24日"伊春空难"的保险理赔已经结束。遇难人员中有27人投保了人身意外伤害保险，人均可获得55万元的保险赔偿，加上国内航空运输的承运人责任险对每名旅客的赔偿责任上限45万元，人均获得赔偿的上限可达到100万元。这个案件提醒人们为出行买份保险，既为自己又为家人负责。

　　实训目的：究竟有哪些险种能使出行在外的人们有所保障呢？

　　实训步骤：收集市场上的意外伤害保险产品，并对收集的产品进行分析。

　　实训成果：使学生明确对人们出行提供保障的最佳险种是意外伤害保险，掌握目前保险市场上的意外伤害保险种类及其主要功能。

# 项目六　健康保险

**【知识目标】**

1.掌握健康保险业务的重要分类

2.明确目前我国健康保险主要险种及其责任范围

3.熟练掌握健康保险合同条款的特殊规定

**【能力目标】**

1.能够准确描述健康保险的业务分类

2.能够掌握健康保险主要险种的业务范围

3.能够熟悉健康保险合同条款的特殊规定

4.能够熟悉我国目前健康保险常见品种的基本内容

5.能够具备处理健康保险业务的能力

**【素质目标】**

1.能够对比说明健康保险的独特特征

2.能够举例说明疾病保险和医疗保险的关系

3.能够对比说明健康保险条款和其他人身保险条款的关系

4.能够用通俗语言向客户解释疾病保险和医疗保险的主要险种

5.能够简单说明失能收入损失保险和护理保险的主要险种

**【工作任务】**

1.举例说明健康保险产品的主要险种

2.对比说明各个健康保险产品的区别和联系

案例导入

## 重大疾病正在逐渐趋于年轻化

《京华时报》曾登载了一篇文章"50万医疗费威胁血癌少年",报道的是中国农业大学人文与发展学院法学系22岁的牛坚同学,他多次代表国家参加国际橄榄球比赛,并取得优异成绩,已从国青队员成为国家队的后备队员。在中国农大进行的首届世界大学生橄榄球锦标赛上,体能一向很好的牛坚渐感体力不支,回到河北家里休息时,到省第二人民医院检查,发现已患上急性粒细胞白血病,即"血癌"。主治医师告诉牛坚的父母,目前治疗白血病最有效方法是进行造血干细胞移植，医生在牛坚母亲的血液中测出其和牛坚的基因有5/6的吻合点，可以进行移植手术，而且手术要尽快做。牛坚的体形较大，仅手术费用最保守的估计也要50多万元。这笔费用对于父母都是普通工人的家庭，无疑是天文数字。专家分析，重大疾病已越来越年轻化，如今空气、食品、环境污染、学生压力太大等已成重大疾病年轻化的诱因。北京儿童医院有一幢楼里住着的几乎都是患有白血病、恶性肿瘤等重大疾病的小患者，在校大学生患重大疾病的消息也频频地出现在各大媒体上。

资料来源：根据中国保险网相关资料整理.

以上资料表明：疾病总是那么无情地伤害着年轻而健康的生命和无辜的家庭，身处这样的环境，我们不仅需要做好防范和保健，还要做好万一的打算，就是做好对风险的转移，即保险保障。作为年轻人或者他们的父母，应该及早地树立起风险意识，购买健康保险能化解关键时的大额医疗费风险，是未雨绸缪的一种科学规划。

# 任务一　掌握健康保险

【学生任务】

◇ 要求每个学生课前预习相关内容，结合已经学过的知识来理解健康保险的相关内容，能够用自己的语言来描述健康保险业务的主要险种及其责任范围和有关健康保险合同条款的特殊规定。

◇ 要求每个学生扩大课外阅读量，结合本部分内容，说明健康保险的重要作用，根据自身理解，结合具体案例写出不少于500字的书面课后作业。

◇ 将学生随机分组，按小组选出若干份作业在课堂上进行点评，学生间相互评出每一份书面作业的优劣；学生对作业进一步修改后提交教师，以便教师进行评价。

【教师任务】

◇ 指导学生在相关专业网站上查找所需资料，查看保险公司对于健康保险方面的服务内容和要求；启发学生理解健康保险与意外伤害保险业务之间的内在联系。

◇ 提示学生完成书面作业所需要关注的主要知识点，如健康保险的含义、特征、分类和合同条款等。

◇ 指导学生分组，在小组内对学生进行不同的分工，对学生书面作业完成情况及时进行跟进，督促其按时完成。

◇ 对各小组进行的课堂点评进行适时指导，对于选出的作业予以及时、客观、公正的评价，准备回答学生可能提出的各种疑问等。

## 活动　明确健康保险的内涵

### 一、健康保险的含义

健康保险是指以被保险人身体为保险标的，保险人承担被保险人在保险期限内因患疾病、生育或发生意外事故受到伤害所导致的医疗费用或收入损失补偿的一种保险。我国《健康保险管理办法》规定："健康保险，是商业保险公司通过疾病保险、医疗保险、失能收入损失保险和护理保险等方式对健康因素导致损失给付保险金的保险。"因此，健康保险保障内容包括疾病保险、医疗保险、失能收入损失保险和护理保险。

拓展阅读 6-1

### 怎样选择购买重大疾病保险

在全民保险意识日益提高的现在，健康保险特别是其中的重大疾病保险（简称重疾险）就像家中的药箱一样，成为了必备品。但有不少人曾认为，人只有快不行的时候才可以获得重疾险的理赔。其实，这是一种误解，随着重疾险的"轻症设计"越来越完善，重疾险所保障的病也越来越"轻"。轻症设计的出现，提高了全民投保的意识，重疾险毫无疑问地成为了每个家庭的必备险种，轻症设计还让"大病早治"成为可能，同时也减小了疾病恶化的可能。

对于希望购买重疾险的投保人而言，怎样选择合理的重疾险，专家建议从五个方面来考虑：

一是保障范围。一般来说重疾险责任包含轻症重疾、重大疾病、身故、全残、疾病终末期等，尽量全面，因此需要根据自己的经济状况购买至少10万元的重疾保额，而且越早买越好。

二是疾病种类。种类越多，越有保障，除了重疾险外，应该再购买些住院报销及住院津贴等保险，以弥补因为生病带来的收入损失。

三是期限。保险期限以终身为宜，缴费期限尽量选择10年以上。

四是对比价格。价格越低当然越好，要根据自己的实际情况，选择一个自己可以接受的保障标准。

五是良好的服务。

资料来源：根据中国保险网站相关资料整理.

### 二、健康保险的特殊性

#### （一）健康保险的一般特征

购买健康保险的目的在于使被保险人在保险合同有效期限内，因发生危及其健康或生命的疾病或意外伤害等保险事件，由保险人按照合同约定承担对被保险人或受益人的损失补偿或保险金给付责任。健康保险均属人身保险业务范畴，与财产保险相比，特征如下：其一，均以被保险人的生命或身体为保险标的；其二，都明确有受益人的规定；其三，对保险利益原则的运用基本一致，有着定额给付性合同；其四，长期性健康保险合同也适用人寿保险合同中的宽限期条款、复效条款等。

#### （二）健康保险的特殊性

**1.保险责任的特殊性**

健康保险是以疾病、生育或意外伤害为保险风险，以被保险人因疾病或生育所致的死亡或残疾所产生的医疗费用或造成收入损失，或者因意外伤害所产生的医疗费用或收入损失为保险金给付条件。

**2.承保风险的特殊性**

健康保险承保的风险为疾病，具有出险频率高、损失机会大，且损失频率变化极不规则等特点。

**3.保险经营的特殊性**

健康保险在核保中有非常严格、独特的制度。首先，是按照风险程度将被保险人分为标准体和非标准体两类，设立非保体规定和延期保险；其次，是保险人针对被保险人所患特殊疾病制定特种条款；最后，是健康保险核保时，需要考虑被保险人的年龄、既往病症、现病症、家族病史、职业、居住环境及生活方式等多种因素。

4.保险金给付条件的特殊性

健康保险合同既有定额给付性合同，也有补偿性合同。健康保险合同还有观察期、犹豫期、免赔规定、共同比例条款等方面的规定。

5.管理方面的特殊性

各国通常制定专门的法律条例进行管理。我国《健康保险管理办法》从经营、产品、销售、精算和再保险等方面，对健康保险的经营行为以及违规经营所要承担的法律责任做出明确规定。

**课堂训练6-1**（多选）

1.健康保险的保险责任包括（　　　）。

A.疾病　　　　　　B.生育　　　　　　C.死亡　　　　　　D.意外伤害

2.健康保险的保险金给付条件包括（　　　）。

A.观察期　　　　　B.犹豫期　　　　　C.免赔规定　　　　D.共同比例条款

### 三、健康保险的分类

1.按照保障内容划分为疾病保险、医疗保险、失能收入损失保险和护理保险

（1）疾病保险是指以保险合同约定的疾病的发生为给付保险金条件的保险。

（2）医疗保险是指以保险合同约定的医疗行为的发生为给付保险金条件，为被保险人接受诊疗期间的医疗费用支出提供保障的保险。

（3）失能收入损失保险是指以因保险合同约定的疾病或者意外伤害导致工作能力丧失为给付保险金条件，为被保险人在一定时期内收入减少或者中断提供保障的保险。

（4）护理保险是指以因保险合同约定的日常生活能力障碍引发护理需要为给付保险金条件，为被保险人的护理支出提供保障的保险。

2.按照保险期限划分为长期健康保险和短期健康保险

（1）长期健康保险是指保险期间超过一年，或者保险期间虽不超过一年但含有保证续保条款的健康保险。

（2）短期健康保险是指保险期间在一年及一年以下且不含有保证续保条款的健康保险。

3.按照保险金给付方式划分为定额给付型保险、实报实销型保险与津贴给付型保险

（1）定额给付型保险是指保险人在被保险人发生合同约定的保险事件（罹患合同约定的某种疾病）时，按照合同约定的保险金额和方法一次或分次给付保险金。

（2）实报实销型保险是指保险人针对被保险人因患疾病或发生意外伤害实际支出的医疗费用按照保险合同的约定报销其费用补偿经济损失。

（3）津贴给付型保险是指保险人按照被保险人的实际住院天数和合同约定的每天住院补贴的一定标准额度给付保险金。

4.按照组织性质划分为商业健康保险、社会健康保险、管理式医疗、自保计划

（1）商业健康保险是指投保人与保险人双方遵循自愿原则，以双方所达成的保险合同

为基础，在被保险人出现合同中约定的保险事故时，由保险人给付保险金的一种保险。

（2）社会健康保险是指国家通过立法形式，采取强制的方式对劳动者因患病、生育、伤残等原因所支出的费用和收入损失进行物质帮助而实施的一种制度。

（3）管理式医疗是指将提供医疗服务和提供医疗服务所需资金相结合的一种医疗保险管理模式或管理系统。

（4）自保计划是指企业或事业单位或雇主，通过部分或完全自筹资金的方式承担其职工或雇员的医疗费用开支，并为此承担部分或全部损失赔偿责任。

5.按续保方式划分为保证续保的健康保险和非保证续保的健康保险

（1）保证续保的健康保险，即只要被保险人继续缴费合同就可以成立，直至约定年龄为止，这时保险人有选择保险公司的权利，而保险公司却没有选择被保险人的权利。

（2）非保证续保的健康保险，每一次续保时保险公司和被保险人都有选择对方的权利。

**考证直通车 6-1**（单选）

属于健康保险的险种是（　　）。

A.死亡保险　　　　B.收入补偿保险　　　　C.年金保险　　　　D.两全保险

**四、健康保险的特殊条款**

**（一）责任期限**

责任期限是意外伤害保险和健康保险特有的概念，是指自被保险人遭受意外伤害之日起的一定时期（90或180天等）。在此期间内，被保险人的治疗费用或收入损失由保险人承担。

**（二）观察期条款**

观察期，也称试保期。它是指健康保险合同成立之后到正式开始生效之前的一段时间。为防止已经患有疾病的人带病投保，通常在首次投保的健康保险单中规定一个观察期（90或180天等）。被保险人在观察期内所患疾病都推定为投保之前已经患有，其所支出的医疗费或所致收入损失保险人不负责，只有观察期结束后保险单才正式生效，及时续保的健康保险合同不再设置观察期。

如果被保险人在观察期内因疾病或者其他免责事项死亡，则保险人在扣除手续费后退还保险费，保险合同终止。如果被保险人没有死亡，保险人可根据被保险人的身体状况决定是否继续承保，也可以以危险增加为由解除保险合同。

**拓展阅读 6-2**

**我国健康保险观察期的规定**

目前，国内所有的健康险产品都设有保险观察期。重大疾病保险的观察期通常为180天，如人保的"关爱专家定期重疾个人疾病保险"，太保的"万全安康重大疾病保险"等。普通住院医疗保险的观察期分别为30、60、90天不等，如永诚的"永保一生医保计划"观察期为30天，泰康的"亿顺无忧呵护综合保障计划"的观察期为60天，人保的"关爱专家短期重疾（推广版）团体疾病保险"的观察期为90天。

终身型医疗保险产品的观察期各公司不同，如国寿的"康裕重大疾病保险"的观察期为 1 年，平安的"附加守护一生终身医疗保险"的观察期为 90 天。

对于意外事故导致的重大疾病或身故是没有保险观察期的。由于意外事故是随机的、突发的，因此不存在道德风险，保险公司应当承担赔偿保险金的责任。

一些保险期间为一年并且保证续保的健康险产品，保险观察期只适用于第一个保险年度，续保之后，则不再另设保险观察期。也就是说，即便被保险人在续保后的第二天就发生保险事故，也是可以获得保险金补偿的。

资料来源：根据中国保险网相关资料整理.

（三）犹豫期

犹豫期也叫冷静期，是指投保人收到保单之日起 10 日内，可以无条件地要求保险公司退还保费，保险公司除收取最多 10 元的成本费以外，不得扣除任何费用（过了犹豫期以后的退保，保险公司通常要扣除较多的手续费）。它的产生，是为了防止客户因一时冲动而做出购买保险的决定，因此对于客户来说，它无疑起到了缓冲器的作用。

我国《健康保险管理办法》第十五条规定："长期健康保险产品应当设置合同犹豫期，并在保险条款中列明投保人在犹豫期内的权利。长期健康保险产品的犹豫期不得少于10 天。"

（四）免赔额条款

在健康保险合同中通常对医疗费用保险有免赔额条款的规定，在规定的免赔额以内的医疗费用支出由被保险人自己负担，保险人不予赔付。免赔额有两种：一种是相对免赔额，一种是绝对免赔额。在健康保险业务中，通常都采用绝对免赔方式，该条款能够节省不必要的医疗费用，减少道德风险的发生，还可以减少保险人的大量理赔工作。

（五）共保比例条款

共保比例条款也称比例给付条款，类似于保险人与被保险人的共同保险。它是指按照医疗保险合同约定的一定比例由保险人与被保险人共同分摊被保险人医疗费用的保险赔偿方式。例如，共保比例为 80%，表明保险人只对医疗费用负担 80%，被保险人要自负20%。这一规定可以促使医生和病人在治疗过程中减少费用开支，避免医疗资源浪费。如果同一份健康保险合同既有共保条款，又有免赔额条款，则保险人对超出免赔额以上部分的医疗费用支出，采用与被保险人按一定比例共同分摊的方法进行保险赔付。

（六）给付限额条款

由于健康保险的被保险人的个体差异很大，其医疗费用支出的高低差异也很大，为保障保险人和大多数被保险人的利益，在补偿性质的健康保险合同中通常实行补偿性原则，即对于医疗保险金的给付通常有最高给付限额的规定，以控制总的支出水平，如单项疾病给付限额、住院费用给付限额、外科手术费用给付限额、门诊费用给付限额等。

（七）续保条款

该条款有两种不同的续保规定：一种是只要被保险人符合合同规定的条件就可以续保，直到某一特定的时间或年数，此谓条件性续保；另一种是只要被保险人继续缴纳保险费，合同可继续有效，直到一个规定的年龄，在此期间保险人不能单方面改变合同中的任何条件，此谓保证性续保或无条件续保。

我国《健康保险管理办法》第二十条规定："含有保证续保条款的健康保险产品，应当明确约定保证续保条款的生效时间；含有保证续保条款的健康保险产品，不得约定在续保时保险公司有调整保险责任和责任免除范围的权利。"

**（八）体检条款**

该条款要求被保险人在提出索赔后，保险人有权要求被保险人接受由保险人指定的医生或医疗机构的体检，以便保险人确认索赔的有效性和具体赔付金额。该条款适用于疾病保险和失能收入损失保险。

**（九）既存状况条款**

在团体健康保险中，该条款规定除非被保险人享受保险保障已达到约定的期限，保险人不负对被保险人的既存状况给付保险金的责任；但被保险人如果对某一既存状况已连续3个月未接受治疗，或者参加团体保险的时间已达12个月，则该病症不属于既存状况，由此而发生的医疗费用支出或收入损失可以向保险人提出赔付申请。

**（十）转换条款**

转换条款允许团体被保险人在脱离团体后若购买个人医疗保险，可不提供可保证明。但是被保险人不得以此进行重复保险。将团体健康保险转换为个人健康保险时，被保险人通常要缴纳较高的保费，有关保险金的给付也有更多的限制。

**（十一）协调给付条款**

该条款在美国和加拿大的团体健康保险中较常见，因为在这些国家，有资格享受多种团体医疗保险的被保险人较普遍，如双职工家庭可能享有双重团体医疗费用保险。该条款主要是为解决享有双重团体医疗费用的团体被保险人获得的双重保险金给付问题，而将两份保单分别规定为优先给付计划和第二给付计划。

**（十二）受益人条款**

该条款规定，一般情况下，健康保险合同的受益人为被保险人本身，如果被保险人死亡，其保险金将作为被保险人的遗产，由其法定继承人继承，这一点与人身保险下的其他保险不同。

**考证直通车 6-2**（单选）

1.补偿性质的健康保险合同通常实行补偿性原则，这是健康保险（　　　）的规定。

A.既存状况条款　　　　　　　　　　B.给付限额条款

C.免赔额条款　　　　　　　　　　　D.共保比例条款

2.长期健康保险产品应当设置合同犹豫期，并在保险条款中列明投保人在犹豫期内的权利。长期健康保险产品的犹豫期不得少于（　　　）天。

A.10　　　　　　B.15　　　　　　C.30　　　　　　D.60

**案例分析 6-1**

### 这笔保险金保险公司拒赔是否合理

周女士在保险公司为自己购买了一份重大疾病保险。半年后，不幸降临到周女士身上，她被查出患有肺癌。周女士了解到，重大疾病保险是及时给付型保险，只要医院确诊疾病属于保险责任范围，就可以获得相应的保险金。周女士在收集齐理赔所需材料后，便向保险公司提出索赔申请。但出乎周女士意料的是，保险公司做出了拒赔的决定。

分析：保险公司方面的理由是，周女士的保单还在观察期内，保险观察期又称保险等待期，或免责期。这是指保险合同在生效的指定时期内，被保险人在这个时期发生保险事故，保险公司不需承担赔偿责任。保险观察期是为了防止投保人明知道将发生保险事故，而马上投保以获得经济补偿的行为。"观察期"的设立，可以从源头上防止带病投保等骗保行为，避免产生逆选择，降低道德风险。根据周女士的情况，虽然不能获得补偿，但可以得到之前所缴的保险费，保险责任也将同时终止。

# 任务二　区分主要的健康保险产品

【学生任务】

◇ 要求每个学生课前预习相关内容，结合已经学过的健康保险的相关内容来理解主要的健康保险品种，能够用自己的语言来描述疾病保险、医疗保险、失能收入损失保险和护理保险的内涵及其责任范围和有关合同条款的特殊规定。

◇ 要求每个学生扩大课外阅读量，结合本部分内容，进行调研并收集资料，说明各种健康保险的重要意义，根据自身理解，结合具体案例写出不少于500字的书面课后作业。

◇ 将学生随机分组，按小组选出若干份作业在课堂上进行点评，学生间相互评出每一份书面作业的优劣；学生对作业进一步修改后提交教师，以便教师进行评价。

【教师任务】

◇ 指导学生在相关专业网站上查找所需资料，或到附近的保险公司查看其对于健康保险方面的服务内容和要求；启发学生理解目前我国的主要健康保险产品业务之间的内在联系和区别。

◇ 提示学生完成书面作业所需要关注的主要知识点，如健康保险的含义、特征、分类和合同条款等。

◇ 指导学生分组，在小组内对学生进行不同的分工，对学生书面作业完成情况及时进行跟进，督促其按时完成。

◇ 对各小组进行的课堂点评进行适时指导，对于选出的作业予以及时、客观、公正的评价，准备回答学生可能提出的各种疑问等。

### 活动　了解目前我国开办的主要健康保险

**一、疾病保险**

（一）疾病保险的概念

疾病保险是指被保险人罹患合同约定的疾病时，保险人按合同约定的保险金额给付保险金，以补偿被保险人损失的保险。疾病保险并不考虑被保险人的实际医疗费用支出，而是依照保险合同约定给付保险金。疾病保险是健康保险业务的重要组成部分，它是以特定人群或特种疾病发生的医疗费、护理费等为保险金给付条件向被保险人提供经济保障。我国《健康保险管理办法》第二条规定："疾病保险是指以保险合同约定的疾病的发生为给付保险金条件的保险。"

（二）疾病保险的特点

疾病保险对于"疾病"所赋予的特定含义，使得疾病保险合同中保险双方当事人在权利义务规定、保险业务管理等方面也呈现出许多不同。

1.承保"疾病"规定的特殊性

(1) 内部原因的疾病。这必须是由人体内部的某种原因引发的，即是由于某个或多个器官或组织异常，甚至某个系统产生病变而致功能异常，从而出现各种病理表现的情况，比如肺结核会引起低烧、咳嗽，胃肠炎表现为上吐下泻等。

这是区分疾病保险与意外伤害保险的一个重要特征。在实际生活中，健康保险所承保的疾病有许多是由外部原因引起的，但是这种基于外界各种因素产生的疾病，像病菌感染或者环境污染，必须在身体内部经过一段时间的作用，引起身体内部的各种物理、化学反应之后，才会出现某些临床症状、形成疾病，比如气候突变引发感冒，导致肺炎。又如高致病性H5N1型病毒引发的人类感染禽流感病毒产生的发热、肺炎等临床症状。

(2) 非先天性疾病。要求疾病发生在保险合同的有效期间。对于被保险人先天性疾病或缺陷，或者由于遗传原因而形成的疾病一般不属于健康保险的承保范围，如先天肢体残疾、器官性能残缺等，或遗传性精神分裂等疾病，保险人不承担保险金给付责任。

(3) 偶然性原因所致疾病。这里偶然性是指被保险人是否会罹患某种疾病存在不确定性，包括患病的时间、地点、原因等无法预测，以及感染之后的治疗费用、对健康的影响程度等情况无法估量。

对于健康保险所承保疾病的偶然性理解应该是：通常人以健康为常态，患疾病为异常。这与一般人的一生状况也是一致的，生病时间是偶然、少数，正常情况下多为健康状态。同时，理解疾病的偶然性还应注意：①它不包含必然发生的、自然的生理现象所产生的病态，例如，像年老体衰表现出来的视觉减退、记忆力下降等生理现象，保险人通常不负责；②疾病一般在客观上可以通过各种医药手段和措施减轻痛苦、缓解病情；③保险人一般在订立合同、核保时就已经将某些客观的、明显存在的疾病或必然发生的有损人们健康的各种危险排除在保险承保范围之外，如对于常年卧床、依靠各种药物维持生命的被保险人，保险人通常拒绝承保。

拓展阅读 6-3

### 先天性疾病与遗传病释义

先天性疾病是胎儿在子宫内生长发育过程中，受到内在或外部环境某些物理、化学和生物等不良因素作用，致使胎儿局部身体细胞发育不正常，使得婴儿出生时表现出有关器官、系统在形态或功能上呈现异常。例如，风疹病毒感染引起的畸形、先天性髋关节脱位、肢体残缺或器官缺陷等。

遗传病是指父母亲的精子或卵子发育异常，而导致胎儿发生器质性或功能性的不正常而引起相应的疾病或缺陷。这种遗传因素（致病基因），按一定的方式传给子代，子代就可能发生遗传性疾病。这种病可以出生后就表现出来，也可以出生后长到一定年龄时才表现出来。例如，精神病是可以遗传的，多数到青春期才开始发病。所以，先天性疾病和遗传性疾病都是先天的。先天性疾病是生下来就表现出来的，但是，并不是都与遗传有关，且多半可以通过做好孕期保健来避免。而遗传性疾病多半不易治愈，通常是终生存在的，也不一定在出生时就表现出来，只能通过产前检查，及时终止妊娠来避免。

资料来源：根据中国保险网相关资料整理.

2.保险风险特殊规定

疾病保险的各类保险单对其所承保的疾病种类，以及所承担的有关费用等保险责任有专门定义，如国内保险市场上各种重大疾病保险单对其所承保的有关重大疾病及其有关专业术语作出专门解释。

3.疾病保险的保险金规定方式的特殊性

其既有定额给付方式，也有费用补偿方式。例如，重大疾病保险和生育保险，保险人一般采取定额给付方式，牙科费用保险和眼科保健保险是采用费用补偿方式。至于长期护理保险在法国是以每月支付年金的形式提供固定补助金保障，美国则是采取费用偿还模式。

4.疾病保险的保险期限的特殊性

保险期限既有短期，也有中、长期。例如，重大疾病保险、长期护理保险为中长期保险，保险期限一般是1~10年；牙科费用保险、眼科保健保险、生育保险等一般为短期保险，保险期限一般是1年或者更短。

（三）疾病保险的主要险种

1.重大疾病保险

重大疾病保险是指当被保险人在保险合同有效期间内罹患合同所指定的重大疾病（如心脏病、癌症等）时，由保险人按合同的约定给付保险金。其特点如下：

（1）从承保风险看，重大疾病保险承保的疾病具有不可预测性、偶发性、治疗时间长、费用额度高等特点。此外，由于起病原因复杂，有些还具有传染性，因而使得这类疾病的社会影响较大，危害较为严重。由于该保险主要限于与重大疾病有关的费用，因此，通常被保险人投保本保险的目的在于将其作为对其他医疗保险的补充。重大疾病保险，既有适于个人投保的产品，也有适于团体投保的产品。

（2）从保险给付金看，重大疾病保险有多种给付方式。例如，提前给付型重大疾病保险；附加给付型重大疾病保险；独立主险型重大疾病保险；按比例给付型重大疾病保险；回购式选择型重大疾病保险。

（3）从业务分类看，重大疾病保险具有多样性。按照承保方式不同，分为主险和附加险，前者是将某一重大疾病保险作为独立保险单承保；后者是将重大疾病保险作为附加险承保。按照重大疾病保险产品的组合不同，分为按某一种重大疾病提供保险和按照多种重大疾病开办的保险，前者在一张保险单内承保的只是一种重大疾病；后者是在一张保险单中承保多种重大疾病。按照保险对象不同，分为女性重大疾病保险和男性重大疾病保险。按投保方式不同，分为个人重大疾病保险和团体重大疾病保险。按保险期限规定不同，可以分为终身型和定期型保险。

（4）从保险费率看，由于重大疾病病情严重、疗程较长、医疗费用高，因而一旦被保险人患有保险合同约定的疾病，保险人必须按照合同承担高额保险给付金，因此，保险费率通常较高。根据生命经验表，女性平均寿命长于男性，所以在同一年龄，男性的保险费比女性保险费略高。

（5）从经营管理方面看，由于承保风险危害严重、保险给付金额高等特点，客户逆选择的倾向和发生道德风险的情况较为严重，因此，保险核保和核赔管理工作难度较大。

（6）从市场销售目标看，主要集中在对家庭经济起着重要作用的成员、独身人士、患重大疾病可能性较大的人群。

实训操作

了解某保险公司重大疾病保险并对其进行投保演练

场景：

将学生分成若干组，分别进行产品收集、选择某保险公司的康恒重大疾病保险、产品介绍、产品功能、投保等演示。

操作：

（1）阐述产品特色

①29种重大疾病保障，如患合同约定的重大疾病，将获得重疾保险金以支付高额医疗费用。

②身故保险金，一旦遭遇不幸将获得一笔资金，以维持家人的正常生活水平。

③保单借款，可凭保单按条款规定向保险公司借款。

（2）购买提示

①投保范围，出生30日以上、65周岁以下、身体健康者均可作为被保险人。

②保险期间，合同的保险期间为合同生效之日起至合同终止之日止。

③交费期间，保险费的交付方式分为趸交（一次交清）、年交和月交三种。分期交付保险费的交费期间分为5年、10年、20年和30年四种，由投保人在投保时选择。

学生点评：

本案例中，王先生，30周岁，投保10万元保险金额的康恒重大疾病保险（2007年修订版），选择10年交费，年交保费6 500元，可获得如下利益：

①重大疾病保险金，被保险人于合同生效（或最后复效）之日起一年内，初次发生并经专科医生明确诊断患合同所指的重大疾病（无论一种或多种），本公司按所交保险费（不计利息）给付重大疾病保险金，合同终止。被保险人于合同生效（或最后复效）之日起一年后，初次发生并经专科医生明确诊断患合同所指的重大疾病（无论一种或多种），本公司给付重大疾病保险金10万元，合同终止。

②身故保险金，被保险人于合同生效（或最后复效）之日起一年内因疾病身故，本公司按所交保险费（不计利息）给付身故保险金，合同终止。被保险人因意外伤害身故或于合同生效（或最后复效）之日起一年后因疾病身故，本公司给付身故保险金10万元，合同终止。

合同所指重大疾病，是被保险人发生符合以下定义所述条件的疾病、疾病状态或手术，共计29种，其中第1种至第22种为中国保险行业协会制定的《重大疾病保险的疾病定义使用规范》中列明的疾病，其余为本公司增加的疾病。

①恶性肿瘤——不包括部分早期恶性肿瘤；②急性心肌梗塞；③脑中风后遗症——永久性功能障碍；④重大器官移植术或造血干细胞移植术——须异体移植手术；⑤冠状动脉搭桥术（或称冠状动脉旁路移植术）——须开胸手术；⑥终末期肾病（或称慢性肾功能衰竭尿毒症）——须透析治疗或进行肾脏移植手术；⑦多个肢体缺失——完全性断离；⑧急性或亚急性重症肝炎；⑨良性脑肿瘤——须开颅手术或放射治疗；⑩慢性肝功能衰

竭失代偿期——不包括酗酒或药物滥用所致；⑪深度昏迷——不包括酗酒或药物滥用所致；⑫双耳失聪——永久性不可逆；⑬双目失明——永久性不可逆；⑭瘫痪——永久完全；⑮严重阿尔茨海默病——自主生活能力完全丧失；⑯严重脑损伤——永久性功能障碍；⑰严重帕金森病——自主生活能力完全丧失；⑱严重Ⅲ度烧伤——至少达体表面积的20%；⑲严重运动神经元病——自主生活能力完全丧失；⑳语言能力丧失——完全丧失且经积极治疗至少12个月；㉑重型再生障碍性贫血；㉒主动脉手术——须开胸或开腹手术；㉓脊髓灰质炎；㉔急性坏死性胰腺炎开腹手术；㉕脑动脉瘤开颅手术；㉖严重多发性硬化症；㉗严重系统性红斑狼疮性肾病；㉘严重重症肌无力；㉙终末期肺病。

资料来源：根据中国保险网站相关资料整理.

**2.特种疾病保险**

特种疾病保险是保险人以被保险人罹患某些特殊疾病为保险给付条件，按照合同约定金额给付保险金或者对被保险人治疗该种疾病的医疗费用进行补偿的保险。

（1）生育保险。这是以身体健康的孕妇和新生儿为保险对象的母婴安康保险，承保产妇或婴儿在产妇入院办理住院手续之日开始至产妇出院时为止的一段时间，因分娩或疾病或意外事故造成产妇或婴儿死亡时给付保险金的一种保险。

（2）牙科费用保险。这是以保险人为被保险人的牙齿常规检查、牙病预防、龋齿等口腔疾病治疗而提供医疗费用保障的一种保险。

（3）眼科保健保险。这是以保险人为被保险人提供接受眼科常规检查和视力矫正时所发生的医疗费用的一种保险，如眼科检查费、眼镜（包括隐形眼镜）配置费等。

（4）艾滋病保险。我国继推出承保因医疗输血造成的感染和医护人员在工作期间感染艾滋病的保险事故的保险品种之后，又专门推出为艾滋病患者提供风险保障的产品。这是一种专门针对普通团体提供的专项艾滋病保险产品，承保因输血导致的艾滋病病毒感染或其他因工作产生的意外感染、受犯罪侵害感染等情况。保险期限为1年，保险金额为每份1万元，总保险金额最高不超过30万元。

（5）传染性疾病专门保险。例如，我国曾经开办的非典型肺炎疾病保险是以机关、团体、企业、事业等单位为投保人，其在职人员为被保险人的保险。保险期间为1年，每份保险的保险金额为1万元。民生人寿保险公司推出的专门针对人禽流感的民生关爱特种疾病定期寿险（B款）规定，保险人对被保险人在保险合同生效10日后被确诊患有禽流感，且因此身故的给付身故金，被保险人年龄在18岁以上的保险金额为每份10万元，保险期间为1年。

**3.疾病保险的不保危险**

（1）被保险人的自杀或犯罪行为。

（2）被保险人或其受益人的故意欺骗行为。

（3）战争或军事行动、暴乱或武装叛乱。

（4）先天性疾病及其手术。

（5）意外伤害引起的疾病或手术。

（6）在观察期内发生的疾病或手术。

（7）凡保险责任内未列明的疾病。

有的保险单将被保险人罹患特定的疾病除外不保，如精神障碍、结核病等除外不保，也有保险单将不法行为、酗酒、吸毒等列入不保危险的范围。

课堂训练6-2 （多选）

下列属于重大疾病保险的给付方式的是（　　　）。

A.提前给付　　　　　　　　　　B.附加给付

C.独立主险　　　　　　　　　　D.按比例给付

E.回购式选择型

## 二、医疗保险

### （一）医疗保险的概念

按照我国《健康保险管理办法》第二条的规定："医疗保险是指以保险合同约定的医疗行为的发生为给付保险金条件，为被保险人接受诊疗期间的医疗费用支出提供保障的保险。"

医疗保险所承保的医疗费用一般包括医生的医疗费和手术费、药费、诊疗费、护理费、各种检查费和住院费及医院杂费等。各种不同的医疗保险单所保障的费用一般是其中一项或若干项医疗费用的组合。

### （二）医疗保险的业务种类

1.按照保险金给付性质的不同，划分为费用补偿型医疗保险和定额给付型医疗保险。

2.按照医疗保险的保障范围的不同，可以分为普通医疗保险、住院医疗保险、手术医疗保险、高额医疗费用保险、综合医疗保险、门诊医疗保险、特种疾病保险、长期护理保险。

3.按照医疗保险保障内容的不同，特种医疗保险一般包括牙病保险、处方药保险、眼科检查及视力矫正保险、母婴安康保险。

4.按照医疗保险业务投保对象的不同，还可以分为个人健康保险和团体健康保险。

### （三）医疗保险的特殊性

1.医疗保险的承保理赔管理

医疗保险因出险频率高、风险不易测定，赔付率高，不稳定，道德风险和逆选择等人为风险难以控制，导致保险费率高、保险费率计算误差大，所以，医疗保险的风险管理难度较大。

2.医疗保险金给付方式

我国《健康保险管理办法》第四条规定："医疗保险按照保险金的给付性质划分为费用补偿型医疗保险和定额给付型医疗保险。费用补偿型医疗保险是指根据被保险人实际发生的医疗费用支出，按照约定的标准确定保险金数额的医疗保险。定额给付型医疗保险是指按照约定的数额给付保险金的医疗保险。费用补偿型医疗保险的给付金额不得超过被保险人实际发生的医疗费用金额。"

3.医疗保险产品管理具有原则性与灵活性相结合的特色

我国《健康保险管理办法》中第三章产品管理有关条款，集中体现了对医疗保险产品管理采取严格的制度管理与市场经营原则相结合的特点。

医疗保险产品和疾病保险产品不得包含生存给付责任。含有保证续保条款的健康保险产品，应当明确约定保证续保条款的生效时间。短期个人健康保险产品可以进行费率浮动。短期团体健康保险产品可以对产品参数进行调整。保险公司设计费用补偿型医疗保险产品，必须区分被保险人是否拥有公费医疗、社会医疗保险的不同情况，在保险条款、费率以及赔付金额等方面予以区别对待。

4.医疗保险的承保范围与给付规定

对于医疗保险金的给付范围的理解和掌握。保险人在理赔中应严格区分被保险人所支付的各种医疗费用，原则上保险人只负责被保险人因疾病或意外伤害进行治疗时所涉及的直接医疗费用，对与治病无关而患者必须支付的间接费用不负责。

一般情况下，保险人都会将药费、手术费（包括麻醉师费和手术室费）、检查费（包括心电图、CT、核磁共振等）、治疗费等列入保险保障范围。

对于病人的膳食费，滋补药品费，安装假肢、假牙、假眼费，美容性整形整容费，器官移植的器官费等，通常是作为保险除外责任。对其他投保人、被保险人的故意行为，被保险人故意犯罪、拒捕，被保险人醉酒或服用、吸食、注射毒品，被保险人未遵医嘱，私自服用、涂用、注射药物等原因产生的疾病及医疗费用也不负责。

至于住院床位费、家属陪护费、取暖费、异地治疗交通费等保险人是否承担责任，则应视保险合同的具体约定而有所不同。

值得注意的是，上述有关费用在不同的医疗保险合同中有关保险责任和除外责任的规定也不相同。

**案例分析 6-2**

### 医疗保险为什么医疗费用不能全赔

**案情：**张女士年初在某保险公司购买了医疗保险。条款规定，被保险人住院花费中不超过5 000元的部分可获得70%的赔偿，5 000~1万元的部分可获75%的赔偿，1万~2万元的部分报销比例为80%，2万~4万元的部分报销比例为90%，而只有4万元以上的花费才可以获得95%的赔偿。不仅如此，"免赔额"在实际赔偿中需要先行扣除。一次交通事故中张女士腿部骨折，手术治疗花费8 000元。以张女士正好花费8 000元计算，她的住院杂费及手术费保险金就是5 000×70%+（8 000-500-5 000）×75%=5 375元。张女士抱怨，自己购买的医疗险条款中列明的赔付比例为80%或90%，但最后只能赔到实际支出医疗费用的60%多，这是为什么？

**分析：**这是因为医疗险理赔有很多限制条件。对于社保以外的用药和设备可能不赔，病房每日标准有限制，不同等级医院的报销比例也有差异。报销型产品可对被保险人发生的实际医疗费用给予比例赔付；而津贴型产品则根据住院天数、每日津贴额得出赔偿总额。因此在实际理赔过程中，会出现拿到手的远少于花掉的情况。

**本案启示：**对报销型医疗险来说，是否在社保范围内用药、单次住院免赔额、每次手术赔付上限等都是影响因素，而对津贴型产品来说，免赔天数、全年累计天数上限等也会影响实际保障力度。保险专家建议，即使有了医疗保险，治疗费用也无法完全转嫁。在投保时，应尽量选择免赔额较低、赔偿上限较高、免赔天数较少、全年累计天数较多的产品。

（四）医疗保险主要险种

1.普通医疗保险

普通医疗保险是以保障被保险人治疗疾病时所发生的一般性医疗费用，即对于住院期间的门诊医疗费用、住院医疗费用和手术医疗费用提供补偿（主要包括门诊、医药、检查等项费用）的医疗保险。上述三种类型医疗保险保障既可以包括在同一个普通医疗保险产品中，也可以作为单独的医疗保险产品独立承保。这种保险因保费成本较低，保障程度较低，比较适用于一般社会公众，既可以采用团体方式，也可以采用个人方式投保。

普通医疗保险一般采取补偿费用的方式给付保险金，为控制医药和诊治费用水平，这种保单一般都有免赔额和比例共保规定，被保险人每次疾病所发生的费用累计超过约定保险金额时，保险人不再负责。

2.住院医疗保险

住院医疗保险是以保险人对被保险人因疾病或意外伤害住院而支出的各种医疗费用提供保障的医疗保险，目的在于解决被保险人因住院而产生的高额费用支出问题。

为了防止被保险人故意延长住院时间产生不合理医疗费用开支，对于首次投保或非连续投保，住院医疗保险有免赔期规定，且通常重大疾病住院免责期长于一般疾病住院免责期。但是，对于意外伤害住院和连续投保的，则无免责期规定。这类保险合同通常还有最长住院天数和每日补贴金额等规定。

拓展阅读 6-4

### 某寿险公司的长久呵护定额给付住院医疗保险

该保险的特点：①高额补助，可享受高额住院定额给付，减轻家庭负担；②保障全面，最高100日的定额给付，让您的保障更加全面；③贴心呵护，多达618种住院参考病种，全力呵护您的健康；④长久关爱，最长可续保至70周岁。

保险责任：①在合同保险期间内，被保险人因意外伤害或在合同生效90日后（按合同约定续保的，不受90日的限制）因疾病在二级以上（含二级）医院或本公司认可的其他医疗机构住院治疗的，本公司按生活津贴给付日数乘以日生活津贴标准计算给付保险金；②在每一保单年度内本公司累计给付的保险金以合同的保险金额为限。当被保险人住院治疗跨2个保单年度时，本公司给付的保险金以被保险人开始住院日所在保单年度合同的保险金额为限。

保险条件提示：①投保范围，出生28日以上、65周岁以下，身体健康者均可作为被保险人，由具有完全民事行为能力的本人或对其具有保险利益的其他人作为投保人，向本公司投保本保险；②保险期间，合同的保险期间为1年，经本公司同意，按照合同约定的方式最长可续保至被保险人年满70周岁后的第一个年生效对应日；③交费方式，保险费由投保人在投保或续保时一次交清，也可以按合同约定的分期交付方式交付。

资料来源：根据中国保险网相关资料整理.

3.手术医疗费用保险

手术医疗费用保险是以保险人承保被保险人在患病治疗过程中所必须进行的各种大小外科手术而产生的全部医疗费用的医疗保险。补偿范围包括手术费、麻醉师费、各种手术材料费、器械费和手术室费等。通常医疗保险合同上列有各种类型的手术项目表，在表中所列出的手术项目均规定有相应的手术保险金给付的最高限额，其他未列入手术项目表中的手术项目可参照类似项目来确定给付时的最高限额。实践中该险种既可以以独立的方式承保，也可以以附加险的方式承保。

### 4.高额医疗费用保险

高额医疗费用保险是针对支付限额以上医疗费用不足部分而专门设计的补充性保险险种，该险种主要对于被保险人遭遇重大且不可预期的疾病提供广泛的保障，高额医疗费用保险承保的医疗费用主要有：住院费、手术费、就诊费、急诊及看护费等。承保对象包括团体和个人。保险期限通常为1年，到期后符合条件可申请续保。

### 5.门诊医疗保险

门诊医疗保险是以保险人对被保险人门诊发生的诊断、治疗费用提供保险保障的一种保险。其主要费用包括检查费、化验费、医药费等。鉴于门诊医疗保险风险管理环节多，且较复杂，道德风险难以控制，目前，门诊医疗保险主要采取团体方式承保，且仅限于被保险人住院前后一段时间内的门诊诊断和治疗费用的补偿。即使对于少数个人医疗保险所包含的门诊医疗保险，也通常被限制在特定的门诊医疗费用中，如意外伤害发生后的一定时间以内，在门诊部门的抢救或者处置费用。

### 6.特种疾病医疗费用保险

特种疾病医疗费用保险是以被保险人罹患某些特殊疾病为保险事故，当被保险人一经确诊为患有某种特殊疾病时，保险人按照约定金额给付保险金或者对被保险人治疗该种疾病的医疗费用进行补偿，如现行重大疾病保险、长期护理保险属此类。

### 7.综合医疗保险

综合医疗保险是保险人为被保险人提供的一种保障较全面的医疗保险，能够对疾病或意外伤害导致的大多数医疗费用进行补偿，其保障内容主要包括住院床位费、检查检验费、手术费、诊疗费和门诊费等，此外还包括门诊费和对某些康复治疗费用的补偿。与前述几项基本医疗保险相比，综合医疗保险保障的范围广泛、补偿程度高，综合医疗保险的给付限额相对较高，除外责任较少，实际上是前几个医疗保险险种的组合。这种保单的保险费率较高，同时还确定一个较低的免赔额及适当的分摊比例。

**案例分析6-3**

#### 一起医疗费用保险的赔偿案

案情：年初，王某为其子投保了某保险公司一年期学生、幼儿保险附加意外伤害医疗及附加住院医疗保险。保险期间，其子在院中玩耍时被一辆小轿车撞伤，发生医疗费用1万多元，该医疗费用全部由汽车司机给予赔偿。王某虽然获得了赔偿，但想起其子还投保了意外伤害医疗保险，遂以其子受伤住院治疗为由，向保险公司申请理赔，保险公司经调查核实被保险人住院治疗费用已经得到补偿，遂拒赔。请问此案应该如何处理？

分析：保险公司拒赔合理。原因：人身保险中的医疗费用保险，目的在于填补被保险人为治疗疾病所产生的费用，应当适用损失补偿原则。本案中撞伤原告儿子的汽车驾驶员已经赔偿了原告发生的全部医疗费用，故原告所受损失已经获得赔偿，保险人不应再负赔偿责任，否则将使同一保险标的实际获得双重或者多于保险标的实际损失的补偿。

本案启示：在保险实务中，关于医疗费用保险的赔偿诉讼案数量较大，根据《保险法》的相关规定：人身保险的被保险人因第三者的行为而发生死亡、伤残或者疾病等保险事故的，保险人向被保险人或者受益人给付保险金后，不得享有向第三者追偿的权利。但被保险人或者受益人仍有权向第三者请求赔偿。在实务中，保险公司在保险条款中都规定医疗费用保险适用损失补偿原则。

### 三、失能收入损失保险

（一）失能收入损失保险的概念

我国《健康保险管理办法》第二条规定："失能收入损失保险，是指以因保险合同约定的疾病或者意外伤害导致工作能力丧失为给付保险金条件，为被保险人在一定时期内收入减少或者中断提供保障的保险。"

失能收入损失保险在国外也称为收入保障保险，或称为丧失工作能力保险，它是指在保险合同有效期内，因疾病或意外事故的发生导致被保险人残疾，或部分或全部丧失工作能力，或短期或永久丧失工作能力而造成其正常收入损失时，由保险人按合同约定的方式定期给付保险金的保险。

（二）失能收入损失保险的特点

失能收入损失保险具有独特的业务规定：以被保险人发生残疾为给付条件；导致保险人残疾的原因必须是意外伤害或疾病；保险金给付金额的确定有固定给付和比例给付两种；保险金给付方式有一次给付和分次给付；保险金给付有最高限额规定、免赔期规定；在维护被保险人利益方面，有免缴保险费条款规定、抵御通货膨胀条款的规定；保险费率的厘定要考虑通货膨胀的因素；残疾有特定的含义和标准。

（三）失能收入损失保险业务分类

1.根据导致残疾的原因不同划分

失能收入损失保险可以分为疾病收入损失保险和意外伤害收入损失保险。前者补偿因疾病导致残疾的收入损失；后者补偿因意外伤害导致残疾的收入损失。

2.根据给付期间的不同划分

失能收入损失保险又可分为短期收入保障保险和长期收入保障保险。前者是补偿被保险人在身体恢复以前不能工作的收入损失，期限一般为1~2年；后者是补偿被保险人因完全残疾而不能恢复工作的收入损失，具有较长的给付期限，通常规定支付至被保险人退休。

3.根据给付金额的确定不同划分

失能收入损失保险可以分为两类：一类是按照给付额度是否固定，可以分为比例给付法与固定金额给付法（定额给付）；另一类是按照残疾程度划分，可以分为全残给付与部分残疾给付。

4.根据保险保障的目的不同划分

失能收入损失保险可以分为工资收入损失保险、失能买断保险和重要员工失能所得保险。

（四）失能收入损失保险责任的界定

1.残疾（失能）的界定

人们对于残疾的一般解释可以分为完全残疾和部分残疾，前者是指被保险人永久丧失全部劳动能力，不能参加任何有报酬性的工作；后者是指被保险人身体的某一部分残疾，不能从事原来的职业，但尚能从事一些有收入的职业。

传统收入损失保险的"残疾"的概念是以任何一种职业为基础的"绝对全残"，在"任何报酬性职业"条款中规定，只有被保险人不能从事与其教育、训练及经验相关的任何职业的工作时，才被视为全部失能，从而使被保险人的保险金领取受到严格的限制。另一种残疾的定义是基于原职业，即"原有职业"条款认为被保险人无法从事其正常职业的主要任务，即被保险人在失能开始所从事的职业的主要任务。

2.保险承保的风险及责任认定

失能收入损失保险所承担的保险金给付责任是以被保险人发生意外伤害事故或疾病导致其残疾为前提条件。

（1）该保险承担因意外伤害造成被保险人身体残疾或失能所产生的收入损失赔偿责任，这里"意外伤害"与意外伤害保险中对"意外伤害"的要求基本一致，即是指遭受外来的、突发的、非本意的、非疾病的客观事件。

（2）该保险还承担因疾病造成被保险人残疾或失能所产生的收入损失。这里"疾病"与健康保险所承保的"疾病"的要求完全一致，还必须是被保险人在保险合同有效期内首次发生的疾病，如果是既往症，保险人不负责。

（3）免责期规定。大多数失能收入损失保险都不会从被保险人发生残疾的第一天起就提供收入补偿保险金，一般都有一个约定的免责期间。通常规定：首次投保本保险或非连续投保本保险时，被保险人因疾病住院治疗的，等待期为1~3个月，续保或因意外伤害住院治疗的，无等待期规定。对等待期内或在本附加合同生效之前发生且延续的住院治疗，保险公司不负给付保险金的责任。对保险期间内发生且延续至保险合同到期日后一个月内的住院治疗，保险公司负给付保险金责任。此外，在许多收入保障保险中允许一个免责期间的中断，如在6个月的时间内，被保险人因为相同或不同原因而再度失能，保险公司将两段免责期间合并计算。

3.失能收入损失保险的一般除外责任

失能收入损失保险合同一般规定，对于被保险人因战争、军事行动和暴乱引起的残疾或失能；被保险人故意自伤行为所致的残疾或失能；或者主动参加不法暴力行为所引起的残疾或失能；或者因酗酒、吸毒和自杀造成的伤残；或者在投保以前已患有的疾病引起的残疾或失能，以及被保险人有资格通过社会保险或其他政府计划获得补偿的损伤或疾病造成的残疾和失能等原因导致被保险人残疾的，保险人不承担保险金给付责任。

对于某些特殊嗜好或特别职业，如跳伞、冲浪、滑雪等体育活动及探险、高空作业等危险工作，可列为责任免除或采取特约附加承保。

（五）失能收入损失保险的保险金给付规定

1.保险金给付期间

根据给付期间的长短，伤病失能健康保险有短期和长期之分。约有98%的失能者在1年内恢复。团体失能收入损失保险给付期间在1年以内的，属于短期失能收入损失保险，保险给付期间通常为13周、26周、52周；给付期间超过1年的团体失能收入损失保险属于长期失能保险。个人失能收入损失保险给付期间低于1年的比较少见，给付期间在1~5年的属于短期性失能保险，超过5年的属于长期性失能保险。

2.失能收入损失保险金额的确定

失能收入损失保险合同属于补偿性质，投保金额并不能完全由投保人或被保险人自行确定，而是保险人参考被保险人过去的专职工作收入水平或社会平均年收入水平，同时，还要考虑被保险人的兼职收入、残疾期间的其他收入来源以及现时适用的所得税税率等因素综合确定保险金额。此外，保险金给付一般都不能完全补偿被保险人因伤残失能所导致的收入损失。一般残疾失能保险的给付都有一个最高限额，且该限额通常低于被保险人伤残以前的正常收入水平。

（1）按照失能收入损失保险金的给付金额是否固定，可以分为比例给付与定额给付

比例给付是指保险事故发生后，保险人根据被保险人的残疾程度，给付相当于被保险人原收入一定比例的保险金。定额给付是指保险双方当事人在签订保险合同时，根据被保险人的收入状况协商约定一个固定的保险金额（通常按月份确定）。

（2）按照残疾程度，可以分为全残给付与部分残疾给付

全残给付是指保险人给付的保险金额一般为被保险人原收入的一定比例，如70%或80%。部分残疾给付是指保险人给付的保险金为全残保险金的一定比例。

3.失能收入损失保险保险金给付方法

（1）一次性给付。当被保险人全残时，按照一定年龄划分不同的年龄段所规定的每一年龄段给付保险金的倍数，保险公司按照合同约定的保险金额一次性给付被保险人。当被保险人部分残疾时，保险公司一般根据被保险人的残疾程度及其对应的给付比例支付保险金。

（2）分期给付。按月或按周给付。按给付期限可以分为短期和长期两种。短期者通常为1年到2年；长期者可给付至被保险人年满60周岁或退休年龄。按推迟期给付，即是指被保险人残疾后超过一定时期（一般为90天或半年）被保险人仍不能正常工作时保险人才开始承担保险金给付责任。

在维护被保险人利益方面，收入损失保险合同还有保险费免缴条款、生活指数调整给付条款等规定。

课堂训练 6-3（多选）

失能收入损失保险业务，根据导致残疾的原因不同划分（　　　）。

A.疾病收入损失保险

B.意外伤害收入损失保险

C.工资收入损失保险

D.失能买断保险

拓展阅读 6-5

**某人寿保险公司的住院收入保障保险简介**

保险责任：

疾病收入损失保障金，对于首次投保本保险或非连续投保本保险，被保险人因疾病住院治疗的，等待期为三个月；续保无等待期。

被保险人因疾病经医院诊断必须住院治疗的，保险公司从被保险人每次住院的第四天开始按住院天数给付住院日额保险金，即：

每次疾病住院日额保险金给付天数=实际住院天数-3天

意外伤害收入损失保障金，被保险人因意外伤害住院治疗的无等待期。对保险期间内发生且延续至本附加合同到期日后一个月内的住院治疗，保险公司负给付保险金责

任。在本附加合同保险责任有效期内，保险公司承担如下保险责任：被保险人因意外伤害经医院诊断必须住院治疗的，保险公司从被保险人住院第一天开始给付住院日额保险金，即：

每次意外伤害住院日额保险金给付天数=实际住院天数

除外责任：

与一般住院医疗保险的除外责任类似，一般收入保障损失保险对于被保险人因非属住院医疗保险承担的风险事故或事件造成住院治疗的，保险人不承担保险金给付责任。详细规定可参见各保险公司的条款规定。

保险金额与保险费：

本附加合同的住院日额保险金每份每天人民币10元。投保份数由投保人和本公司约定并于保险单上载明，一经确定，该保单年度内不得变更。

本附加合同的保险费根据投保人与保险公司约定的投保份数确定，并于保险单上载明。

投保人按照本附加合同约定向保险公司支付保险费。分期支付保险费的，投保人支付首期保险费后，应当按约定的交费日期支付其余各期的保险费。

保险期间和续保：

本附加合同的保险期间为2年，自保险公司同意承保、签发保险单并收取保险费的次日零时起至约定的终止日24时止。

若保险公司同意，投保人可于每个保险期间届满时，按续保时的保险费率向本公司缴纳续保保险费，则本附加合同将延续有效期1年。

资料来源：根据中国保险网相关资料整理.

**四、护理保险**

（一）护理保险的内涵

我国新颁布的《健康保险管理办法》第二条规定："护理保险是指以因保险合同约定的日常生活能力障碍引发护理需要为给付保险金条件，为被保险人的护理支出提供保障的保险。"

国外习惯称护理保险为长期护理健康保险，又名老年看护健康保险，是保险人对于那些因年老、疾病或伤残生活无法自理或不能完全自理，而需要他人辅助全部或部分日常生活的被保险人（老人或伤残者）提供护理服务或经济保障的一种保险。此类保险对被保险人的年龄一般限制在50~84岁。

（二）护理保险的承保范围

护理保险主要是为满足被保险人在老年护理中心和其他一些康复机构，甚至是被保险人的家中因各种护理需要或者接受各类护理服务而提供的保险保障。

按照保险人对被保险人所承担的护理费用划分，护理保险可以分为专门护理或家庭护理两大类：专门护理是指在康复机构由专业护理人员，如注册护士或有执照的护士以及在他们指导下进行的护理；家庭护理是指在病人家中为病人提供的日常生活照顾，如洗澡、吃饭等。

按照护理服务性质划分，护理服务可分为治疗性质护理服务和非治疗性质护理服务：前者有诊断、预防、康复等；后者有家庭护理、成人日常护理等。

按服务时间划分，护理服务可分为全天候24小时特别护理和非全天一般性护理。

（三）保险金给付

对于独立签发的护理保单，有三种方式可供选择：

1.规定保险人对被保险人的护理费用补偿不能超过规定的给付额——最高给付额。

2.由被保险人在规定的一年、数年、终身等几种不同的给付期中自行选择给付期。

3.从被保险人开始接受承保范围内的护理服务之日起算，规定30天至180天不等的多种免责期。

（四）护理保险的除外责任

护理保险的除外责任一般包括各种精神疾患导致的护理服务，但老年人中常见的老年性痴呆症不属于除外责任，如投保前已患有此病的，则属除外责任。

护理保险合同中涉及被保险人权益保护规定的条款有保费豁免条款、不没收价值条款、通胀保护条款。

拓展阅读 6-6

### 国寿康馨长期护理保险

产品特点：长期关爱，月月领取，细心呵护，彰显尊严；护理有约，拥抱健康，幸福夕阳，品味生活；分期交费，灵活投保，豁免保费，人性关爱；服务升级，值得信赖，温馨祝福，真情无限。

保险责任：

①长期护理保险金

被保险人达到合同约定的长期护理保险金给付条件的，本公司于首次给付日起的每个月给付对应日按合同载明的金额给付长期护理保险金，直至被保险人长期护理状态中止或保险期间届满。

②疾病身故保险金

被保险人于合同生效（或最后复效）之日起因疾病身故，本公司按所交保险费（不计利息）扣除已领取的长期护理保险金给付疾病身故保险金，合同终止。已领取的长期护理保险金达到或超过所交保险费（不计利息）的，本公司不再给付疾病身故保险金。

③老年关爱保险金

被保险人生存至保险期间届满，本公司按所交保险费（不计利息）扣除已领取的长期护理保险金给付老年关爱保险金，合同终止。已领取的长期护理保险金达到或超过所交保险费（不计利息）的，本公司不再给付老年关爱保险金。

④豁免保险费

在交费期间内，被保险人达到合同约定的长期护理保险金给付条件的，本公司于首次给付日起豁免以后相应各期应交的保险费，直至长期护理状态中止。在交费期间内，被保险人长期护理状态中止的，投保人自中止之日起应恢复缴纳以后各期保险费。

长期护理状态界定：

①被保险人自主生活能力完全丧失，在无他人扶助情况下，即使使用特殊辅助工具也无法独立完成三项或三项以上的基本日常生活活动。以上所述基本日常生活活动是指穿衣、移动、行动、如厕、进食、洗澡。

②被保险人因患阿尔茨海默病性痴呆、血管性痴呆、帕金森病性痴呆或非由酒精和其

他精神活性物质所致的器质性遗忘综合症导致器质性认知功能障碍且在意识清醒的情形下有分辨上的障碍，达到中度或中度以上痴呆状态，其日常生活必须持续受到他人监护。以上所述意识清醒的情形下有分辨上的障碍，是指符合下列三项分辨障碍中的两项或两项以上：时间的分辨障碍、场所的分辨障碍、人物的分辨障碍。

资料来源：根据中国保险网相关资料整理.

## 综合训练

### 一、简答题

1. 简述健康保险的主要特点及业务分类。
2. 健康保险合同有哪些特殊条款？
3. 疾病保险承保的"疾病"应具备的基本条件是什么？
4. 护理保险的主要承保内容是什么？
5. 收入损失保险的全残界定标准有哪几种？

### 二、实务题

王先生，30周岁，投保中国人寿《国寿康馨长期护理保险》，选择20年交，每年交费1 068元，分析并设计王先生的保险保障。

### 三、案例题

案情：2011年6月，39岁的贾某因胃痛入院治疗，被确诊患了胃癌，家属未将实情告诉他，假称是胃病。贾某胃癌手术后出院。8月17日，贾某向某保险公司投保重大疾病保险，填写投保单时没有告知曾经因病住院的事实。2012年4月，贾某胃癌病情加重，医治无效死亡。之后，贾某的妻子以指定受益人的身份，到保险公司索赔。保险公司通过到医院调查并调阅贾某病历档案，发现其投保前就已患胃癌并动过手术，于是拒付。贾妻以丈夫投保时不知自己患胃癌因此没有违反告知义务为由，要求保险公司支付保险金。双方争执不下。请问保险公司是否应该承担给付保险金的责任？

### 四、实训题

实训目的：完成准客户王某重大疾病保险的投保意愿，未雨绸缪，为自己的将来不测做好准备。

实训项目：投保人：王某，30周岁，身份证号：31010419760204×××××，年收入15万元，家庭美满，家有妻儿，上有父母。家庭地址：上海市七宝路××号30×室，电话：021-655236××。请推荐一款终身重大疾病保险，并作出产品说明。

实训步骤：

1. 收集重大疾病保险产品。
2. 推荐产品。
3. 进行产品说明和保险利益分析。

实训成果：使学生掌握目前我国保险市场上的重大疾病保险种类和功能。

# 项目七　团体人身保险和补充社会保险规划

**学习目标**

**【知识目标】**

1.掌握团体人身保险的概念、特点

2.掌握团体人身保险的种类

3.熟悉团体人身保险方案的内容与设计方法

4.了解我国目前的企业年金制度

5.了解补充社会保险规划

**【能力目标】**

1.能够准确地掌握团体人身保险的概念、特点

2.能够明确团体人身保险的分类及方法

3.能够根据团体人身保险的内容与设计方法制订团体人身保险方案

4.能够了解并掌握我国目前的企业年金制度

5.能够综合运用系统知识进行团体保险保障计划的设计

**【素质目标】**

1.能够对不同种类的团体人身保险产品进行准确概括和分类

2.能够清楚解释团体人身保险和个人人身保险的关系

3.能够解释并恰当运用人寿保险和团体人身保险产品的专有条款

4.能够熟练解释我国目前的企业年金制度

**【工作任务】**

1.举例说明我国现行的企业年金制度

2.运用不同的团体保险条款制订企业团体保障计划

案例导入

### 团体人身保险注重客户服务

张小明是某个人寿保险公司团险部门的营销人员。最近，他收到了部门梁经理发给他的邮件，要求他在团险营销过程中强化服务意识，并遵守以下规定：

（1）团体保险的业务人员在保单销售前应深入了解投保企业各方面的情况，积极主动

地向客户宣传保险险种，中肯地回答客户的问题，设计合理的团体保险计划，为保单的成功销售和售后服务打下坚实的基础。

（2）团体保险的业务人员应与投保人保持长期联系，提供持续的售后服务并协助管理团体保险计划，以提高保险合同的续保率。

（3）团体保险中的理赔工作涉及的人数多、范围广、情况复杂，许多被保险人对保险条款和理赔程序知之甚少，团体保险的业务人员应协助公司专门设立的理赔机构，主动、迅速、准确、合理地处理团体保险赔案。

这一案例表明：团体人身保险经营过程中扮演重要角色的客户服务对塑造公司的品牌、树立公司的形象、实现差异营销、增强保险公司核心竞争力起到了至关重要的作用。团体保险的客户服务包括保险人对服务对象所提供服务的各个方面，涵盖售前、售后和理赔服务。

# 任务一　掌握团体人身保险

【学生任务】

◇ 要求每个学生课前预习相关内容，结合已经学过的知识来理解团体人身保险的相关内容，能够用自己的语言来描述团体人身保险业务的主要险种及其责任范围和团体人身保险合同条款的特殊规定。

◇ 要求每个学生扩大课外阅读量，结合本部分内容，说明团体人身保险在现阶段对社会保险的补充作用，根据自身理解，结合具体案例写出不少于500字的书面课后作业。

◇ 了解并掌握我国目前的企业年金制度能够综合运用系统知识进行团体保险保障计划的设计。

◇ 将学生随机分组，按小组选出若干份作业在课堂上进行点评，学生间相互评出每一份书面作业和团体人身保险方案的优劣；学生对作业进一步修改后提交教师，以便教师进行评价。

【教师任务】

◇ 指导学生在相关专业网站上查找所需资料，查看保险公司对于团体人身保险方面的服务内容和要求；启发学生理解团体人身保险与普通人身保险业务之间的联系。

◇ 提示学生完成书面作业所需要关注的主要知识点，如团体人身保险的含义、特征、分类和团体人身保险方案的设计方法等。

◇ 指导学生分组，在小组内对学生进行不同的分工，对学生书面文章作业和团体人身保险方案设计方法及完成情况及时进行跟进，督促其按时完成。

◇ 对各小组进行的课堂点评进行适时指导，对于选出的作业及设计方案予以及时、客观、公正的评价，准备回答学生可能提出的各种疑问等。

### 活动1　认识团体人身保险

**一、团体人身保险的含义及发展历程**

团体人身保险是我国人寿保险公司经营寿险业务的重要组成部分，是人寿保险两大业务支柱之一。无论在发达国家还是发展中国家，团体保险都有着十分广阔的发展前景。

（一）团体保险的含义

团体保险作为保险业务的一种，其成立的前提条件是存在符合一定条件的团体。因此，理解团体保险首先需界定团体的概念。

在一般意义上，团体由为了达成特定目标或任务而结合在一起的两个或两个以上的个体所组成，其彼此间具有相互依赖的互动关系。在团体保险中，准备参与保险的团体是保险关系中的相对方（被保险人）。除了具有团体的一般属性外，团体保险中的团体还需要满足一定的条件。

1.团体的组成。为了避免团体的逆选择，保证团体保险的承保质量，保险人必须选择"合格团体"。参加团体保险的团体不能是为投保团体保险而组成的团体，而必须是已经存在的、有特定业务活动、实行独立核算的正式法人团体。该项规定的目的在于，将以购买保险为目的而组成的团体排除在团体保险的承保范围之外，避免吸引大量高风险的人群组成团体，从而给保险人带来"逆选择"风险。例如，专为保险而临时集结在一起的一群老弱病残之人，保险公司无论如何也不能将其作为团体而接受其投保。

2.团体投保人数。团体保险对团体投保人数的规定有两个方面的要求：一是为保证团体风险水平的稳定性，对投保团体人数绝对数的要求；二是排除逆选择，即防止仅有风险程度较高的人员投保团体保险。一般来说，投保团体保险的团体的人数不得少于30人。早期团体保险的经营中对人数的要求是不少于100人，近年来的发展趋势是对投保人数的要求逐渐降低，对10人甚至10人以下的团体也可以承保，但通常需要这些人数较少的团体对其中的被保险人提供某些适合承保的证明。

3.团体成员的参保资格。团体保险虽然不对单个成员进行风险选择，但为了合理地控制理赔成本和管理费用，避免逆向选择，通常对投保团体的成员资格做出如下限制性规定：①团体保险只针对团体中的全职或专职员工，兼职员工不能作为团体保险的被保险人。②参加团体保险的团体成员应为正常的在职工人，退休人员、病休员工和临时工等一般不能作为团体保险的被保险人。③团体中的成员应具有一定的流动性，使团体的平均年龄始终保持在相对稳定的水平。对于合法团体的新进成员，则要求其必须工作一段时间后，即经过试用期成为正式成员后才有资格参加团体保险，其长短依据投保团体的流动性高低有所不同。

（二）团体人身保险的含义

团体人身保险有广义和狭义之分。广义的团体人身保险简称"团体险"，通常是指以团体为投保人，团体内的所有成员或部分成员作为被保险人，用一张总的保险单为上述人员提供人身保险保障的保险。狭义的团体人身保险简称"团身险"，是负责被保险人在保险期限内因病死亡或因意外伤害死亡或残疾的短期保险，类似于团体意外伤害保险。本章主要介绍广义的团体人身保险，对于狭义的团体人身保险，可以在意外伤害保险和健康保险等章节中了解。

（三）团体人身保险的发展历程

团体人身保险起源于20世纪初。1907年，美国哥伦比亚大学教授海东锡格首先提出，企业的雇主应对其雇员因遭受不幸事故、疾病、衰老丧失工作能力、伤残、死亡、失业等所造成的社会问题承担一定的责任，而其中最佳的途径则是为雇员购买人身保险。

最早的一例团体人身保险是1911年美国公平人寿保险公司对新泽西州某企业签发的

团体人寿保险。这一新的保险产品一出现，立即引起了人寿保险业界的广泛注意，各类保险组织群起仿效，随之团体保险在世界各地发展起来。第二次世界大战期间，由于政府对物价和工资的管制，许多经济组织为提高员工福利，纷纷购买团体人身保单，而导致 1940 年至 1945 年间团体保单的保额增长了 50%。1949 年，美国高等法院颁布法令，指出雇员有权集体与雇主商议有关工资、工作时间、退休和有关购买保险的计划，这对美国团体寿险的发展起到了决定性作用。加之 1954 年美国联邦政府为其 250 万雇员提供死亡保险，最终促使美国成为世界上最大的团体寿险市场。到 20 世纪 90 年代初，美国有 56% 的雇员通过雇主或工会参加了团体养老金计划，近 58% 的美国公民获得了团体健康保险计划的保障。早在 2001 年底，美国就有 1.63 亿份团体人身保险契约，保险金额达 6.8 万亿美元。在美国，团体人身保险与个人保险、社会保险为经济安全制度的三大支柱。

我国的团体人身保险业务，是自 1982 年中国人民保险公司恢复办理人身保险业务以后一直到 20 世纪 90 年代中期的主打业务，险种主要包括简易人身保险，独生子女保险，子女婚嫁教育金保险，养老金保险和学生、幼儿平安险等。近几年随着我国社会保障体制改革的不断深入，企事业单位保险意识不断增强，团体寿险尤其是企业补充养老保险业务更是面临前所未有的发展机遇。2000 年，分红型团体保单和万能保单的出现，使得我国的团体保险的形式更加多样化，极大地满足了市场的多层次需求。很多机关团体、企事业单位将团体人身保险纳入"员工福利计划"中综合考虑，使其成为重要组成部分。这对于完善我国的社会保障体系，提高人民生活水平和稳定社会都具有非常重要的意义。

**二、团体人身保险的特殊性**

从某种程度上而言，团体保险可以看作是一种具体的承保方式，而不是一个具体的险种，保险人只与团体人身保险单的所有人发生合同关系，而不与团体内部的个人发生合同关系。团体保险相对于个人保险而言，有其自身的特点。

（一）特殊的风险承保规则

与个人人身保险的关注重点不同，团体人身保险的风险选择对象是团体而非个人，保险人关注的是团体的整体特征，如团体形成的原因、保险费缴纳的形式、团体的大小等，而不是团体中个体的年龄、健康状况等信息。在团体人身保险中，一般情况下保险人不会要求团体里的个体出示可保性证明，如在投保团体人寿保险时，被保险个体只被要求回答一些健康状况问题，并不像投保个人保险时那样需要身体检查。以团体的风险选择代替对个人的风险选择是团体保险最显著的特点。虽然以团体的风险选择代替个人的风险选择，但通过对团体及其成员的要求、对团体保险的续保和再保险安排可以有效降低团体保险的逆选择风险和业务风险，从而使得团体保险的风险水平比较稳定。

（二）只使用一份团体保单

团体人身保险可以用一份总的保险单为成千上万甚至更多的人提供保险保障，即统筹保单。在这份统筹保单中详细规定了保险的条款和保险保障的内容（包括每一被保险人的姓名，受益人的姓名、年龄、性别，保险金额等），投保人一般是保单持有人；每个被保险人仅持有一张保险凭证，保险凭证上并不包括全部的保险条款，仅有被保险人的姓名、受益人姓名、保险费、保险金额、生日、领取保险金的开始日期等内容，这份个人持有的保险凭证只有在统筹保单项下才对被保险的个体有保险保障效力。

（三）保障计划具有灵活性

团体保险单和个人保险单一样也要遵循一定的格式和包括一些特定的标准条款，但对于较大规模的团体，只要不使管理手续复杂化，不致引起逆选择，不违反法律要求，投保团体保险既可以根据企业的不同特点及需要对多个险种进行组合搭配，也可以针对保险条款的设计和保险内容的制定与保险公司进行协商。团体保险保障计划具有灵活性的特点，主要体现在：

1.保额确定和保费交付的灵活性。在遵守一定的投保规则的前提下，保险人可以根据客户的具体情况和需求组合成很多种方案供客户选择，保费也随之变化。团体人身保险的保费既可以由单位或个人全部承担，也可以由单位和个人共同承担，既可以用支票或汇票形式支付，也可以用现金形式支付。

2.保险合同的内容与形式相对灵活。与普通个人保险的保险单不同，团体保险单并非必须事先印就而一字不可更改。投保团体人身保险的投保单位，可以就保险条款的设计和保险内容的制定，与保险公司进行协商，形成特别约定。

3.被保险人变更的灵活性。个人保险特别是人寿保险，投保人和受益人可以变更，但是被保险人是不能变更的，只能另外再签保险合同。但是团体保险中，由于单位的员工具有流动性，且对于被保险人的投保要求一般是应处于跨度较大的年龄段，所以在业务处理中，投保单位只要以书面形式通知保险人，保险人就可以出具批单对原保险合同进行修改。

（四）费率厘定的特殊规则

在个人保险中，由于不同年龄、性别的被保险人的死亡率不同，费率的厘定以死亡表为依据。而团体保险的投保人是一个团体，同个人投保一样，每个投保团体的危险程度也不同，应根据危险程度的不同分别厘定费率。团体保险费率的制定主要考虑投保团体所从事工作的性质、职业特点、以往的索赔和理赔记录等，其中理赔记录是决定费率的主要因素。在团体保险中，一般以上一年度该团体的理赔记录决定次一年度的保险费率，即采用经验费率法。每隔一段时间，由保险双方参考实际的理赔情况，对费率加以修订，使其更好地与实际情况相一致。

（五）相对低廉的经营成本

一般情况下，对人寿保险公司而言，团体人身保险的经营成本要低于个人人身保险，这主要是因为：

1.团体保险采取一份主保单承保群体的做法，这种集体作业的方法节省了大量的单证印制成本和单证管理成本。

2.团体保险中，许多大型的团体投保人常常直接与保险人洽谈，免除了佣金支出，使得团体保险中的佣金占总保费收入的比重较个人保险低，降低了保险公司的经营成本。

3.团体保险中，参加保险的人员比例较高，逆选择的风险较低，因此个人保险中所要求的体检等一些核保条件在团体保险中被适当予以免除，使得团体保险的核保成本降低。

当然，团体保险的低成本并不意味着保险公司经营团体保险的利润就高，同团体保险的低成本相对应的是低费率，它意味着投保人和保险公司一起分享了团体保险低成本的好处。

（六）专业化的服务和管理

各个保险公司一般都设有专业的管理与服务团队来专门进行团体人身保险业务的营销与经营。团体保险的投保人是团体，其对保险的要求、谈判能力往往高于个人。因此，在团体保险市场的激烈竞争中，要获得更多的客户，就要求从业人员必须具有相关的社保、法律、财务、医疗、金融等方面的知识。团体保险的专业服务人员应成为投保团体的福利保险顾问，从保障、福利、法律、财税等方面向投保团体提出保险建议，为投保团体提供设计科学的工资福利、保险计划的专业服务。

考证直通车 7-1 （单选）

1.用一张总的保险单对一个团体的成员及其生活依赖者提供人寿保险保障的保险是（　　）。

A.团体人身保险　　　B.分红保险　　　　　C.年金保险　　　　　D.投资联结保险

2.团体保险中规定参保的"在职人员"不包括（　　）。

A.正常工作人员　　　B.退休、退职人员　　C.临时工　　　　　　D.合同工

### 三、团体人身保险的种类

根据保险期限的长短，团体人身保险产品可以分为长期保险和短期保险，简称"长险"和"短险"。再根据保险保障的范围不同进行具体划分，长险主要包括团体人寿保险和团体年金保险，短险主要包括团体意外伤害保险和团体健康保险。

（一）团体人寿保险

团体人寿保险简称团体寿险，是以团体的方式投保定期或终身死亡保险。团体寿险是美国、加拿大等发达国家员工福利计划的一种最主要的形式，市场比重在50%左右。传统团体人寿保险计划，主要是向员工提供退休前的人寿保险保障。退休后，员工只能面临两种选择：要么团体人寿保险终止，要么将其转换成个人保险。但是近年来，越来越多的团体人寿保险计划，不只是能够提供退休前的人寿保险保障，而且能够提供退休后的人寿保险保障。有些是通过延续团体人寿保险来达到目的，有些是通过提供永久福利的终身保险的方式达到目的。团体人寿保险的主要险种有：

1.团体定期人寿保险

团体定期人寿保险是一种以投保人为团体、被保险人为团体内成员，保险期限为定期的人寿保险。它以被保险人的死亡为给付条件，保险期限为一年，期满后可以办理续保。在美国约有90%的团体寿险保单是以团体定期寿险的形式签订的。一般来说，该险种在每年续保时，团体被保险人无须提供可保性证明，并且这些定期保险单没有现金价值，保险公司每年可以根据团体的构成情况而相应地改变费率。

案例分析

#### 团体定期寿险保费计算

某单位（职业类别为三类）投保团体定期寿险，每人保险金额为1万元，在31~40岁年龄段里共有20人，其应缴纳多少保险费（相应数据见表7-1）？

表7-1 　　　　　　　　　　　　　团体定期寿险保险费率 　　　　　　　　示例单位：元

| 年龄（岁） | 职业类别 | | | | | | |
|---|---|---|---|---|---|---|---|
| | 一类 | 二类 | 三类 | 四类 | 五类 | 六类 | 备注 |
| 16~30 | 1.0 | 1.3 | 1.5 | 2.3 | 3.5 | 4.5 | 每千元保险金额 |
| 31~40 | 2.5 | 3.1 | 3.8 | 5.6 | 8.8 | 11.3 | 每千元保险金额 |
| 41~50 | 5.0 | 6.3 | 7.5 | 11.3 | 17.5 | 22.5 | 每千元保险金额 |
| 51~55 | 8.0 | 10.0 | 12.0 | 18.0 | 28.0 | 36.0 | 每千元保险金额 |
| 56~60 | 13.0 | 16.3 | 19.0 | 29.3 | 45.5 | 58.5 | 每千元保险金额 |
| 61~65 | 20.0 | 25.0 | 30.0 | 45.0 | 70.0 | 90.0 | 每千元保险金额 |

分析：根据保险费率表可知，31~40岁年龄段1万元的保额每人保费应为38.00元，则这20人的保费为38.00×20=760.00（元）。

2.团体终身寿险

团体终身寿险是以定期保险为基本形式，搭配以个人长期保险（如终身保险、养老保险等）的一种团体寿险。与团体定期寿险相比，团体终身寿险不享有税收方面的优惠，因而其受欢迎的程度远远不如团体定期寿险。但是，由于雇主可以利用团体终身寿险，为其雇员在定期寿险终止时购买退休后的人寿保险，可以作为对定期寿险的补充，所以又叫补充保险。

团体终身寿险的种类很多，但比较常见的主要有以下三种：

（1）团体缴清保险。该险种是由一年定期死亡保险和终身死亡保险相结合而成的，属于贡献性保险，即一年定期死亡保险的保费由雇主缴纳，该部分保险金额随着雇员年龄的增大而逐渐递减，而雇员则每年以趸缴保费的形式购买一次终身死亡保险，因此随着时间的推移，终身死亡保险的保费将逐年递增。

（2）团体均衡保费终身寿险。团体均衡保费终身寿险通常是由雇主为其雇员投保的限期缴费的终身死亡保险，缴费期可到被保险人50岁、55岁或60岁等退休时为止。由于这种保险单具有累积现金价值，所以雇主经常利用它为雇员提供退休福利。

（3）团体万能寿险。团体万能寿险是以团体保险的方式投保的万能寿险，这种险种在很多方面与个人万能寿险保单的功能相似。因为投保团体万能寿险的团体中的被保险人是根据自己的意愿来确定保险金额的，保费则完全由雇员自己承担而雇主一般不承担任何保费，所以与其他的团体寿险不同，在成员脱离团体时，仍然享受该团体保险计划的保障，而不必将团体保险转变为个人保险。

3.团体债权人寿险

团体债权人寿险是债权人（如银行）为其当前和将来的债务人购买的一种保险，由于其签订合同的基础是债权人与债务人之间的信用关系，故又可将其称为团体信用人寿保险。与其他团体寿险保单最大的不同点是，团体债权人是保单的持有人，同时也是受益人，当团体被保险人死亡时，保险公司给付的保障金由债权人受领，以抵偿被保险人（债务人）所负债务。团体债权人保险采用定期寿险的方式，保险金额受贷款余额的限制，一般要求被保险人的保险金额等于其所欠债权人的债务数额，并且随着贷款的偿还保险金额将逐渐减少，贷款全部归还时保险责任也就随之终止。

### 4.团体遗嘱收入给付保险

团体遗嘱收入给付保险是指当参加该团体保险计划的员工死亡之时，保险公司可以以年金的方式向死者的家属给付保险金的一种团体寿险计划。对于此类险种，保险公司根据员工的工资来确定被保险人的保险金额，并且以一定的比例向死者的家属支付保险金，如配偶领取死者工资的30%，子女取得10%。但对于家属给付有一个限额，这个最高限额是死者工资的40%，并且有一定的给付期限。

**课堂训练 7-1**（多选）

常见的团体终身寿险种类主要有（　　　）。

A.团体缴清保险　　　　　　　　B.团体债权人寿险

C.团体均衡保费终身寿险　　　　D.团体万能寿险

**拓展阅读 7-1**

### 团体人寿保险的特殊条款

☆ 受益人指定条款

保险给付除了不得给付给雇主、工会或投保团体外，可以给付给任何指定的受益人。指定的受益人可经过书面通知保险人而变更。一般团体寿险保单还规定，无论员工在保险人收到书面通知当天是否仍生存，只要保险人不因变更通知而发生给付问题，变更受益人在通知书签发当天即告生效。

☆ 转换权条款

大多数团体人寿保单都允许保险凭证持有人在因雇用关系终止或在合格团体的会员关系终止时，无须提供可保性证明就有权将团体保险变更为个人保险。当然变更权力必须在团体保单终止的一段时间（一般是1个月）之内行使，而此期间团体保单还提供展延死亡给付的保障。除了团体定期寿险之外，申请换约者有权变更为任何形式的个人寿险，但保险金额以原团体保单的保金为限。提供这种变更选择权是保险公司增扩业务量的手段。

☆ 保险金给付选择权条款

与个人寿险保单的给付选择相似，团体保险的给付通常是一次性给付保险金，也有可供被保险人选择的其他给付方式。如果被保险人未进行选择，由受益人在被保险人死亡后行使选择权。通常可供选择的给付方式有：

①定期分期给付选择，即在固定期间，按月或按年等额地分期给付，总给付额是本息之和。

②定额分期给付选择，即选定金额分期领取，至本息摊尽为止。

③终身年金选择，即受益人可以在低于一般的费率下，以可领取的保险金购买终身年金。

④储存利息选择，即将保险金储存生息，在生存期间或特定期间领取利息，直至死亡或满期领取本金。

⑤终身收入选择，即受益人在生存期间内领取保证的等额分摊给付款，并附带保证至少给付达到某一总额。

资料来源：根据中国保险网相关资料整理．

（二）团体年金保险

1.团体年金保险的概念

团体年金保险简称团体年金，又被称为团体补充养老保险，是以团体方式投保的年金保险。团体年金的合同由团体与保险人签订，被保险人只领取保险凭证，保险费由团体和被保险人共同缴纳或主要由团体缴纳。

随着我国社会养老保险制度改革的深化，各经济组织普遍参加了社会养老保险统筹。由于社会养老保险仅提供退休人员的基本生活保障，因此较高水平的养老保障需通过商业途径的团体年金保险来实现。许多寿险公司都设计出各种形式的团体年金保险，以适应各种经济组织建立年金保障的需要。

我国规定，在团体年金保险业务中，保单约定的被保险人年龄必须达到国家或特殊行业规定的退休年龄。被保险人办理退休手续后，才可凭投保人有关证明到保险公司以现金等形式领取年金。被保险人因特殊情况提前退休的，可在办理退休手续后重新计算领取金额。被保险人因其他原因提前离开投保人的，必须在投保人出具有关证明后，才能到保险公司按养老计划规定的比例以现金等形式领取年金。如被保险人缴纳了部分保费，则在退保时，被保险人可根据投保单位的证明到保险公司领取相应部分的退保金。

2.团体年金保险种类

在我国当前的保险市场上，常见的团体年金险种主要有以下几种：

（1）团体延期年金。这是一种最古老的团体年金形式，由团体组织一次或每年按员工工资的一定比例缴存保费至保险公司，保险公司对投保的每一个团体分别建立一个账户，当团体中的成员生存至约定时间时，保险公司一次或每年按约定的金额给付保险金。在此年金中，保险人对团体的人数有所要求，以降低管理费用。团体的规模越大，管理费用比例也越低。保险人一般对团体年金所积存的资金进行长期资金应用，投资风险由保险人承担。

（2）预存管理年金保险。投保的团体每年向保险公司缴纳保险费，在该团体的账户下形成一笔基金，即预存管理基金，这笔基金由保险公司对其加以投资运用并保证其收益不低于某一约定的利息。当该团体的某个员工退休时，从基金中划出一定比例作为其趸缴保险费，为该员工投保个人即期终身年金保险。

（3）团体分红年金保险。与传统团体年金保险不同的是，团体在签订保险合同时与保险人约定，投保人所缴纳的保险费扣除管理费后记入缴费账户，保险人对其进行投资，当账户的投资出现盈利时，保单所有人享有红利的处分权。红利可以退还给投保人，也可转入缴费账户，在被保险人领取年金时，其个人账户中既有单位缴费的资金，也有个人缴费积累的资金，按照被保险人所选择的年金领取形式和所对应的年金转换标准，决定其每年按年领取或者按月领取的金额。目前，团体分红年金保险以其灵活性和有账户保证收益的优势，受到团体客户的广泛欢迎。

（4）团体投资年金保险。投保团体在签订保险合同时与保险人约定，投保人所缴纳的保险费扣除营业费用后记入投资账户，保险人对其进行投资，保险人对投资收益率不作任何保证，把所有投资风险都转嫁给保险单所有人。在投资年金保险中，保险人除按保费的一定比例收取营业费外，还按被保险人的人数每月收取保单管理费和投资账户管理费。与团体分红保险相比，账户的透明性更高，但风险相对也大。

（三）团体意外伤害保险

1.团体意外伤害保险的概念

团体意外伤害保险简称"团意险"，是以团体方式投保人身意外伤害保险，对被保险人因意外事故而导致死亡、残疾给付全部或部分保险金的保险。团体意外伤害保险的保险责任、保险期限和给付方式与个人投保的意外伤害保险基本相同。

意外伤害保险与其他人身保险险种相比，更适合采用团体方式投保，因为意外伤害保险的保险费率与被保险人的年龄和健康状况关系不大，而是取决于被保险人的业务活动范围和职业的危险程度。保险费率在不同的寿险公司划分的等级也有所不同。保险金额根据投保单位的需求和保费支付能力确定，一般以每千元为单位进行增减变化，有的保险条款也限定最低保额。例如，有的保险公司规定最低保额为3 000元。保险金额一旦确定，中途不得变更。保险期限一般为1年。团体意外伤害保险既可以作为主险，又可以作为附加险。作为附加险时，保险费率比作为主险要低一些。"团意险"作为主险时，可以在此基础上附加健康保险，形成保险组合计划。例如，附加团体意外伤害医疗费用保险或住院医疗保险等。"团意险"也可以作为团体人寿保险的附加险。

按照我国对商业保险的分类，意外伤害保险属于人身保险业务，由人寿保险公司经营。但是，从2003年1月1日开始，根据修订的《保险法》第九十二条的规定：经营财产保险业务的保险公司经保险监督管理机构核定，可以经营短期健康保险和意外伤害保险。财产保险公司经营这类保险业务多数都是以团体保险的形式运作，而且保险产品与寿险公司的产品基本相同。

2.团体意外伤害保险的常见险种

团体意外伤害保险可以分为两大类：一类是通用型的，保险责任单一，费率取决于被保险人的职业类别，保险金额选择的幅度较大，适合与团体健康险组合成灵活多变的保险计划，我们可以通过信息资料和下一节中的内容来介绍这部分知识；另一类团体意外伤害保险就是可以"对号入座"的"现成品"，是专为某个行业或特定人群设计的具有某种特色的产品。其主要有以下险种：

（1）建筑工程团体人身意外伤害保险。凡在建筑工地施工现场从事管理和作业并与施工企业建立劳动关系的人员均可作为被保险人，以团体为单位，由所在施工企业或对被保险人具有保险利益的团体作为投保人。在保险期限内，合同保障被保险人在从事建筑施工及与建筑施工相关的工作时，或在施工现场或施工期限指定的生活区域内遭受意外伤害时，保险人负责给付相应的保险金。

这个险种保险期限较灵活。保险期间一般为一年，也可以根据施工项目期限的长短确定。保险合同到期，工程仍未竣工的，须办理续保手续；在工程因故停顿时，保险责任可以中止，重新开工后，可以申请复效，保险期限顺延。保险费的计算形式多样，可以按职业类别计收，也可以按照建筑工程项目总造价的一定比例计算，还可以按照建筑施工总面积计收。

（2）执法人员团体意外伤害保险。这是为加强法制建设，维护社会安定，保障执法人员及其家属的人身安全，解除其后顾之忧而推出的"团意险"。本保险的投保范围是：年龄在18周岁至60周岁，身体健康，能正常工作的公安、检察、司法、国家安全、工商、税务、物价、海关、城监、卫生检疫等部门的执法人员，这些人可以作为被保险人，他们的配偶、子女及父母作为连带被保险人。

保险责任是：在保险合同有效期间内，被保险人遭受意外伤害造成死亡、残疾或因意外事故下落不明，保险人负责给付相应的保险金。连带被保险人因被保险人的职务行为遭受他人故意侵害以致死亡或残疾的，保险人负责给付相应的保险金。连带被保险人的保额为被保险人保额的20%左右。这个保险对被保险人进行了扩展，体现了对执法人员的人文关怀。

（3）旅游意外伤害保险。旅游意外伤害保险简称"旅游险"，是以我国境内的旅行社组织的旅游团队的全体成员，包括旅游者及旅行社派出的导游、领队人员等作为保险对象，负责被保险人在保险期间内，由于急性病发作7日内因同一原因死亡，或因遭受意外伤害造成死亡或残疾，或因意外事故下落不明等，保险人负责给付相应的死亡保险金、残疾保险金、医疗费用以及丧葬费用的一种保险。其保险期间为行为时间，根据履行期限而定，从被保险人乘上由旅行社指定的交通工具开始，至本次旅游结束离开旅行社指定的交通工具为止。如果旅途中因故延长日期，可以补交保险费，保险责任继续有效。严格地说，旅游意外伤害保险是集人寿保险、人身意外伤害保险和健康保险为一体的综合型极短期团体保险。在我国旅游业日趋发达的今天，旅游险有着广泛的市场，各保险公司主要通过旅行社等团体进行行业代理，使得本保险开展得较为普遍。

类似险种还有"学生、幼儿平安保险""乘客人身意外伤害保险""病员安康保险"等，都是根据特定人群在特定场所因遭受意外事故造成意外伤害，保险人负给付保险金责任的团体保险。

（四）团体健康保险

1.团体健康保险的概念

团体健康保险是以团体或其雇员为投保人，以其所属员工作为被保险人（包含团体中的退休员工），约定由团体雇主独自缴付保险费，或由雇主与团体员工分担保险费，当被保险人因疾病或分娩住院时，由保险人负责给付其住院期间的治疗费用、住院费用、看护费用，以及在被保险人由于疾病或分娩致残疾时，由保险人负责给付残疾保险金的一种团体保险。

经济组织所面临的健康风险主要包括：医疗费用支出的风险、收入损失的风险、丧失劳动力的风险和重大疾病等风险，这与个人健康保险基本相同，但是通过以团体形式的运作，员工可以享受到更全面、更优惠的保险保障。由于团体健康保险是以负责医疗费用为主，这就与社会医疗保险有交叉，使其成为两个互相有替代性的险种，社会医疗保险是采取法定形式强制实施的，而团体健康险属于商业保险，投保是自愿的，所以许多保险公司出台了与社会医疗保险相衔接具有互补性的"团体补充医疗保险"。

2.团体健康保险的常见险种

团体健康保险产品很多，根据经济组织面临的不同健康风险，将其分为以下四个类型：

（1）团体（基本）医疗费用保险。团体（基本）医疗费用保险是以团体为投保人，团体成员为被保险人，当被保险人因为疾病住院治疗时，保险人负责给付因此而发生的住院费用、治疗费用、医生出诊费用及透视费用和化验费用的一种团体保险。在该团体保险中，住院费用的给付按照住院天数乘以每日住院给付金额进行计算，每日住院给付金额以及每次住院的天数在团体雇主与保险人签订的合同中都有所规定。

（2）团体补充医疗保险。团体补充医疗保险又称团体高额医疗保险，是以团体为投保人，团体成员为被保险人，当被保险人因疾病住院时，保险人负责给付保单限额下，保险责任范围内的各项费用的一种团体保险。由于大部分基本医疗保险（包括团体医疗费用保险）不仅对于如药品、器材、假肢及其他很多费用均不予承保，并且对于各种承保的医疗费用也有许多限制（包括时间以及金额的限制），团体补充医疗保险产品正是为了排除基本医疗保险中的诸多限制，满足人们综合医疗保障需求而产生和发展起来的。团体补充医疗保险通常由团体或雇主与保险人共同协商医疗费用的限额，为了规避医疗费用过高的风险，保险人在团体医疗保险合同中常附加免赔额条款及共同保险条款。

（3）团体特种医疗费用保险。团体特种医疗费用保险是以团体为投保人，团体成员为被保险人，团体的特种医疗费用支出为保险人给付责任的一种团体保险。团体特种医疗费用保险主要包括团体长期护理保险、团体牙科费用保险、团体眼科保健保险等。

（4）团体丧失工作能力收入保险。团体丧失工作能力收入保险又称为团体残疾收入保险，它是以团体为投保人，以团体下属员工为被保险人，由保险人承担补偿被保险人因遭遇意外伤害或疾病而丧失收入为保险责任的一种团体保险。

**考证直通车 7-2**（单选）

1.投保团体保险的被保险人手中持有的是（　　　）。
A.保险单　　　　　B.保险证　　　　　C.暂保单　　　　　D.投保单
2.以下（　　　）不属于团体人身保险特征。
A.风险选择的对象是团体，而不是个人
B.使用团体保险单
C.成本低，保费少
D.采用不同费率的方法

### 活动2　掌握团体人身保险设计方案

**一、明确团体人身保险方案的内容**
（一）团体人身保险方案的含义
团体人身保险方案，又称为团体人身保险保障计划，是保险公司的展业人员根据展业对象的具体情况和需求，将相关的保险产品组合在一起，并汇入公司介绍和服务承诺等内容，为准客户量身定做的保险宣传材料，也称为"团体保险计划书"或"团体保险建议书"。

（二）团体人身保险方案的内容
一份完整的团体人身保险方案应该努力做到，既为潜在客户提供详尽周到的具有针对性的保险建议和风险管理方法，又是人寿保险公司开展对外宣传和扩大自身影响的有效手段和工具。

具体而言，团体人身保险方案应该包括如下内容：

1.保险方案的标题

根据所设计的保险方案的风险保障的侧重点，取一个贴切、吉祥、富有创意的方案名称，给客户以亲切感，使其不致产生厌恶情绪，如《某某公司福顺安康保险计划》《某某公司医疗无忧保障计划》等。

2.寿险公司简介

俗话说"隔行如隔山"，保险行业相对来说是一个新兴行业，在我国的发展历史不长，人们普遍对保险业不是很了解。另外，保险合同所提供的风险保障是客户在购买时无法感知的，若没有对保险公司的充分信任和了解，团体投保者不愿将一大笔资金交给保险公司，因此业务员对所推荐险种的公司进行必要的介绍就显得十分重要。

拓展阅读 7-2

**如何做好保险公司简介**

在保险方案中列出保险公司的介绍非常重要，其主要包括以下几方面的内容：

☆ 保险公司成立的时间、地点、公司性质和注册资本金数量。

☆ 保险公司的发展历程、发展思路、服务理念、业务规模、信誉等级。若已取得国际权威评级机构的认证，加以例证则更能取得客户的信任。

☆ 保险公司的服务承诺。客户在购买时最担心的就是一旦发生风险事故，索赔困难。因此对公司的售后服务情况特别是理赔情况加以介绍，解除客户的后顾之忧就很有必要。

3.团体风险状况分析

由于缺乏风险管理的知识，更多时候团体对自身所面临的各类人身风险并没有一个全方位的认识，更不知如何应用经济手段进行合理处置，以最小的成本获得最大的安全保障。所以要站在客户的角度分析团体面临的风险和亟待解决的保障问题，应该将保险保障计划置于该团体整个风险管理计划当中，并考虑到客户已有的保障计划和风险管理方式，以理财顾问的身份协助客户进行风险管理。

4.保险产品组合方案

保险产品组合方案即投保方案建议。投保方案是一份团体保险保障计划的核心，它的质量好坏，对最后合同的签订有着决定性作用。产品组合既要考虑保障全面，又要考虑客户的缴费能力。险种不能太多，多则显得乱，且有只顾收保费之嫌；险种也不能太少，太少则保障功能不全，且在与客户协商时无回旋余地。在制订团体保险保障方案时，还要注意在每个保险产品中保险金额的定位，保险费可以根据保险金额的变动而变动。在对保障计划进行说明时，可以图文并茂，既有实事求是的说明性文字，又要有富于感染力的宣传用语，真正发掘客户的保险需求。

5.其他方面的风险管理建议

从根本上说，这一部分的内容与本次保险方案没有关系，甚至与人寿保险公司的业务活动都不发生关系，但是这一部分的内容是人寿保险公司作为专业经营与管理风险的机构为潜在客户提供具有较高附加值的额外服务，是体现人寿保险公司提供风险管理专业价值的最佳方式，是借以拉近与潜在客户间距离的有效营销手段。

### 二、团体人身保险方案的设计方法

人寿保险公司的专业营销人员在设计团体保险方案时，除了要遵守商务往来文书的一般规则以外，还应遵循如下原则：

（一）以满足客户需求为中心的原则

每一团体保险保障计划，都应以保险需求为中心，想客户之所想，急客户之所急。例如客户想要一个以年金保险为中心的保障计划，那么在险种挑选与组合时就要选取几种年金保险为中心，其他短险为辅助，如果客户暂不需要短险，营销人员也应尊重客户的选择，不能搞搭售。

（二）保险保障计划的针对性原则

每个客户的情况不同，需求不同，团体保障计划要针对该客户的具体情况进行风险分析，提出商品组合建议。这就要求事先做好调研工作，保障计划要量身定做，而不能千篇一律。对于第一次投保的新客户，团体保险保障计划书不仅应该内容丰富，还应该包装精美，表示对客户的尊敬和重视。对于续保的老客户，保险保障计划应当简明扼要，便于协商和操作。

（三）保障与提高保险公司效益原则

制订保险保障计划时，应遵守投保规则，要符合风险分散原理，杜绝逆选择情况，争取以较少的投入，使保险人获得较大经济效益和社会效益。

┌─────────┐
│ 实训操作 │
└─────────┘

#### 编写团体人身保险方案

内容：

假如你是一家人寿保险公司团险部门的一位营销业务人员，今天准备到市内的一家大中型企业做首次拜访。与该企业的人力资源总监约定了见面的时间和地点之后，在做拜访准备的过程中，你应当如何准备一份团体人身保险方案，让这位总监对你以及你的公司留下深刻的印象。

操作步骤：

一、保险方案标题

团体人身意外伤害保险保障计划建议书

二、寿险公司简介

略

三、团体风险分析

在企业中，生产安全和经济效益是同等重要的事情。由于现场的工作环境和机械设备的特点，以及工人疲倦和偶尔的疏忽，都可能出现意外伤害的情况，职工的身心遭受痛苦，还会其影响工作。"天有不测风云，人有旦夕祸福"，在上下班路上，在游玩、娱乐，甚至做家务时，意外伤害也时有发生。参加"团体人身意外伤害保险保障计划"，可以用少量资金转嫁巨额风险，使许多不确定因素和后顾之忧一扫而光。

四、保险方案设计

（一）保险责任

1.被保险人因遭受意外伤害身故，或因意外事故下落不明，人民法院宣告死亡，本公司按照保险金额给付全部身故保险金。

2.被保险人遭受意外伤害致残，本公司按照条款规定给付相应的伤残保险金。

3.被保险人因意外伤害支出的医疗费用，扣除100元免赔额后，按80%的比例理赔。

（二）索赔事宜

1.出险后请于3日内向本公司报案登记。

2.请保存好诊断、病历、检查报告单和医疗票据等材料，我公司将上门服务。

3.在确定给付金额后10日内，将保险金送到保户手中。

（三）保险金额及保险费

保险金额及保险费见表7-2。

表7-2　　　　　　　　　　　保险金额及保险费表

| 团体人身意外伤害保额（元） | 附加意外医疗费用保额（元） | 不同职业类别对应的保费 | | | | | |
|---|---|---|---|---|---|---|---|
| | | 一类 | 二类 | 三类 | 四类 | 五类 | 六类 |
| 3 000 | 1 000 | 10.00 | 13.50 | 17.00 | 23.50 | 33.00 | 42.00 |
| 3 000 | 2 000 | 14.00 | 18.00 | 25.00 | 32.00 | 45.00 | 57.00 |
| 3 000 | 3 000 | 18.00 | 25.50 | 33.00 | 43.50 | 57.00 | 72.00 |
| 4 000 | 4 000 | 24.00 | 34.00 | 44.00 | 58.00 | 76.00 | 96.00 |
| 5 000 | 5 000 | 30.00 | 42.50 | 55.00 | 72.50 | 95.00 | 120.00 |
| 10 000 | 10 000 | 60.00 | 85.00 | 110.00 | 145.00 | 190.00 | 240.00 |

（四）风险管理建议

（略）

五、学生或教师点评

（略）

# 任务二　掌握补充社会保险规划

【学生任务】

◇ 要求每个学生课前预习相关内容，结合已经学过的知识来讲述国际上主要的年金规划类型及相关内容，能够用自己的语言来描述我国企业年金制度的特殊规定。

◇ 要求每个学生扩大课外阅读量，结合本部分内容，说明企业年金制度在现阶段对社会保险的补充作用，根据自身理解，结合具体案例写出不少于600字的书面课后作业。

◇ 了解我国目前的企业年金制度，能够综合运用系统知识进行团体保险保障计划的设计。

◇ 将学生随机分组，按小组选出若干份作业在课堂上进行点评，学生间相互评出每一份书面作业的优劣；学生对作业进一步修改后提交教师，以便教师进行评价。

【教师任务】

◇ 指导学生在相关专业网站上查找所需资料，查看保险公司对于企业年金方面的服务内容和要求；启发学生理解国际上的年金规划与我国年金制度之间的区别和内在联系。

◇ 提示学生完成书面作业所需要关注的主要知识点，如企业年金制度的含义、特征、分类等。

◇ 指导学生分组，在小组内对学生进行不同的分工，对学生书面文章作业和企业年金规划方案设计方法及完成情况及时进行跟进，督促其按时完成。

◇ 对各小组进行的课堂点评进行适时指导，对于选出的作业及设计方案予以及时、客观、公正的评价，准备回答学生可能提出的各种疑问等。

## 活动　补充社会保险规划

拓展阅读 7-3

### 怎样理解企业补充社会保险

☆ 企业补充社会保险是指企业根据自身经济实力，在国家规定的实施政策和实施条件下为本企业职工所建立的一种辅助性的社会保险。它居于多层次的社会保险体系中的第二层次，由国家宏观指导、企业内部决策执行。

☆ 企业补充社会保险在国外又称职业年金计划、私人养老金计划、公司年金计划、补充养老金计划。它是由企业雇主为其雇员建立的，雇主承担其费用的全部或大部分。它是对国家基本养老保险的补充。

☆ 补充社会保险与基本养老保险的区别体现在两项养老保障的功能和性质不同，其联系主要体现在两项养老保障的政策和水平相互衔接、密不可分。基本养老保险实行的是社会统筹与个人账户相结合的方式，国家强制企业和劳动者参加，资金由国家、企业与个人三方共同负担，不足部分国家承担最后支付责任；企业年金则采用自愿原则，国家给予税收政策支持，实行个人账户管理和市场化运作方式。与基本养老保险相比较，企业年金的资金筹措和运营具有自己的特点，一般不采取基本养老保险普遍实行的"现收现付"制，而采取基金积累方式，需要进行保障投资安全前提下的专业化的市场化投资。

☆ 企业年金的责任主体是企业，企业和职工承担因实施企业年金计划产生的所有风险，国家和政府作为政策的制定者和监管者不直接干预企业年金计划的管理和基金运营。

### 一、国际上的年金规划介绍

在西方发达国家，早在一百多年前就出现了针对特殊职业的职业年金计划，那时甚至还没有国家的基本养老保险计划。职业年金计划的迅速发展是在第二次世界大战以后，并且职业年金计划至此开始与国家基本养老保险计划发生关系，成为基本保险的补充。目前，西方发达国家的职业年金计划较为发达和成熟，覆盖面也较大，经济合作与发展组织国家有1/3的职工被覆盖。其中，英国的覆盖面为50%，美国为48%，加拿大为43%。而实施强制性职业年金计划的法国、瑞士、丹麦等国覆盖率则达到100%。

（一）美国的私人养老金计划

美国的私人养老金计划建立于 1974 年，又称为职业养老金计划（Occupational Pension Plan）或雇主养老金计划（Employer Pension Plan）。美国的私人养老金计划基本上是企业自愿建立的，不具有强制性。企业有权不实行私人养老金计划，但在招用人员时必须说明。企业建立私人养老金计划，通常都是由雇员组织（如工会）与雇主集体协商谈判决定的，也有雇员个人与雇主谈判的情况。雇主一旦建立私人养老金计划，则须覆盖全体雇员。

美国的私人养老金计划是美国养老保险体系的"三根支柱"之一，是劳资双方矛盾斗争妥协的产物。雇主建立私人养老金计划，一方面，可以缓解劳资双方的矛盾，并有利于吸引和稳定优秀的雇员；另一方面，也确实有利于保障雇员退休后的基本生活。美国相当一部分退休人员的退休收入大部分来源于私人养老金计划，基本养老金只占其中很小一部分，个人储蓄养老保险金收入微乎其微。一般来说，私人养老金计划提供的养老金，加上公共养老金计划提供的养老金，可以达到雇员退休前收入的 50%~55%，低收入人员则可达到 70%~75%。由于雇员退休时绝大部分已不存在子女教育负担，清偿了住宅抵押贷款，完成了个人储蓄计划，并且支出和税赋相对工作时期减少，私人养老金计划加上社会保障计划提供的养老金，大体上可以保证退休人员的生活不低于退休前的标准。因此美国的私人养老金计划是劳资两利的举措，同时对活跃金融市场、促进经济发展，也发挥了重要作用。

（二）日本的企业年金制度

第二次世界大战以后，日本民营企业普遍实行了"退职一次金"制度，约 90% 的民营企业职工在退休时可得到一次性支付的一笔退职金。20 世纪 60 年代以后，这种"退职一次金"逐渐演化为企业年金，即企业把一笔钱交给生命保险公司（人寿保险公司），职工退休时，按年金方式支付。目前，参加了厚生年金保险的民营企业中有 60% 实行了企业年金制度。

日本的企业年金是企业对职工劳动的补偿，是对国民年金和厚生年金的补充，是由企业根据各自的需要和承受能力制定的制度，具有以下几个主要特点：

1.目前大部分企业实际上把企业年金分为两部分，一部分仍一次性支付，另一部分以年金方式支付。这样做的好处是，既可以把一笔钱留在企业，企业调度使用方便；又另有一笔钱交给商业保险公司投资运营，免除了职工对企业未来支付能力的担心。

2.一次性支付的数额原则上与职工在本企业工作年限及退休时基本工资高低挂钩，但事先并不许诺，要根据支付时的具体情况来决定。如果职工退休时企业经济状况不好，也可以少支付。

3.企业年金按照"预先积累方式"筹集，即制度建立初期多收保险费，积累起一笔基金，待达到一定积累额之后，再按照"支付金额=保险费+利息"的公式（收支相等原则）进行支付。企业年金的大部分费用由企业承担，个人也负担一部分。

4.企业年金由信托银行和人寿保险公司管理、经营和支付。企业要分别与职工和信托银行或人寿保险公司签订年金合同；职工先将本人应负担的保险费交给企业，再由企业将职工所交费用和企业应负担的费用交给信托银行或人寿保险公司。由于许多企业同信托银行或人寿保险公司签订了合同，故企业年金按不同委托者分别加以管理。

（三）德国的养老保险制度

德国的养老保险制度包括法定养老保险、企业养老保险和私人养老保险三部分，后两者又被称为"补充养老保险"。随着德国人口老龄化问题的日益突出，政府的养老负担也在逐步增加。为此，德国政府在维持法定养老保险主导地位的同时，也采取措施鼓励人们更多地参加"补充养老保险"。

从2002年起，德国颁布新法律，规定企业职工有权利要求雇主将一部分工资或者节假日奖金变成企业养老保险，企业养老保险的筹资方式、组织形式及受保人等均可自由选择。目前，德国的企业养老保险对劳动力的覆盖率已经高达65%，成为养老保险制度中最重要的补充部分。

尽管德国企业补充养老保险属于自愿性养老保险，并由私人公司经营，但政府并非完全放手不管，而是对其进行宏观调控。为了防止雇主因宣布破产而无法支付养老金的风险，德国设立了雇主组织的养老保险基金会作为担保机构，规定开办企业养老保险的雇主有义务向担保机构投保，如果企业破产导致无法支付本企业的补充养老金，则由该基金会支付。

**二、我国的企业年金制度**

企业年金，是指企业及其职工在依法参加基本养老保险的基础上，自愿建立的补充养老保险制度。在我国，企业补充养老保险于20世纪80年代开始试行。1991年，国务院在总结各地经验的基础上，发布了《关于企业职工养老保险制度改革的决定》，作出了逐步建立基本养老保险与企业补充养老保险和职工个人储蓄性养老保险相结合的养老保险体系的决定，从而确立了我国养老保险制度改革的目标，即建立基本保险、企业补充保险和个人储蓄性保险相结合的三支柱体系。自此，建立企业补充养老保险成为我国养老保险制度改革的重要内容之一。我国企业年金制度的发展经历如下：

1991年，《国务院关于企业职工养老保险制度改革的决定》（国发〔1991〕33号）文件中，第一次提出"国家提倡、鼓励企业实行补充养老保险"。

1994年颁布的《劳动法》将其用法律的形式确定下来，其中规定："国家鼓励用人单位根据本单位实际情况为劳动者建立补充保险。"

1995年，劳动部为贯彻执行《劳动法》，制定并下发了《关于印发〈关于建立企业补充养老保险制度的意见〉的通知》（劳动部〔1995〕464号），对企业建立补充养老保险的基本条件、决策程序、资金来源、管理办法、待遇给付、经办机构、投资运营等，提出了指导性意见，确立了基本的政策框架。

2000年，《国务院关于印发完善城镇社会保障体系试点方案的通知》（国发〔2000〕42号）文件将企业补充养老保险正式更名为"企业年金"，并提出："有条件的企业可为职工建立企业年金，并实行市场运作和管理。企业年金基金实行完全积累，采用个人账户方式进行管理，费用由企业和职工个人缴纳，企业缴费在工资总额4%以内的部分，可在成本中列支。同时，鼓励个人开展个人储蓄性养老保险。"

2004年，劳动和社会保障部颁发的《企业年金试行办法》（劳动和社会保障第20号令）、《企业年金基金管理试行办法》（劳动保障部、银监会、证监会、保监会第23号令）确立了我国企业年金发展的制度框架。

《企业年金试行办法》确立了我国发展企业年金的基本原则：自愿参加的原则，个人账户原则，信托原则，市场化管理原则，效率优先、兼顾公平原则；明确了设立企业年金计划需要遵循的原则：集体协商的原则、非歧视性原则、职工利益保护原则、基本保障优先原则。

《企业年金基金管理试行办法》确立了企业年金管理要求：市场准入制度与二次准入制度、四种管理角色模式与内部控制原则、信托模式与资产脱离原则、独立托管人原则、社会中介人监督，明确了管理费用限制、信息披露要求、投资限制等制度。

2005年，《企业年金基金管理机构资格认定暂行办法》（劳动和社会保障部第24号令）明确了从事企业年金基金管理业务的机构，必须根据规定的程序，取得相应的企业年金基金管理资格。劳动和社会保障部负责企业年金基金管理机构（法人受托机构、账户管理人、托管人和投资管理人）资格的认定工作。

2011年，人力资源和社会保障部联合中国银行业监督管理委员会、证券监督管理委员会和中国保险监督管理委员会发布了新修订的《企业年金基金管理办法（2011年第11号令），自2011年5月1日起施行。原《企业年金基金管理试行办法》同时废止。11号令调整了企业年金基金投资范围和比例；完善了治理结构；增加了违规处罚措施；并对企业年金基金计划作出原则规定。

随着我国城镇职工养老保险体系的不断完善，基本养老保险、企业年金和个人储蓄性养老保险共同组成我国养老保险制度的"三个支柱"。

### 拓展阅读 7-4

### 我国的养老保险体系

我国是一个发展中国家，社会经济还不发达，生产力发展不平衡，这种基本国情决定了我们必须建立多层次的养老保险体系，以使养老保险既能充分发挥保障生活和稳定社会的作用，又能适应不同经济发展水平的需要，调动劳动者的积极性。

养老保险制度改革后的我国养老保险体系分为三个层次：

一是基本养老保险，它是按国家统一政策规定强制实施的为保障广大离退休人员基本生活需要的一种养老保险制度；

二是企业补充养老保险，它是企业根据自身经济实力，在国家规定的实施政策和实施条件下为本企业职工建立的一种辅助性养老保险，由国家宏观指导，企业内部决策执行；

三是个人储蓄性养老保险，它是由职工个人自愿参加、自愿选择经办机构的补充保险形式。

后两个层次中企业和个人既可以将养老保险费按规定存入社会保险机构设立的养老保险基金账户，也可以选择在商业保险公司投保。

资料来源：根据中国法制教育网相关资料整理.

（一）建立企业年金的条件

根据《企业年金试行办法》第三条、第四条的有关规定，建立企业年金，应当由企业与工会或职工代表通过集体协商确定，并制订企业年金方案。国有及国有控股企业的企业年金方案草案应当提交职工大会或职工代表大会讨论通过。符合下列条件的企业，可以建立自己的企业年金：

1. 依法参加基本养老保险并履行缴费义务。

2. 具有相应的经济负担能力。

3. 已建立集体协商机制。

（二）企业年金方案的内容

1.参加人员范围。

2.资金筹集方式。

3.职工企业年金个人账户管理方式。

4.基金管理方式。

5.计发办法和支付方式。

6.支付企业年金待遇的条件。

7.组织管理和监督方式。

8.中止缴费的条件。

9.双方约定的其他事项。

（三）企业年金的费用缴纳

企业年金所需费用由企业和职工个人共同缴纳。企业缴费的列支渠道按国家有关规定执行；职工个人缴费可以由企业从职工个人工资中代扣。

企业年金基金由下列各项组成：

1.企业缴费。

2.职工个人缴费。

3.企业年金基金投资运营收益。

企业年金基金实行完全积累，采用个人账户方式进行管理。企业年金基金可以按照国家规定投资运营。企业年金基金投资运营收益应并入企业年金基金。企业缴费应当按照企业年金方案规定比例计算的数额计入职工企业年金个人账户；职工个人缴费额计入本人企业年金个人账户。企业年金基金投资运营收益，按净收益率计入企业年金个人账户。

知识延伸 7-1

企业补充养老保险

拓展阅读 7-5

## 我国主要养老保险公司的企业年金业务统计表

我国主要养老保险公司的企业年金业务统计表见表7-3。

表7-3　　　　　　我国主要养老保险公司的企业年金业务统计表　　　　　　单位：万元

| 公司名称 | 企业年金缴费 | 受托管理资产 | 投资管理资产 |
|---|---|---|---|
| 太平养老 | 357 916.61 | 1 045 732.71 | 1 367 159.40 |
| 平安养老 | 957 875.19 | 2 037 238.93 | 2 610 695.27 |
| 国寿养老 | 940 843.94 | 1 377 511.59 | 0.00 |
| 长江养老 | 258 315.51 | 2 468 833.03 | 883 322.25 |
| 泰康养老 | 121 029.96 | 150 668.14 | 0.00 |
| 合计 | 2 635 981.20 | 7 079 984.40 | 4 861 176.92 |

资料来源：中国保险监督管理委员会统计数据.

**综合训练**

## 一、简答题

1.简述团体保险与个人保险有什么区别。

2.团体人身保险对团体有什么要求？

3.团体人身保险方案有哪些内容？

4.我国企业年金方案有哪些具体内容？

## 二、实务题

1.金星公司有员工150人，按照工作性质属于职业分类中的第四类。公司管理层打算为全体员工购买为期1年的1万元团体人身意外伤害保险，并附加1万元意外医疗费用保险，请参考【情境模拟7-1】中的数据，为金星公司计算需要缴纳的保险费总额。

## 三、案例题

高小光是某厂司机，由所在单位环宇公司统一投保了团体人身意外伤害保险，保额每人2万元。在保险期限内高小光因车祸死亡，合同中受益人处注明为"环宇公司"，但无被保险人认可字样，环宇公司又不给高妻、高父等人出具有关证明，使其不能向保险人领取保险金。环宇公司认为，保险费是公司缴纳的，保险金自然应该归公司，家属认为保险金应该归自己。

问题：上述保险金的归属如何确定？

分析提示：

1.保险基本原则中关于保险利益的规定。

2.《保险法》中关于受益人的规定（第39条）。

3.《保险法》中关于保险金处置的规定（第42条）。

## 四、实训题

实训项目：编制团体人身医疗保险保障计划建议书

实训目的：掌握团体人身保险的含义与特点，掌握团体人身保险方案的具体内容与设计方法，在实务中结合保险营销的相关内容，根据潜在单位客户的具体保险需求，可以自己编制团体人身保险保障计划建议书。

实训步骤：

1.回顾团体人身医疗保险的相关知识点。

2.回顾团体人身保险方案的相应内容。

3.回顾团体人身保险方案的设计方法。

4.自己编制团体人身医疗保险保障计划建议书。

实训成果：团体人身医疗保险保障计划（二类职业）。

# 项目八　人身保险市场营销

**学习目标**

【知识目标】

1.明确人身保险市场营销含义

2.掌握寿险公司营销管理

3.了解人身保险营销渠道

4.熟悉人身保险营销流程

【能力目标】

1.能够准确地把握人身保险市场营销内涵

2.能够了解寿险公司营销管理内容及方法

3.能够明确人身保险市场营销渠道

4.能够了解并掌握我国目前人寿保险市场直接营销与间接营销的区别

5.能够综合运用学过的人寿保险营销流程及技巧进行人寿保险产品的推销

【素质目标】

1.能够从客户和保险公司两个角度解释人身保险的营销流程

2.能够帮助不同客户分析其保险需求，采取不同的营销渠道和营销方法进行人寿保险的推销

3.能够理解区分寿险公司营销的内容与方法的不同职责

4.能够根据不同的客户进行不同的业务推销

【工作任务】

1.画图详细说明人身保险业务营销流程

2.画图详细说明人寿保险业务专业化推销的技巧和方法

案例导入

## 寿险营销的机会无处不在

美国人盂列·史威济是位保险营销业务人员，他非常喜欢打猎和钓鱼，他业余时间最喜欢做的事是带着钓鱼竿和猎枪步行25英里去大森林度过自己的休闲时光。可是，盂列总觉得打猎钓鱼有些浪费时间。有一天，当他依依不舍地离开心爱的净水湖，准备打道回府时突发奇想：在这荒山野地里，会不会也有居民需要保险？那他不就可以既工作，又不影响自己打猎和钓鱼了吗？

　　结果孟列发现果真有这种人：他们是阿拉斯加铁路公司的员工，他们散居在沿线500公里的各段路轨的附近。孟列主动开始了行动。他沿着铁路走了好几趟，那里的人都叫他"步行的孟列"，他成为那些与世隔绝的家庭最欢迎的人，那些人也成为了他的客户。孟列·史威济作出了令人震惊的业绩，在阿拉斯加的荒原，在没人愿意前来的铁路沿线，他一年之内就做成了上百万元的生意。孟列·史威济的成功值得每一个保险代理业务员深思。

　　资料来源：后东升. 保险代理业务员培训手册［M］. 北京：中华工商联合出版社，2006.

　　这一案例表明：保险和客户无处不在，保险的机会随时都有。作为一名保险营销人员，只要留心自己的周围，总会找到开拓市场的机会，不但会给公司带来业务的增长，也会给自己带来很好的收益和巨大的收获。

## 任务一　掌握人身保险营销

【学生任务】

　　◇ 要求每个学生课前预习相关内容，结合已经学过的知识来理解人身保险市场营销的相关内容，能够用自己的语言来描述人身保险市场营销内涵，尤其是保险营销与保险推销的异同之处。

　　◇ 要求每个学生扩大课外阅读量，结合本部分内容，说明人寿保险营销对开展寿险业务的重要性，根据自身理解，结合具体案例写出不少于500字的书面课后作业。

　　◇ 了解并掌握我国目前寿险公司营销管理的基本内容。

　　◇ 将学生随机分组，每组分出客户方和营销员方，进行人寿保险推销演练，并按小组选出若干份作业在课堂上进行点评，学生间相互评出每一份书面作业；学生对作业进一步修改后提交教师，以便教师进行评价。

【教师任务】

　　◇ 指导学生在相关专业网站上查找所需资料，查看人身保险营销方面的服务内容和要求。启发学生理解人身保险营销与人身保险推销业务之间的内在联系。

　　◇ 提示学生完成书面作业所需要关注的主要知识点，如人身保险营销的含义、特征、人寿保险推销的意义。

　　◇ 指导学生分组，在小组内对学生进行不同的分工，分出客户方和营销员方，进行人寿保险推销演练，对学生的书面作业和人寿保险推销演练活动情况及时进行跟进，督促其按时完成。

　　◇ 对各小组进行的课堂点评进行适时指导，对于选出的作业及活动小组予以及时、客观、公正的评价，准备回答学生可能提出的各种疑问等。

### 活动1　了解人身保险营销

**一、人身保险市场营销概述**

　　人身保险市场营销，又称为寿险营销，是以人身保险这一特殊的商品为客体，以消费者对这一特殊商品的需求为导向，以满足消费者转移人身风险的需求为中心，运用整体营销或者协同营销的手段，将保险商品从保险公司转移给消费者，借以实现保险公司的可持续经营发展目标的一系列活动和过程。

（一）寿险营销的概念

寿险营销有广义和狭义之分。广义的寿险营销，就是指在寿险市场中，以寿险产品为交换对象，以满足客户需求为目的，实现组织经营目的的一系列经营活动。具体而言，广义的寿险营销包括：寿险市场需求分析、寿险市场购买行为分析、寿险市场的细分与目标市场选择、寿险险种的开发与设计、推销、客户服务等。

狭义的寿险营销，就是指寿险推销，是广义寿险营销全过程的一个重要环节，侧重于寿险推销及客户服务。狭义的寿险营销包括：拜访客户前的准备、接触客户、说明寿险商品、客户拒绝的处理、促成寿险保单、要求转介绍客户、寿险保单的售后服务等。本章主要从寿险推销的角度来研究寿险营销的流程、方法、技巧、管理与考核。

（二）寿险营销的特征

1.寿险营销的产品无形性

寿险产品是一种无形的商品，无法在客户购买前展示其使用价值，寿险产品所包含的仅仅是对客户的一种承诺，而且这种承诺只能在约定的事件发生后或者约定的期限届满时给予履行，而不像其他有形产品那样在购买或使用时就可以得到实质性的享受或者满足。寿险产品的核心在于寿险保单提供的服务，这种服务体现在为购买寿险产品的客户提供风险保障。

2.寿险营销的人员专业性

对客户而言，购买寿险不只是一种消费行为，更重要的是把购买寿险视为一项风险管理计划、一项投资理财计划、一项家庭财务管理计划。因而寿险营销人员不仅要运用保险专业知识，还要运用包括金融、法律、医学、心理和营销在内的多项专业知识，并根据客户的实际需求，为客户设计合理的风险保障方案。

3.寿险营销的信息不对称性

寿险营销的信息不对称性主要体现在两个方面：一方面，寿险保单中的寿险条款专业性较强，有相当多的专业术语，一般的寿险客户无法像购买有形产品那样通过说明书或使用规范来了解寿险产品的功能与用途；另一方面，寿险产品是一种为客户提供风险保障的产品，虽然保险人通过代理人、被保险人健康告知书、生存调查等手段对被保险人的风险状况进行核实，但由于信息的私人性，使得寿险公司常处于不利地位。

4.寿险营销的市场竞争性

随着中国寿险业的不断开放与发展，特别是中国加入WTO后，寿险营销的市场竞争愈发激烈。首先，体现为寿险公司与寿险公司之间的竞争，即各寿险公司间存在营销理念、寿险产品、人才争夺等全方位的竞争；其次，体现在同一寿险公司内部的不同营销团队、不同营销人员间的竞争；最后，在中国加入WTO后，与外国寿险公司的竞争已不可避免。在激烈的竞争中立于不败之地的关键在于寿险营销人员拥有自身良好的素质与职业道德，以及提供优质的服务。

（三）寿险营销的要素

1.寿险营销的主体

这是指寿险产品的供给方，也就是寿险产品的生产者和销售者，即保险市场上的所有人寿保险公司。

**2.寿险营销的客体**

这是指由各寿险公司开发并销售的各种寿险产品,具体而言,就是各寿险险种。寿险公司经营的产品主要有三类:人寿保险产品、健康保险产品和人身意外伤害保险产品。

**3.寿险营销的对象**

这是指寿险产品的购买者或者消费者,也就是投保人。寿险营销活动的成功与否,最终取决于寿险客户的投保情况。寿险客户也有两类:一类是个人客户,就是指具有民事行为能力和缴费能力的自然人;另一类是法人客户,就是指各类企业和社会团体。

**(四)寿险营销的原则**

**1.最大诚信原则**

最大诚信原则不仅是寿险合同的基本原则之一,也是寿险营销人员必须遵循的重要行为准则。对于寿险营销人员来讲,要求从两个方面来做到最大诚信:一是寿险营销人员必须把了解到的寿险标的风险的真实情况,尤其是那些影响到保险人决定是否承保和是否调整费率的重要事实,如实告知保险人;二是寿险营销人员还要对客户诚实守信,必须如实向客户介绍寿险公司的基本情况、寿险条款的内容等,尤其是寿险保单的保险责任和除外责任,不得夸张宣传,欺骗客户。

**2.遵守法律规范和职业道德原则**

寿险营销人员的品德和信誉直接或间接地影响着寿险营销工作的开展。一方面,寿险营销人员要在遵守国家法律法规的前提下,严格遵循寿险公司的各项规章制度,按照寿险公司的承保要求吸纳客户,维护寿险公司的利益;另一方面,寿险营销人员要遵守职业道德,诚心诚意为客户服务,不得夸大保险责任、夸大保险给付,以欺骗客户的方式来谋取私利。寿险营销人员应遵守职业道德,合法进行寿险营销工作。这样不仅可以树立自身良好的职业形象,有利于自身业务的开拓,而且也维护了寿险营销职业群体和寿险公司的形象,并促进了整个寿险行业的健康、有序发展。

**3.客户至上,优质服务原则**

客户至上,优质服务,应贯穿于寿险营销活动的各个环节。客户至上,要求寿险营销人员在从事营销工作时以满足客户的需求为中心,一切从客户的利益出发。优质服务不仅体现在客户投保前,根据客户的自身需求帮助客户设计寿险建议及选择适当的寿险险种上,还体现在客户投保后,为客户续保、制订新的寿险计划、协助索赔等售后服务上。

**二、寿险公司营销管理**

寿险公司营销管理是一个满足消费者保险需求的管理过程,是识别、分析、选择和发掘保险营销机会,以实现人寿保险公司的任务和目标的管理过程,也就是人寿保险公司与其最佳的市场机会相适应的过程。这一过程是由几个具体的步骤组成的,即分析寿险营销机会,确定寿险营销的目标市场,制定寿险营销策略,组织、实施与控制寿险营销活动。

**(一)分析寿险营销机会**

分析寿险市场机会,发掘寿险营销机会,是寿险公司营销管理过程的第一步。所谓寿险市场机会,是指在寿险市场上尚未被满足的寿险需求。但它仅仅是一个寿险公司的环境机会。所谓寿险营销机会,是指对本企业的营销活动具有吸引力,能够使本企业取得竞争优势和获得差别利益的市场机会。寿险市场机会能否成为寿险公司的营销机会,主要是看它是否适合本企业的目标和资源,是否能使本企业在寿险市场上扬长避短,发挥竞争优势，比竞争对手和可能的竞争对手获得更大的差别利益。对寿险市场机会的分析是为了发掘适合本企业的寿险营销机会和避免环境威胁，从而确定本企业将要进入的寿险目标市场。因此，寿险营销管理的任务不仅仅是要善于发现和识别寿险市场机会，而且还要善于对已发现和识别的市场机会，根据自己的目标和资源进行分析和评估，从中选出对本企业最适合的营销机会。

为了分析寿险市场机会，发掘寿险营销机会，寿险公司首先需要对自己的营销环境进行调研和分析，然后具体分析各类寿险营销市场的需求以及寿险消费者的消费行为。寿险营销环境包括微观环境和宏观环境两大类。微观环境因素包括：与营销部门发生各种联系的寿险公司的各个职能部门、寿险代理人和寿险经纪人、寿险消费者、同行竞争者和公众。宏观环境因素包括：人口环境、经济环境、技术环境、政法环境、文化环境。随着寿险业的发展，各类营销环境会不断发生变化，这一方面给寿险公司创造了机会；另一方面也造成了新的威胁，寿险营销管理的任务就是要善于抓住机会，克服威胁，以适应新的环境。一般来讲，所有的微观环境因素都要受到宏观环境因素的影响和制约。对寿险消费者消费行为进行分析，包括个体消费者和团体消费者的消费行为模式以及相关因素的分析，由此掌握各类消费者的消费心理、消费行为及其变化规律，以消费者的寿险需要为依据，制订营销方案。

（二）确定寿险营销的目标市场

在对各类寿险市场机会进行分析和评估以后，寿险公司根据自己的目标和资源选择了适合本企业的寿险营销机会，这时，需要进一步对寿险市场的容量和结构进行分析，从而选择最适于本企业的目标市场。

任何一个寿险公司都不可能满足整个寿险市场的需求，也不可能一味地向无边无际的寿险市场提供寿险商品。对寿险市场机会的分析就是为了选择一个合适的目标市场，市场细分就是正确选择寿险营销目标市场的基本方法。

所谓寿险市场细分是指根据寿险市场上消费者的需要、消费习惯等方面的特征，把某一个或某一组寿险商品的市场整体划分为若干个消费者群体的市场分类过程。寿险市场细分的依据一般有地理细分、人口细分、心理细分和行为细分等。寿险市场通过细分，同类寿险消费者聚集成一个消费群体，形成一个细分市场，某一寿险公司可以根据自己的目标和资源，集中力量为一个或几个细分市场服务，即确定本企业营销的目标市场。

可供寿险公司选择其目标市场的模式有五种：单一市场集中化，即只选择一个细分市场；选择专业化，即企业有选择地进入几个细分市场，提供不同的险种，满足不同细分市场的需求；险种专业化，即向几个不同的细分市场提供某一系列的险种；市场专业化，即提供不同的险种，满足某一类细分市场即某一特定顾客群的各种需求；完全覆盖，即为各种细分市场分别提供不同的险种。

寿险公司选定了自己的目标市场之后，可能会发现进入这个目标市场的企业不止一个，而且各有特色。因而，一个寿险公司在选定目标市场以后，首先就要对自己的险种进行市场定位，采取适当的定位战略。

所谓寿险市场定位，是指寿险公司根据竞争对手现有险种在市场上所处的位置，避开其竞争对手独有的特色，重新审视消费者对该险种其他特征或属性的重视程度，强有力地塑造出本企业险种与众不同的、给人以鲜明印象的个性或形象，并让消费者及时迅速地以欢迎的态度接受其特色，使该险种在市场上找到和确立自己的位置。总之，市场定位就意味着在目标市场上，在消费者的心目中，使自己的险种占领一个明确的、与众不同的和有吸引力的位置，树立一定的"企业形象"和"险种品牌"。

（三）制定寿险营销策略

寿险公司在选定了目标市场并进行市场定位以后，营销管理过程的下一步就是确定营销策略。寿险营销的策略是一种组合性策略，即寿险公司针对目标市场的需要对费率、险种、服务、信誉、代理、广告等可控的各种营销因素进行优化组合和综合运用，使之协调配合，扬长避短，发挥竞争优势。由于寿险公司在营销过程中要受到很多因素的影响和制约，其中既有"可控因素"（如费率、服务、广告等），也有"不可控因素"（如各种微观环境因素和宏观环境因素），营销管理的任务就是适当安排这些因素的组合，使可控因素与不可控因素相适应，这也是寿险公司营销能否成功的关键。具体而言，寿险营销策略可以考虑在险种生命周期不同阶段的特点，采取不同的险种策略；可以考虑寿险公司自身的特征与目标市场消费者的特征，采取不同的分销和促销策略。在所有的寿险营销策略中，最基本的营销策略是险种策略，最关键的营销策略是费率策略、分销与促销策略。

确定寿险营销策略时，要注意两个方面：一方面，寿险营销策略是一个复合式组合性策略。每一个组合因素各自都包含着若干小的因素，所以，寿险公司在确定营销策略时，不但要求主要因素之间形成最佳搭配，而且还要注意安排好每个因素内部的搭配，使所有的因素达到灵活运用和有效组合。另一方面，寿险营销策略又是一个动态式组合性策略。每一个组合因素都是不断变化的，是一个变数；同时又是互相影响的，每个因素都是另一因素的潜在替代者。在几个主要的变数中，又各自包含着若干个小的变数，每一个变数的变动，都会引起整个营销策略的变化，形成一个新的组合性策略。

（四）组织、实施与控制寿险营销活动

寿险营销管理的最后一个程序是组织寿险公司的所有营销资源，根据本企业在寿险行业中的竞争地位，制定相应的营销战略和战术，以实施和控制寿险营销活动。

寿险公司制定寿险营销战略和战术，必须考虑自己在市场上的竞争地位。在市场上占有最大份额的寿险公司，是寿险市场上的主导者，其营销策略的主要目标是努力维护自己的主导地位，保持既得的市场份额。在市场上竞争实力仅次于主导者的寿险公司，是寿险市场的挑战者，其营销策略是不断地向市场主导者及其他势均力敌的竞争者发起挑战，极力争夺市场份额。在市场上竞争实力不及主导者而又不准备进行挑战的寿险公司，是寿险市场的追随者，其营销策略只是仿效市场领先者，力图保持较稳定的市场占有率和利润率。在市场上还有一些小企业或新企业，它们处于主要竞争者所忽略的市场空隙中，是寿险市场的补缺者，其营销策略是努力寻找一个或更多个安全和有利可图的市场补缺基点，在此基础上求得生存和发展。

寿险营销战略和战术的具体化就是寿险营销计划，包括长期计划和短期计划。为保证营销计划和战略的实施，必须建立相应的营销组织部门；为及时发现和处理计划实施过程中出现的各种出乎意料的问题，必须建立相应的营销控制系统，以及时反馈和控制营销活动。

考证直通车 8-1（单选）

狭义的寿险营销侧重于（　　）。

A.寿险推销及客户服务

B.寿险市场需求分析

C.寿险市场的细分与目标市场选择

D.寿险险种的开发与设计

## 活动2　明确人身保险营销渠道

### 一、区分人身保险营销渠道种类

人身保险营销渠道是指人身保险产品从人寿保险公司向保险消费者转移时所经过的路径和环节。在人身保险营销渠道中，人身保险产品从保险公司向投保人的转移运动是以保险产品所有权的转移为前提的。

按人身保险产品的销售是否通过中介环节，可将人身保险的营销渠道分为直接分销、间接分销两大类。在相对特殊的情况下，保险公司可能将险种直接销售给投保人，即一次转移，也就是直接分销。但在大多数情况下，保险产品从保险公司转移给投保人要经过保险中介机构进行多次转移，也就是间接分销。

### 二、人身保险直接营销

（一）上门推销

直接上门推销是保险业务人员开展业务时最为常用的方法之一。目前，保险公司对财产险和团体寿险业务多采用由业务人员直接上门推销的销售方式来开拓业务。上门推销开拓准客户的方法主要有三种：陌生拜访法、缘故开拓法、推荐介绍法。

1.陌生拜访法

这顾名思义就是直接拜访陌生人。当然，陌生拜访并非意味着漫无目的，而应在拜访之前做好充分准备。①通过各种途径收集资料，以了解各单位的经营性质、人员构成、资金状况等信息。②根据所收集的资料进行有目的的筛选，筛选出"一部分有投保潜力"的单位作为准客户。筛选时，可以通过直接询问，也可以通过向知情人打听等方法。③对筛选出来的准客户在拜访之前进行预约。通过这些拜访前的准备工作可以避免盲目拜访，提高拜访的成功率。

案例分析 8-1

### 寿险营销——不打无准备之仗

刘小丽是一家寿险公司的营销员，一天晚上她翻阅报纸时，无意间看到一则报道，讲某个工厂因一位女职工患重病住院，已花去了医疗费15万元还没结束治疗，于是工厂动员职工捐款，两天内募捐总额达到4万多元。

小刘觉得这是一个拓展业务的机会，在经过了精心的准备之后，第二天一早小刘就驱车到了该厂。见到厂长后，小刘马上热情地跟他握手，很激动地介绍来意说："我看了昨天的晚报新闻报道，得知你们厂某某同志的不幸遭遇，一方面对她的不幸深表同情，另一方面又为她的幸运而庆幸，因为在您的领导下，你们全厂职工齐心协力帮助她渡过难关，很令人感动，所以我一定要来跟您这位了不起的厂长见见面，同时也想表表我的心意，我捐款200元，你看可以吗？"

厂长一听，马上说："好，欢迎，欢迎。"小刘接着说："我在人寿保险公司工作，工作经验告诉我人生真是处处有危机，而人们往往在平安的日子里不愿意去想这万一的情况，你说对吗？"厂长不时地点头。"生活告诉我们这样一个道理：凡事要防患于未然。为了保证你们厂不再发生这类不幸的事件，以及不需要再为这不幸而连累全体职工，厂长，您看看我带给您的这项保障计划，它可能就是一颗令你们安心生产的'定心丸'。"

厂长说："我觉得你讲得很有道理，让我们厂领导研究一下如何？"小刘说："厂长，在生产管理上您是行家，在保险方面可能我了解得多一些，可否方便让我在你们下午的厂务会上向厂领导作一番说明？我这个要求是不是给您添了很大的麻烦？"厂长回答："不要紧，可以的。"通过下午近两个小时的努力，小刘终于谈成了一件完全是靠陌生拜访而来的大保单。

分析：寿险营销的机会无处不在，无时不有。如果报纸上有招聘，有人物专访，有重大的事件（如捐资助学、重要人物的婚庆、讣告等），你就可以拿起电话，向想去攻克的准客户进行初步的了解，根据你掌握的资料，去发掘与他建立关系的连接点。不要打无准备之仗，在没有准备充分之前千万不要贸然前往，这样你不但会浪费一个资源，而且会让自身的形象大打折扣。需要记住的一个原则就是，哪怕不成交生意，也要成交朋友，成为朋友之后你的胜算就会大很多。

资料来源：后东升. 保险代理业务员培训手册 [M]. 北京：中华工商联合出版社，2006.

### 2.缘故开拓法

这是指拜访过去曾有缘相识的朋友或熟人，通过他们来了解其单位的具体情况，然后再通过他们争取到业务。缘故开拓法的成功率一般比陌生拜访法高很多，而且取得的信息也会更直接、更快捷、更真实。

### 3.推荐介绍法

这是指通过已有的保户或准保户来推荐介绍客户的方法。推荐介绍的优点在于可事先了解准客户的资料及潜在需求，做好准客户的筛选工作，容易突破彼此陌生的障碍，成功的可能性比较高。

### （二）柜台销售

柜台销售是保险公司利用已建立起来的密集营业网点，通过营业柜台接待前来投保的客户，及时为其办理投保手续的销售方式。

适宜该销售方式的一般为承保手续比较简单的险种，或是多采用定额保单的形式进行销售的险种，或是大多数人都了解或知道的险种。例如，航空旅客人身意外伤害保险，保险公司就是采用在飞机场设立专柜销售的直接营销形式。

### （三）电话销售

电话销售，在寿险公司简称为"电销"，就是利用语音电话进行销售。电销业务人员通过随机选取或是通过其他渠道获得电话号码，通过语音与潜在客户进行联系与沟通，了解客户的相关信息，推介公司的寿险产品，激发客户的潜在需求。

虽然电话销售的成功率相对较低，但是由于节省了大量的营销时间与营销成本，目前是很多人寿保险公司正在采用的直接营销形式。

（四）邮寄销售

邮寄销售是指把已经印刷好的险种介绍、公司介绍和投保单等详细资料通过邮寄的方式送至准客户，客户通过阅读相关资料做出是否投保的决定。如决定购买，只需将投保单填好再寄回保险公司即可。

通过邮寄的方式进行销售，可以消除有些客户对上门推销的反感，但成功率一般较低，容易造成印刷成本的提高。该方式一般适宜对老客户销售新的寿险险种，有时为了确保成功率，也辅之以电话跟踪。

（五）在线销售

在线销售，也叫网上在线销售，是一种与现代因特网密切相关的保险营销方式，即保险公司通过因特网开展险种介绍、承保、理赔、售后服务等一系列业务活动和业务管理活动，达到与投保人、保险中介机构甚至保险监管部门的信息交流与沟通。投保人在因特网上选择自己满意的险种，通过网络填写投保单，保险公司在网上进行核保与承保，再通过网络发出正式的保险单，投保人则可以通过网络银行将保费划转到保险公司的账户，从而实现在线销售。网上在线销售只是保险网络营销中的一个环节，保险网络营销还包括被保险人网上报案、保险公司网上理赔以及网上续保等。

拓展阅读 8-1

### 互联网涌向保险业有点火

近两年来，互联网公司进入保险行业似乎已成潮流，互联网与保险行业的合作红红火火。

**一、业务合作更常见**

最常见的是保险公司与互联网公司在业务上的合作，主要体现是保险公司将自己的产品放在互联网平台上进行售卖。其纷纷将互联网保险、大数据等作为突破公司发展瓶颈的一个方向。例如在支付宝平台，可以购买到保险公司的医疗险，淘宝网嵌入消费者网购保险产品流程，保险公司开始在腾讯微信上提供保险销售服务。大数据和互联网保险将是公司未来拓展的方向，能为客户带来更多创新的服务。

此外，随着手机移动端功能的日益强大，场景出现频率非常高。例如不少用户喜欢把钱放到支付宝里，由此，切合场景的账户安全险应运而生。这是目前向互联网转型的险企重点关注的领域。

**二、股权投资渐成主流**

互联网巨头BAT近年来都在以参与设立或者后期购买股权等方式谋求保险牌照，成为保险公司的股东。如腾讯全资子公司英克必成就联合中信国安投资设立了和泰人寿。其中，英克必成持有和泰人寿15%的股权，位列第二大股东。阿里通过旗下公司蚂蚁金服参股设立我国第一家互联网保险公司众安保险，积极探索包括移动互联网、云计算、大数据等在内的互联网技术在保险中的应用。

百度、京东、苏宁等也不甘示弱。百度正在与德国安联及高瓴资本投资成立互联网公司百安保险，京东投资了互联网车险平台"OK车险"，苏宁也表示将联合卫宁健康等成立金诚保险。保险公司能够利用互联网公司股东的用户优势、科技优势、数据积累等，使其全面实现互联网化。

### 三、转型红利尚微

最近两年，互联网公司以不同方式进入保险行业似乎已成为潮流，互联网优势显而易见，但目前大部分保险公司与互联网的合作仅停留在业务合作、渠道合作的阶段，深层次的合作确实还比较少，互联网公司介入保险行业尚未带来显而易见或者说能够颠覆行业的改变。保险专家表示，财产保险标准化程度相对高一些，显然更适合与互联网相结合；而人身险产品设计较为复杂，很多产品无法实现标准化，也就不太适合互联网化。例如航延险、意外险等，利润已经被互联网渠道占去大半，不过内含价值较高的重疾险等业务，依然把控在个险渠道、中介渠道的手中。由此看来，在互联网与保险公司浅层次合作与博弈并存的上半场，保险公司还是略占上风。中保协公布的数据显示，2016年共有61家公司经营互联网人身险业务，获得1 945亿元保费，同比增加33%，占人身险公司保费规模的比重为8.7%。

资料来源：投资者报，经过整理.

### 三、人身保险间接营销

保险间接分销主要通过保险中介机构来完成分销任务。各国保险业的发展表明，保险业的发展带动了保险中介的发展，而保险中介的发展又进一步推动了保险业的繁荣与发展。保险中介这种间接分销渠道对保险业的作用具体表现为：

1.推动了保险知识的宣传与保险意识的传播

自从打破了中国人民保险公司一家垄断经营的局面后，我国的保险业进入了迅速发展的时期，尤其是1992年美国友邦保险公司把个人代理营销制度带入我国以后，保险代理人挨家挨户上门进行保险推销，走上街头设立咨询站，以及保险公司通过设立保险代理网点和各保险代理公司开展的各种展业宣传等活动，都为推动保险知识的宣传与保险意识的传播发挥了积极的作用。

2.促进了服务质量的改善和业务发展

一方面，保险中介人直接面对客户，根据客户的需求及时提供各种迅捷的、优质的服务。另一方面，利用间接分销，既可以使保险公司从琐碎而繁杂的保险销售和承保业务中部分解脱出来，更加专注于提高承保与理赔等保险技术和服务质量；又可以扩大市场范围，树立和宣传保险公司的形象，从而推动保险业务的发展。

3.提高保险经济效益，增强企业竞争力

保险中介具有展业面广、业务费用少、不占编制、管理方便等特点，因而对提高保险业的经济效益有积极的作用。此外，保险中介还因为具有对市场的敏锐观察力和迅速收集信息及适应市场发展等能力，在推动保险公司业务发展、提高竞争力方面有突出的作用。

#### （一）专业代理

保险专业代理是指专门从事保险代理业务的保险代理公司。根据《保险代理机构管理规定》（保监会令【2004】第14号），保险代理机构可以以合伙企业、有限责任公司或股份有限公司形式设立。

保险代理机构及其分支机构的具体代理权限在前款所列范围内由委托代理合同约定。值得注意的是，保险代理公司无权签发保险单。

根据我国相关法律，保险代理人必须经过严格考试，持证上岗。保险代理人参加考试且合格后可以获得《保险代理人资格证书》（由中国保险监督管理委员会统一印制，并由被代理保险公司审核留存）。保险代理人在保险公司的授权范围内代理保险业务的行为所产生的法律责任，由保险公司承担；如果保险代理人在其业务中欺骗保户，将受到处罚或被追究刑事责任。

一名合格的保险代理人应精通寿险业务，同时通晓理财、法律、风险管理等相关知识，这样才能为保户提供优质的售前、售后服务；合格的保险代理人，可以用专业知识帮助保户转移风险，做保户的经济顾问，使保户的生活得到全面保障。

### 拓展阅读 8-2

#### 保险代理公司的业务范围

保险代理公司向客户推销保险是一种商业服务行为。因此，无论是从保险代理本身服务最优的要求，还是从商业利益要求来看，保险代理公司的经营内容都不应限于推销保险、收取保险费，而应包括提供各种与保险代理相关的服务。

保险代理公司的业务范围具体包括：

1.代理推销保险产品。保险代理公司的保险产品分为财产保险产品和人身保险产品。保险代理公司应通过多种渠道向企业和个人宣传保险，招揽保险业务。与其他保险代理形式相比，保险代理公司应更突出专业化和规范化。

2.代理收取保险费。收取保险费是保险代理公司经营活动的重要内容，体现保险合同双方权利和义务关系。同时，保险代理公司应根据保险代理合同的有关规定，及时将保险费划转给保险公司。保险代理公司的专业代理人员向企业和个人招揽保险业务、收取保费时，不得直接出立保险单。

3.根据保险公司的委托，代理相关业务的事故调查和协助客户办理理赔手续。当经由保险代理公司招徕的客户出险后，保险代理公司利用其熟悉客户情况的优势，既要协助保险公司进行事故原因和经过的调查，又要协助客户办理相关理赔手续，应充分体现保险职能，又维护被保险人的利益。

4.中国保险监管部门批准的其他业务。当国家对保险业的法规、管理规定进行调整时，保险代理公司可代理中国保险监管部门批准的其他业务。

资料来源：根据中国保监会网站相关资料整理.

（二）兼业代理

兼业代理分销渠道是指保险公司通过保险兼业代理人向准保户推销保险产品。根据《保险兼业代理管理暂行办法》（保监发【2000】144号），保险兼业代理人资格申报及有关内容的变更，应由被代理的保险公司报保监会核准。

我国保险兼业代理的形式主要有三种：

1.业务经办单位代理

利用业务经办单位的职能作用和优越条件为保险人代理和自身业务有直接关系的保险业务。例如，旅行社可以代理旅客人身意外伤害保险和旅行社责任保险；医院可以代理手术意外保险、生育保险和医师责任保险等。

2.企业主管部门或企业代理

企业的主管部门受保险人的委托兼办所属企业的保险业务或企业代办企业内部的保险

业务，如代理企业职工养老保险、家庭财产保险等。

3.金融部门代理

随着金融竞争的加剧和金融一体化的日益推进，金融业内三大支柱——银行、证券、保险联手、相互渗透的趋势日渐明显。其中，银行与保险的混业经营发展迅速，引人注目。银行代理保险业务大有可为，势将最终取代大部分保险代理人。

考证直通车 8-2 （单选）

保险代理人在保险公司的授权范围内代理保险业务的行为所产生的法律责任，由（ ）承担。

A.保险公司　　　　　　　　　　B.保险代理人

C.投保人　　　　　　　　　　　D.被保险人

拓展阅读 8-3

### 银行代理成为人身保险业务新的增长点

我国的商业银行自2001年开始代理人身保险业务，仅用1年时间，保费规模达到388亿元，占当年人身保险保费收入的17%。增长速度高达940%，增速列各销售渠道之首。

2015年，全国银行兼业代理保险，实现保费收入7 008.9亿元，占全国总保费收入的34.6%，其中财产险保费收入1 898.6亿元，人身险保费收入5 110.3亿元。银行代理占整个兼业代理市场的85%，全国共有保险兼业代理机构网点210 108个，其中，金融类179 061个，非金融类31 047个。银行代理、个人代理、团体直销已成为人身保险销售的三大支柱，在人身保险业务中的地位日益重要。

我国保险代理有专业代理、兼业代理、个人代理三大渠道，这三大中介渠道2015年对总保费的贡献分别为7.3%、34.6%、37.9%，个人代理渠道保费收入超越兼业代理渠道。

全国保险公司通过保险中介渠道实现保费收入16 144.2亿元，其中，财产险4 721.7亿元，人身险11 422.5亿元。这已经是自2012年以来，中介渠道保费收入占比连续第3年出现下滑。

与中介渠道相对的保险公司直接营销（电话直销、网络直销等）渠道，近年来保费贡献比例逐年增加。

截至2015年底，全国共有保险专业中介机构2 546家，同比增加21家。其中，保险专业代理机构1 764家，保险经纪机构445家，保险公估机构337家。全国保险专业中介机构注册资本261.6亿元，同比增长16.8%。

虽然新进入市场的专业中介主体不多，但专业中介的保费增速却较快。从专业中介渠道的保费收入来看，去年专业中介渠道实现保费收入1 472.4亿元，同比增长28.2%。

保险代理机构方面，2015年实现保费收入967.9亿元，占2014年全国总保费收入的4.8%，其中财产险保费收入893亿元，人身险保费收入74.9亿元。去年实现佣金收入184.8亿元，其中财产险佣金收入156.6亿元，人身险佣金收入28.2亿元。财产险保费与佣金比为5.7∶1，寿险为2.65∶1。

保险经纪机构实现保费收入504.5亿元，其中财产险保费收入441.7亿元，人身险保费收入62.8亿元。保险公估机构2014年实现业务收入22.6亿元。

兼业中介：85%为银行类机构，全国共有保险兼业代理机构网点210 108个，其中，金融类179 061个，非金融类31 047个。

从保费收入来看，全国保险兼业代理渠道2014年实现保费收入7 008.9亿元，占全国总保费收入的34.6%，其中财产险保费收入1 898.6亿元，人身险保费收入5 110.3亿元。

资料来源：根据中国保险监督管理委员会网站相关资料整理.

（三）个人代理

我国《保险代理人管理规定》将保险个人代理人界定为根据保险人委托，向保险人收取代理手续费，并在保险人授权范围内代为办理保险业务的个人。保险个人代理人业务范围为：

1.代理推销保险产品。

2.代理收取保险费。

3.只能代理企业财产保险业务和团体人身保险以外的业务。

不管哪类保险代理人，都必须遵守保险代理人的职业规则。对保险代理人职业的行为管理，包括以下主要内容：

1.保险代理人只能为经保险监督管理机关批准设立的保险公司代理保险业务。

2.代理人寿保险业务的保险代理人只能为一家人寿保险公司代理业务。

3.只能在中国保险监督管理机关批准的行政区域内，为在该辖区内注册登记的保险公司代理保险业务。

4.保险代理人向保险公司投保，视为保险公司直接承保的业务，保险代理人不得从中提取代理手续费。

5.不得代理再保险业务和兼做保险经纪业务。

6.保险代理公司不得聘请保险监管部门、保险公司和保险行业协会现职人员在保险代理公司兼职。

7.保险代理人不得以保险人的名义签发保险单。

（四）保险经纪

保险经纪人是保险活动的中介人。《中华人民共和国保险法》（2009年修订）第118条规定："保险经纪人是基于投保人的利益，为投保人与保险人订立保险合同提供中介服务，并依法收取佣金的机构。"

保险经纪包括直接保险经纪和再保险经纪。直接保险经纪是指保险经纪机构与投保人签订委托合同，基于投保人或者被保险人的利益，为投保人与保险公司订立保险合同提供中介服务，并按约定收取佣金的行为。再保险经纪是指保险经纪机构与原保险公司签订委托合同，基于原保险公司的利益，为原保险公司与再保险公司安排再保险业务提供中介服务，并按约定收取佣金的行为。保险经纪机构及其分支机构可以经营下列保险经纪业务：

（1）为投保人拟订投保方案，选择保险公司以及办理投保手续。

（2）协助被保险人或者受益人进行索赔。

（3）再保险经纪业务。

（4）为委托人提供防灾、防损或者风险评估、风险管理咨询服务。

（5）中国保监会规定的其他业务。

课堂训练 8-1 （多选）

在保险人授权范围内，保险个人代理人的业务范围为（　　）。

A.推销保险产品　　　　　　　B.收取保险费

C.保险事故查勘　　　　　　　D.保险理赔

# 任务二　掌握人身保险营销流程与技巧

【学生任务】

◇ 要求每个学生课前预习相关内容，结合已经学过的知识来理解人身保险市场营销的流程与技巧等相关内容，能够用自己的语言来描述人身保险市场营销流程，尤其是要掌握并学会运用人身保险营销技巧。

◇ 要求每个学生扩大课外阅读量，结合本部分所学知识，说明人寿保险流程，能运用寿险营销技巧开展寿险推销业务，会根据自身理解，结合具体案例写出不少于600字的书面课后作业。

◇ 将学生随机分组，每组分出客户方和营销员方，进行人寿保险推销演练，并按小组选出若干份作业在课堂上进行点评，学生间相互评出每一份书面文章；学生对作业进一步修改后提交教师，以便教师进行评价。

【教师任务】

◇ 指导学生在相关专业网站上查找所需资料，利用业务时间到寿险公司调研人身保险营销方面的服务和要求。启发学生如何将学过的知识运用到人身保险营销的实际业务中。

◇ 提示学生完成书面作业所需要关注的主要知识点，如人身保险营销渠道、技巧。

◇ 指导学生分组，在小组内对学生进行不同的分工，分出客户方和营销方，进行人寿保险推销演练，对学生书面作业和人寿保险推销演练活动情况及时进行跟进，督促其按时完成。

◇ 对各小组进行的课堂点评进行适时指导，对于选出的作业及活动小组予以及时、客观、公正的评价，准备回答学生可能提出的各种疑问等。

## 活动1　人身保险营销流程

### 一、人身保险营销流程

（一）拜访客户前的准备工作

1.准客户的开拓

准客户的开拓就是用一种系统的方法来接触客户，并使其购买寿险产品的过程。对寿险营销人员而言，就是整理出一份可接触的客户名单，然后与他们建立关系，以便去争取面谈并推销寿险产品。我们把列在名单上的对象称为潜在的客户。

准客户的开拓绝非仅仅为了获得一份名单。准客户的开拓从认识一位陌生人开始，最终目的是要争取到面谈的机会，并能够选择一个适当的时间、地点与目标对象进行面谈，了解客户的需要，为其设计、向他推销寿险产品。

2.拜访前的准备

准客户的开拓目的是向客户推销寿险产品，而真正的推销工作始于对客户面对面的拜访。由于寿险产品具有无形性的特征，无法展示或试用，因此在寿险推销过程中，客户必然有一种排斥感。在拜访之初，客户心理就处于戒备状态。如果没有做好准备工作，此时一个不经意的失误，就会加大推销的阻力，影响保单的说明与促成。

在拜访过程中，必然要和客户进行沟通与交流，没有充分的准备，就无法了解客户的类型、客户的风险需求，也就无法采取最为有效的途径和方法赢得客户的信任。"凡事预则立，不预则废"，对于寿险营销工作者而言同样如此，拜访前的准备是必要的，也是寿险营销的一个重要环节。

情境模拟 8-1

### 拜访准客户前怎样做好准备

场景：同学张波模拟一位加入保险公司不久的员工，以前跟着师傅拜访客户，今天要自己去拜访客户，出发前他应该做好哪些准备？

操作：1.物质准备

物质准备包括客户资料和展业工具的准备，这些准备可以让寿险营销人员在客户面前树立专业形象，赢得客户的信任。具体项目如下：

（1）客户资料的收集和分析。客户资料的收集应从多角度、多渠道出发，尽可能全面地收集所有与客户相关的资料。客户资料的内容包括姓名、性别、年龄、学历等自然状况、健康状况、家庭状况、经济状况、工作状况、个人嗜好及最近活动等。

（2）展业工具的准备。展业工具具有强化说明和完成签单的功能，是寿险营销人员在展业中必不可少的武器。展业工具包括身份证明资料、展示资料、签单工具、展业小礼品及其他展业必备品五类。

2.行动准备

行动准备是为实施有效接触而进行的行动规划与设计，包括拜访计划的拟订、信函接触与电话预约等。

（1）拜访计划的拟订。拜访计划主要包括拜访时间的安排、拜访地点的选择、拜访礼仪的确定等。

（2）信函接触。一方面，与客户预约，可以避免冒昧前往，导致拜访与客户工作、生活发生冲突，让客户感到你不礼貌；另一方面，可以引起客户的注意，造成一种悬念，使其产生愿闻其详的念头，争取到面谈的机会。

（3）电话预约。电话预约有三种：一是电话预约前有信函接触的；二是没有信函接触而有介绍人的；三是直冲式的，既没有信函接触，也没有介绍人的。

3.心态准备

人的感情和情绪是可以相互感染的，展业中信心十足的情绪将会增加客户的信任感，而低落的情绪必然会增加客户的疑虑。

4.专业形象展示

外在形象是一个人性格、观念和生活及工作态度的表现，决定了客户对寿险营销人员的第一印象。良好的专业形象，已成为促使寿险营销工作成功的首要因素。一个人无法改变天生的容貌，但是可以改变自己的仪容、言谈和举止。作为一名寿险营销人员，必须注意自己的专业形象。

点评：

张波同学的准备事项比较全面，但是寿险客户的拜访还应该注意以下两个方面：

1.在展业前，要有"五心"准备：

● 信心。有信心，准客户才能信任你。

● 耐心。有耐心的解释和介绍，才能化解准客户的疑虑。

● 爱心。有爱心，才能打开准客户的心灵之窗。

● 诚心。有诚心关切准客户的需求。

● 热心。有热心才能帮助准客户解决问题。

2.专业形象展示要注重以下几方面：

● 仪容。当准客户决定是否购买保单时，寿险营销人员给他们的感觉往往起决定性作用，通常准客户对营销人员的信任远大于寿险商品本身。所以一名出色的寿险营销人员应该知道初次面对准客户时，仪容的整齐是决定能否赢得准客户信赖、签下保单的关键。这里有几项原则必须遵守：保持仪表端庄大方；着装整齐清洁得体。

● 言谈。谈吐可以看出一个人的修养和个性，语言可以弥补外表的缺憾。外表一般的寿险营销人可以通过礼貌、幽默、亲切的谈吐引发客户的好感，并最终取得成功。在与客户的交际过程中，适当地使用礼貌用语，可以提高寿险营销工作的效率和保单的达成率。

● 举止。肢体语言散发着无言的信息，会在不知不觉中影响一个人的情绪。专业的寿险营销人员尤其应注意自己是否有不雅的无意识动作，例如，咬手指甲、走路弯腰驼背、坐姿不雅、敲打桌面、抖脚等令人感觉不好的行为举止。

（二）拜访准客户

1.接触准客户

接触准客户，是指寿险营销人员通过寒暄、倾听、赞美等方式与客户拉近距离，建立准客户对营销人员的信任，收集准客户资讯，了解准客户可能的购买点，并寻找最佳时机切入营销主题的过程。接触的步骤主要有：①寒暄。寒暄也就是与客户拉家常，目的在于消除客户的心理障碍，建立起客户的信任，并通过认真倾听客户的谈话，了解客户的实际需求。②寻找购买点。通过与客户寒暄，挖掘客户的寿险需求，寻找购买点，初步确定提供给客户的寿险组合，为制作投保建议书打好基础。③切入主题。不可与客户进行长时间漫无主题的交谈，找到购买点后，应当选择一个最佳时机切入寿险主题。

2.说明寿险商品

在完成客户的接触工作后，掌握了客户的基本资讯和寿险需求，随后就要对寿险商品进行说明，使客户了解寿险商品的使用价值，并接受寿险商品。向客户展示和说明寿险商品的过程，可分为三个步骤进行：

（1）描述寿险的意义和功用。

（2）确立购买点及展示资料。通过所代理的保险公司、寿险产品的宣传资料及寿险案例的展示，进一步坚定客户购买寿险的决心和信心。

（3）商品或建议书说明。在进行寿险商品说明的过程中，一定要注意尽量避免用过于专业的术语进行说明，以免影响客户的理解，要做到通俗易懂。

3.拒绝处理

在作了寿险产品的说明后，一些客户还是会以各种理由予以拒绝。对于客户的拒绝要区分不同情况进行相应的解答，并予以妥善的处理。针对有代表性的拒绝话题，预先准备好应付拒绝的对策。这时，设身处地站在客户的立场，弄清楚客户拒绝的真正理由，并根据客户具体的拒绝理由，选择不同的拒绝处理话术和方法。

4.促成保单

促成保单是寿险营销的一个重要环节。通过以上几个步骤后，客户对寿险的意义和功用有了一定的理解，也在一定程度上认同了寿险商品，但是仍缺乏最后购买的决心。此时寿险营销人员要运用适当的促成方法打动客户，促成签单。在促成过程中，寿险营销人员要做到以下几点：调动客户的主动情绪；对客户进行适时引导；克服与客户的分歧；消除客户的心理障碍。

5.要求转介绍

要求转介绍，即要求客户介绍客户，扩展销售渠道。通过为客户提供良好的服务，客户往往会主动地将他的亲朋好友介绍给你，使之成为你的准客户。这样我们就可以获得源源不断的客源。因此在促成签单后，寿险营销人员一定要记住让客户为你介绍准客户。

（三）售后服务

在现代寿险营销的流程中，售后服务已成为必不可少的一个营销环节。客户签单后，并不意味着寿险营销工作的终结，而是标志着售后服务工作的开始。寿险营销的目的不但是要使客户通过保单获得一份风险保障，更重要的是要使客户永远获得全面的售后服务和延伸的保障。因此必须通过定期回访、电话联系等方式与客户保持适当的联络，以便随时为客户提供各种必要的服务。良好的售后服务既可以保全保单，避免保单中途失效，又能通过现有客户获得新业务，发展新客源。

课堂训练 8-2 （多选）

人身保险营销主要环节包括（　　　　　）。

A.拜访准客户

B.拜访客户前的准备工作

C.促成保单

D.售后服务

## 活动2　人身保险营销技巧

### 一、接触准客户的技巧

1.开门见山法

开门见山法，顾名思义就是一经与准客户接触，直接就引入寿险话题。该法适用于通过缘故法开拓来的准客户，即准客户和自己具有十分熟悉的关系。

2.拜师讨教法

假如准客户是某一方面的专家，我们可以通过以学生名义向老师讨教的方式来接触准客户。例如，准客户是股票专家，可以以向客户请教股票知识为理由与客户接触。

### 3.故作神秘法

故作神秘法是指与准客户接触时，先抛开寿险主题，以故事或生活事件导入的方法。例如，先与准客户就"玉树泥石流"进行交谈，使客户意识到风险的突发性和破坏性，然后再切入保险主题。

### 4.朋友介绍法

通过某一位朋友介绍的准客户，由于大家关系良好，有利于营造一个良好的接触氛围，能很快地消除陌生感。

### 5.主动帮助法

通过主动帮助准客户，解决准客户除寿险外的其他问题，赢得准客户的信任后，再适时导入寿险话题。

### 6.问卷调查法

以调查社会大众对寿险的认识、对寿险商品的需求、对寿险公司的满意度为题，征询社会大众对这些问题的看法，从而引发寿险话题。

## 二、处理拒绝的技巧

### 1.直接法

针对问题直接解说，这种方法多用于解答专业问题。比如，客户担心寿险公司倒闭，我们可以结合《保险法》第84条的明文规定："经营人寿保险业务的保险公司，除分立、合并外，不得解散。"

### 2.间接法

间接法就是先认同客户的观点，再予以解说。比如：

客户："别人都说，投保容易，理赔难。"

营销员："您说得有一定道理，但是这只是个别现象，只要您的索赔资料齐全，符合条件，我保证在最短时间内给您办好。"

### 3.询问法

以刺探客户真正拒绝的理由为目的，然后再进行拒绝处理。比如，"请问您是对我介绍的商品不满意，不相信我本人，还是因为别的原因？"

### 4.举例法

以实例来打动客户，消除客户疑虑。例如，客户认为不需要保险时，可以举一些生活中的保险案例来说服客户，要注意强调投保和没投保在事故发生后的反差来触动客户。

### 5.转移法

不作正面解释，转移客户注意力，以商品利益吸引之。

> **情境模拟 8-2**

#### 怎样处理寿险营销中的拒绝话术

场景：假如你是一家寿险公司的业务人员，正在对一位潜在的客户展开营销。在向他介绍了你们公司的情况和相应的人身保险产品后，这位客户以各种理由拒绝。针对这样那样的拒绝，你要如何进行处理呢？

操作：分别由两位同学扮演潜在客户和保险营销人员，潜在客户表示拒绝，保险营销人员按照下述提供的方法和技巧，应对客户的拒绝，促使保险营销成功。

（1）不需要

拒绝："我没有兴趣。"

处理："先生，我很明白您的感受，其实我接触过很多客户，我们在最初阶段对保险都有同样的感受。不过大多数情况下，经过深入的理解之后，他们就会发现买人寿保险原来是非常有价值的，而且买保险最重要的是有没有这种需要。先生，您不妨给我一个机会，让我用一点点时间向您讲解一下。"

（2）没有钱

拒绝："我负担不起。"

处理："先生，我了解您的感受，生活上确实有许多开支需要负担，正因为这样，这个保障对你家人就更加重要。你想如果因为你没买保险，有事发生时，让你家人有经济损失，到那个时候付出的代价不是更大吗？"

（3）不用急

拒绝："我要考虑一下。"

处理："深思熟虑固然是好事，但机会一旦错过了，就很难再有，对人寿保险来讲，这个道理就更加明显。因为并不是有钱就随时可以投保，事实上有很多人只因为延迟了两三天，就永远丧失了投保机会，所谓有备无患，有保无险，还是越早决定越好。"

（4）无信心

拒绝："我怕通货膨胀。"

处理："担心货币贬值，是无可厚非的。有人说：贬值只不过是生活水准提高的代名词。事实上，随着社会的发展，人的收入也会增加。相对来讲，因为每一次缴费的数目都不会变，在通货膨胀情形之下，缴费负担其实可以说是减轻了！"

点评：

潜在客户组想到的问题比较全，营销员组回答的也合理，还应该注意在推销中，双方有时会产生误解，如"保险不吉利，最好不要讲"。处理的方法应该是："我理解您的想法，其实很多人都有这种误解。但是，细想一下，假如你说保险不吉利，那么医生、消防员的工作岂不是更不吉利？他们也是等到人有病，有火灾发生，才起作用的。我们试想一下难道没有医生以前，就没有病人吗？所以投保和不吉利是完全没有关系的。"

### 三、促成保单的技巧

在促成保单时，营销人员应注意对细节和技巧的把握，这将有助于顺利促成。营销人员促成时应注意的事项如下：第一，最好坐在准客户的右侧，并尽可能在同一边，以免产生距离感，并有助于说明。第二，事先准备好保单、收据。事先充分准备，避免失去促成时机。第三，让客户有参与感。在签单过程中，尽可能辅导客户自己填写投保单，让客户有参与感。同时，准备一些轻松话题，不可冷落了客户。第四，注意仪表谈吐举止大方，签单前后始终如一，不喜形于色。第五，签单过程中，不要自制问题，画蛇添足。

拓展阅读 8-4

## 保单促成的一般方法

1.激将法。在客户已接受了你的建议书，就是下不了最后的决心时，可以适时运用激将法，激发其购买欲望。例如："您的朋友都购买了，以您目前的能力，相信不会有什么问题吧？而且像您这么顾家的人，相信不会为一笔小钱而放弃对家庭的责任吧？"

2.默认法。假定客户已认同购买了，不必再探寻准客户的意见，只要确定促成时机已到来，即可主动拿出投保单，边询问边辅助其填写。

3.二择一法。根据准客户的需求，为准客户制作两套寿险方案，让准客户从中选择一套，使其不知不觉地成为你的客户。特别要注意的是给出的两个答案，无论准客户选择哪一个都应有利于促成。例如："您是选择20年交还是选择10年交？您是选择交支票还是付现金？收益人是写您爱人还是您儿子？"

4.说明利益法。通过强调保障利益和及早投保获得的保障优惠来促使客户下决心投保。例如："某某先生，您这份保障计划在缴费期内有充足的身故保障金，期满后又有一笔养老祝寿金，根据您的保障额度，现在投保可以免体检……"

5.风险对比法。运用保险故事、生活中的实例或有关的新闻报道，让客户体会到不投保的危险和损失，增加客户的紧迫感。

## 综合训练

### 一、简答题

1.人身保险市场营销的特点和原则有哪些？

2.人身保险市场营销有哪些直接渠道？

3.人身保险市场营销有哪些间接渠道？

4.人身保险市场营销流程有哪些具体内容？

### 二、实务题

寿险保险营销员如何设计开场白？你能用一两句话就吸引住客户的注意力，并让他主动参与到你的谈话中来吗？

### 三、案例题

孙小阳是一家保险代理公司的寿险营销人员。一次到其朋友梁先生家作客，在谈话中发现梁先生想购买寿险，于是他就利用专业优势向梁先生进行寿险宣讲，使梁先生产生了购买意愿。孙小阳回家后，根据公司现在代理的安康公司的寿险产品并结合梁先生的实际情况，做出了一份寿险计划。

再次拜访中，梁先生对寿险计划颇为满意，但希望加上一款分红寿险。目前，孙小阳所在的保险代理公司未代理分红寿险，但孙小阳为了满足客户的需求，就在寿险计划上加上了该款分红寿险。不久，梁先生在孙小阳处填写了投保单，并趸缴了全部的保险费。孙小阳也及时将投保单和保险费交付安康寿险公司。安康寿险公司经核保后，出立了正式的保险单。一年以后，到了分红保单的分红日期，梁先生持分红保险单到安康寿险公司要求分享红利，寿险公司予以拒绝。

问题：梁先生是否可以获得该份保险单的红利？

分析提示：1.民法中关于越权代理的相关规定。

2.民法中关于代理追认的相关规定。

3.民法中关于个人代理的相关规定。

### 四、实训题

实训项目：总结寿险营销的基本礼仪。

实训目的：掌握人身保险营销的含义与特点，理解与掌握人身保险营销的流程和技巧，掌握如何接近客户和与客户进行商谈，熟练掌握并严格遵守在商务往来中应遵循的基本礼仪。

实训步骤：1.回顾人身保险营销的相关知识点。

2.回顾人身保险营销的流程和技巧的相关内容。

3.将同学们分组进行讨论。

4.各组在讨论的基础上进行总结发言。

5.指导教师随时予以帮助和支持。

实训成果：使学生掌握人身保险营销的流程，提升人身保险营销技巧。

# 项目九　人身保险核保与承保

学习目标

【知识目标】

1. 明确人身保险核保与承保的重要因素
2. 掌握人身保险核保与承保的程序和内容
3. 了解人身保险核保与承保的联系和区别
4. 熟悉人身保险欺诈及风险防范方法

【能力目标】

1. 能够准确描述人身保险核保与承保的联系与区别
2. 能够掌握人身保险核保的操作流程
3. 能够掌握人身保险承保的业务流程
4. 能够有效地运用人身保险防范欺诈的方法

【素质目标】

1. 能够从客户和保险公司两个角度解释人身保险核保与承保业务的流程
2. 能够帮助不同客户分析其保险需求，设计保险保障计划
3. 能够理解区分不同核保部门或者人员的不同核保职责
4. 能够根据不同的核保结论进行不同的业务处理

【工作任务】

1. 画图详细说明人身保险业务投保和承保的流程
2. 画图详细说明人身保险业务承保和保全的具体做法

案例导入

## 患者带病投保两年多理赔遭拒引起法律纠纷

患肾病的李先生投保重大疾病保险两年多后，因被保险公司认为故意瞒病投保而拒赔，引起法律纠纷。

李先生于2009年12月在某健康保险公司投保了一份"关爱专家定期重疾个人疾病保险"，保额20万元。双方约定，保险合同生效之日起180天后，只要不是因意外伤害引起的，李先生初次身患合同约定的重大疾病，保险公司给付20万元保险金。

李先生每年如期交纳保费。合同生效两年后，他被确诊患上了肾衰竭、尿毒症，属于重大疾病。2012年10月，他向保险公司申请理赔遭到拒绝，故向法院提起诉讼，索要20万元保险金。

保险公司称李先生投保时有欺诈行为。在投保时，公司询问李先生，过去10年里是否患有重大疾病，是否参加体检并发现隐患，是否曾在医院住院治疗，李先生均回答为"否"。事实上，李先生自2007年开始在医院住过4次院，在投保前就患有疾病，不是在投保后初次患有合同约定的重大疾病。

李先生的律师称，根据新修订的《保险法》，投保人故意或者因重大过失未履行如实告知义务，足以影响保险人决定是否同意承保或者提高保险费率的，保险人有权解除合同。但自合同成立之日起超过两年的，保险人不得解除合同；发生保险事故的，保险人应当承担赔偿或者给付保险金的责任。

本案争议的焦点是：投保时保险公司业务人员只是根据询问回答形式确认保险合同成立，没有对李先生的既往病史作进一步的调查与核实。

这一案例表明：人寿保险公司的核保和承保工作对于保险业务的经营有着至关重要的作用，直接影响着保险公司的信誉。

# 任务一　掌握人身保险核保

【学生任务】

◇ 要求每个学生课前预习相关内容，结合已经学过的知识来理解人身保险投保的相关内容，能够用自己的语言来描述人身保险业务经营的基本流程。

◇ 要求每个学生扩大课外阅读量，结合本部分内容，说明人身保险业务核保的重要作用，根据自身理解，结合具体案例写出不少于500字的书面课后作业。

◇ 将学生随机分组，按小组选出若干份作业在课堂上进行点评，学生间相互评出每份书面文章的优劣；学生对作业做进一步修改后提交教师，以便教师进行评价。

【教师任务】

◇ 指导学生在相关专业网站上查找所需资料，查看其对于人身保险业务核保与承保方面的服务；启发学生理解人身保险业务核保和承保之间的内在联系。

◇ 提示学生完成书面作业所需要关注的主要知识点，如人身保险的投保、核保、承保的区别与联系，保险法规的相关监管规定等。

◇ 指导学生分组，在小组内对学生进行不同的分工，对学生的书面作业完成情况及时进行跟进，督促其按时完成。

◇ 对各小组进行的课堂点评进行适时指导，对于选出的作业予以及时、客观、公正的评价，准备回答学生可能提出的各种疑问等。

## 活动　认识人身保险核保

### 一、人身保险核保主要考虑的因素

由于提出保险申请的人各自所处的生活、工作环境不同，各自的生活习惯和职业类别也不同，健康状况各异，甚至每个人影响生命或身体的危险因素也不同，所以有必要对申请购买保险的各个风险个体加以分类筛选，并对不同的个体采用不同的承保条件，以维持保险合同的公平合理性。一般情况下，人身保险的核保需要考虑以下几个方面的因素：

（一）健康因素

1.年龄。年龄是风险选择时所要考虑的最重要的因素之一，因为死亡概率和人身伤害概率一般随着年龄的增加而增加。人的年龄达到一定程度时，死亡率急剧提高。因此，寿险公司都会规定某一人身保险险种的最高承保年龄，超过这个年龄的被保险人则不接受其投保。

年龄除了影响死亡率，也会影响患病率。人到中年，会出现生理性衰老，疾病发生率也逐年递增，慢性病发生率明显高于年轻人，且治疗效果较差。因此高龄者罹患重大疾病的概率与死亡的概率上升的趋势几乎是相同的，对申请保险金额超过一定额度的客户，保险人就会要求被保险人按相关制度体检，来确定其风险。对于40岁以上的投保人，特别是其第一次投保时，核保人员应首先考虑他的投保动机，即为何40岁才想起投保重大疾病险。

2.性别。女性除妊娠期间死亡率较高外，其他时间死亡率均较男性低。重大疾病保险中所承保的多数疾病，男性的患病率较高，这可能与男性工作压力较大、社会活动频繁、生活习惯和规律性较差、对身体轻微不适的重视程度不够等因素有关。因此，同样年龄投保重大疾病险，男性费用高于女性。

对妊娠期女性来说，容易患上糖尿病、高血压、肾病、心脏病等妊娠并发症，这些因素会增加女性患重大疾病的可能性，同时也会增加她们的死亡率。所以保险人通常对女性妊娠期间投保重大疾病保险不予承保，待产后一个月体检健康后方可投保。

3.家族病史。在进行风险评估时，家族病史是一个重要依据，因为有些疾病是很容易遗传的，例如糖尿病。家族病是指遗传因素起主要作用的疾病，这些疾病在婴儿出生时，甚至在胚胎时期由于基因遗传就已形成。如果被保险人的父母均因心脏病在60岁以前死亡，那么被保险人患心脏病的概率就会很高。

4.既往病史。既往病史是指被保险人曾经患病治疗的历史。一些疾病治愈后对被保险人的身体无严重影响，如病毒性疱疹，可以按标准保费承保。但也有许多既往病症对被保险人的身体有重大影响，如冠心病，即使临床治愈，其复发可能性也较大，死亡率也远远高于正常人群。因此，在核保时对既往病史应特别注意。

5.现存病状。个人现存病状，是指被保险人投保时正患有的疾病，包括客户投保时告知正患的疾病和体检发现的疾病。对未来被保险人身体状况不产生较大影响的病症，如白癜风等，可按标准体承保。对重大疾病有直接影响的危险因素，如肺结核、心肌炎等应予以拒保。对于现存病状不能判断其是否会发展变化的疾病，如胸部肿块，不知是良性还是恶性，应延期承保，待手术确诊后再进行选择。

6.身体状况。身体状况的评定主要依靠体检报告提供的相关数据。客户是否需要体检，以及做何种体检项目是根据投保金额及健康告知书所反映的情况决定的。一般可分为体格、血压、心电图、尿液和血液等方面的检查。

（1）体格。体格即体型，一般通过身高、体重的比例来衡量。过胖、过瘦都会对核保结论有影响。体重过轻的客户即使体检无异常发现，其体质也往往较差，免疫力较弱，患病的几率也较大。

（2）血压。血压的高低对患病率、死亡率都有很大影响，是保险人进行风险评估的重要指标之一。血压的正常值为：收缩压在 90~140 mmHg 之间，舒张压在 60~90 mmHg 之间。血压大于等于 140/90 mmHg 即为高血压。

（3）心电图。静止心电图是中年以上客户投保常规检查项目之一，是初步筛选心脏疾病后遗症情况及目前治疗状况的最常规检查方法。

（4）尿液检查。这是一种初步筛选泌尿系统疾病及全身疾病的检查方法。肾脏是人体排泄废物和排出毒素的重要器官，许多疾病可通过尿液检查筛选出来。

（5）血液检查。血液检查的指标较多，有二对半检查、肾功能检查、血糖检查和血脂检查等，可根据被保险人的具体情况实施。

（二）非健康因素

1.保险利益。保险利益是指投保人对保险标的具有的法律上承认或者认可的利益，可以理解为，被保险人身故或伤残等事故的发生会给投保人带来实际的经济损失。在核保操作中，关于被保险人同意规定的应用范围相对严格，必须要求投保人与被保险人之间存在一定的经济利益关系，主要包括以下关系类型：①雇佣关系。企业对于具有合法雇佣关系的人员具有保险利益。②合伙人关系。一方合伙人对另一方合伙人具有保险利益。③债权债务人关系。债权人对其债务人具有保险利益（私人之间的借贷除外）。④其他合法关系，即合理的经济利益关系。

2.职业。职业是影响死亡率的主要因素，从整体来看，职业带给人寿保险的风险来源主要包括意外风险和疾病风险两大类。在核保时应对客户曾经从事过的职业类别、岗位、工种、时间等及其相关风险进行了解。职业风险主要存在于以下两个方面：①职业意外事故风险。易发生意外事故的职业一般包括：航空航运、高处作业、高压电作业、爆破作业、海上作业、潜水作业、防暴警察、消防人员、矿业采石、坑道作业、化工制造、特技演员以及赛车、登山等高风险运动职业。②职业健康风险。某些职业会带来一定的健康危害，长期从事该职业的人员甚至会患上职业疾病。

3.业余爱好。业余爱好指被保险人的消遣娱乐或业余运动，没有报酬。吸烟、酗酒是个人生活习惯审核的重点。另外，某些人生活糜烂，与社会不良人员及非法组织来往密切，也要引起核保人员的高度警惕。据临床医学统计：吸烟导致肺癌的比例要比其他致癌因素高，而且患其他癌症的概率也较常人高，而长期饮酒过量会造成严重的消化系统和神经系统障碍，还可导致肝硬化。

4.驾驶记录。在意外伤害保险和意外伤害医疗保险中，驾驶常常被视为一个重要的考虑因素。驾驶分为职业驾驶和非职业驾驶。非职业驾驶的危险和职业驾驶的危险基本相似，但前者发生危险的几率肯定低于后者。

5.投保履历。被保险人过去是否曾投保保险或目前是否正在申请保险，是否曾被加费、延期或拒保，是否有过理赔记录等，这些都应作为每次核保要考虑的重要因素。

6.药物滥用。药物滥用，是指人们出于非医疗目的反复、大量地使用一些具有依赖性的药物。其后果是导致使用者对该药品产生依赖性状态，迫使他们无止境地寻求用药，由此造成健康损害，并带来社会问题。静脉注射的使用者中，感染乙型肝炎及艾滋病的几率非常大。

7.道德风险。当客户故意隐瞒某些不利于自己的信息，甚至扭曲、制造虚假信息，以求签订保险契约或获得保险赔款时，就可以认为发生了道德风险。由于保险公司的信息相对不对称，道德风险总是大量存在。

（三）财务因素

1.财务核保的审核资料如下：①投保单的收入告知。②财务问卷：被保险人累计风险保额在50万元以上的，要填写"高保额财务问卷"。③生存调查资料中包含的财务资料，如生存调查问卷、生存调查报告。④其他收入证明资料（或复印件）。

2.财务核保的要点。①投保人所投保的险种，期缴方式、年缴保费一般应控制在本人年均收入的20%以内。②被保险人的合理累计风险保额由被保险人的经济价值确定，即由本人的收入能力决定，核保中一般根据本人年均收入的倍数确定。③如果投保申请超出上述比例计算的保险金额，核保人员应综合分析其投保动机、保障需求、收入状况，如果并未发现异常情况，可以考虑予以承保，但超额幅度应控制在20%以内。

情境模拟 9-1

### 怎样根据核保结论确定保险险种

场景：被保险人：王丹；年龄：55周岁；性别：女；职业：家庭主妇；健康：告知正常。

家族史：无异常。

投保人：丈夫；职业：农民；年收入：1万元；受益人：王丹。

保险经历：无任何投保经历。

操作：投保计划：世纪长乐分红保险10万元；

附加意外有害保险特约10万元；

吉祥相伴定期保险10万元。

所缴保费：每年0.6万元。

体检结果：被保险人健康状况良好。

初步审核投保单：从该保单可以看出被保险人的保障需求应以养老为主，而保险计划却以意外伤害、死亡保障为主，核保人对此单发出生存调查通知，主要了解投保人的投保动机、经济来源，及该保险计划设计者是投保人还是营销员。

学生点评：在本份保单中，是丈夫为妻子购买保险，投保人年收入仅1万元，每年需拿出0.6万元来支付保费。投保人为家庭经济收入来源者，最需要保险保障，但未购买任何保险，而被保险人无收入，非投保人家庭收入来源的提供者。本次投保以意外死亡保障为主，而不是以被保险人的养老或医疗为保障，若发生保险事故，不会给投保人带来经济上的损失，投保人反而会因此受益。据此，本保单无论从保险需求还是保险动机上来看都不合乎情理。通过生存调查，该保单的投保意愿是良好的，但投保人、被保险人不甚了解保险，而营销员仅仅从个人利益出发，没有根据客户的实际情况设计投保计划。对此，应对投保人重新设计投保险种，同时对营销员进行批评教育。

课堂训练 9-1 （多选）

人身保险的核保因素包括（    ）。

A.人的因素和标的因素          B.健康因素

C.非健康因素                D.财务因素

**二、人身保险核保资料**

人身保险核保时主要考虑的因素有可保利益、保险金额、客户身体状况和财务状况。保险人通过对各种资料信息进行分析和判断，划分危险程度，确定承保条件。这些信息的取得主要依据以下资料：

（一）投保单

1.投保单。投保单是保险合同的重要组成部分，是被保险人申请投保的要约文件，是记载被保险人年龄、性别、职业及健康状况等告知信息的书面材料，因此也是核保人员评估被保险人风险程度的最基本和最主要的核保资料。

2.投保单的构成。人寿保险的投保单一般由两部分组成：一是询问被保险人的基本情况，包括投保人和被保险人的姓名和联系地址，被保险人的性别、出生日期、职业、婚姻状况、习惯、业余爱好，是否购买其他保险公司保单和以前是否被其他保险公司解约，以及受益人的姓名，受益人和被保险人的关系，投保的险种和保险金额等；二是询问被保险人过去和目前的健康情况，包括被保险人的身高、体重、过去和现在所患的疾病和残疾情况，最近看病的情况和原因，甚至还会询问被保险人是否饮酒、吸烟、吸毒及有无家族病史等有关投保单的具体内容。

拓展阅读 9-1

**如何填写人身保险投保单**

（1）投保书上的每一栏内容都必须填写，空项用斜线表示，字迹要工整、清晰，用钢笔或签字笔填写。

（2）被保险人姓名应以身份证为准，出生年月日根据身份证填写，无身份证者据实按户口簿上的姓名和出生年月日填写，年龄按周岁计算；身份证号码应为15位或18位，不得多或少，应仔细核对。以军人证或其他身份证明投保者，需在身份证号码栏顶格填写，并注明证件名称。

（3）如投保人和被保险人为不同人，则需填明两者关系。

（4）投保时应注明受益人及顺序，每一受益人享受份额的百分比，同时注明其与被保险人的关系，若未指定受益人，则以其法定继承人为准。

（5）投保人联系地址应是便于与保险人联络的常住地址，应写明详细地址及邮政编码；被保险人地址应以目前居住地点为准，如有工作单位，应同时注明单位地址，以便进行生存调查。

（6）被保险人职业是指被保险人目前实际从事的工作行业、工种，类别的填写应按"职业分类表"所列内容正确填写，并填写代码，以便确定费率、保额限值和体检标准。若被保险人从事两种或两种以上职业或同时持有机动车驾驶执照，则以类别较高者计费。

（7）健康状况应如实告知，如有"是"则必须说明，必要时应将被保险人病历及有关证明原件或复印件随投保书一并上交。说明项目包括：疾病详细诊断名称、发病时间、治疗的内容、使用药物和就诊医院名称、是否已痊愈。

（8）限制民事行为能力者和无民事行为能力者，投保文件均需其法定代理人签审同意。

（9）投保书涂改处必须加盖投保人印章或签名。下列填写项不得涂改：投保人，被保险人，受益人及投保人，被保险人法定代理人，被保险人工作性质、职业编码和身份证号码，投保的险种，缴费年期，保额，保费，缴费期限与缴费方式，被保险人告知。

（10）首期保费为现金缴费的，则要注意该暂收收据是否已过期，如过期，则不接收此投保书。

（二）营销业务人员报告书

营销业务人员报告书并非保险合同的一部分，保险公司有义务对其内容保密。因此代理人可以在其中披露有关被保险人各方面的详细信息。因为只有营销业务人员面见过被保险人，对被保险人的健康状况、家庭情况、身体缺陷等有真实的了解，营销业务人员的如实告知才有利于核保员保证核保质量。

（三）体检报告书

根据投保书所获得的信息，有的申请人会被要求进行体检，以仔细核查其风险状况。体检的内容与被保险人的年龄、保额有关，体检后应填写体检报告书，以供核保人员审核。体检报告书包括三部分内容：①被保险人对体检医师的书面健康陈述。②体检医师对被保险人进行体检结果的记载。③体检医师对被保险人的综合健康评价。

（四）生存调查报告

如果存在部分投保人对重大告知事项隐瞒、保险金额较大或保险人认为需要对被保险人的有关情况做进一步的了解的情况，有时需要进行生存调查。

在投保大额人寿保险的情况下，如果承保人员想了解被保险人更多健康状况以外的情况，如职业、品质、生活习惯及经济情况，则需要进行实地调查。通过调查，可以对投保单中未涉及信息加以了解，还可以对已掌握的信息进行证实。这项调查可以由代理人、保险公司的调查人员或专业调查机构进行。

（五）病历摘要报告书

核保人员可能会在以下情况出现时，索要被保险人的病史资料：告知近期有常规体检史；告知有特定疾病；根据各公司核保规程的要求，符合一定保额的高额保件。某些人寿保险公司还会在核保过程中要求超过一定年龄的被保险人提供病史资料。

知识延伸9-1

**考证直通车 9-1**（单选）

核保人员评估被保险人风险程度的最基本和最主要的核保资料是（　　）。

A.保险单　　　　　　　　　B.生存调查表

C.体检报告　　　　　　　　D.投保单

重大疾病有哪些

## 三、人身保险核保流程

核保的过程就是保险人对保单申请人的风险状况进行评估、选择和分类的过程。由于个体的差异性和相关信息在申请人和保险人之间的不对称分布，核保的过程显得较为复杂。一份人身保险合同的成立，通常需要多个步骤。

完善的人身保险的核保流程图如图9-1所示。

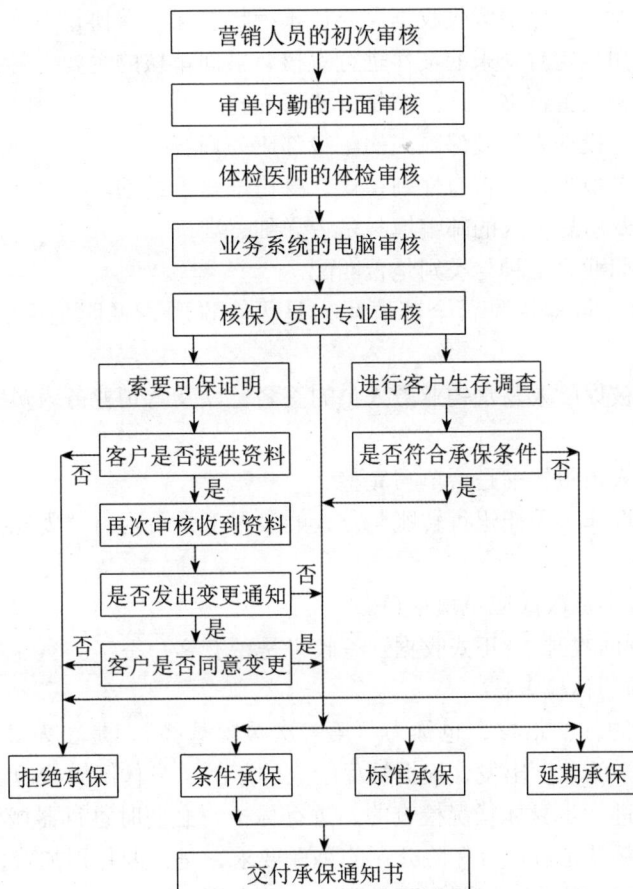

**图9-1 完善的人身保险的核保流程图**

（一）营销人员的初次审核

营销人员核保称为"第一次风险选择"。目前，国内的寿险营销模式始自1992年，是由友邦人寿保险公司引进的国际通行的个人代理的营销方法。营销人员在推销保单的过程中，直接与投保人、被保险人接触，对其职业、生活环境及健康状况等有较直观的了解，因此他们对保险标的的初步选择和向保险公司的核保人员提供的信息在核保过程中起着重要的作用。营销人员的初次审核包括以下几个方面：

（1）详细观察被保险人的健康状况及生活环境，并对被保险人的既往病史和现病史加以了解记录，避免带病投保和逆向选择。

（2）指导投保方准确填写投保单等投保资料。营销业务人员要引导投保人、被保险人做如实书面告知；投保单要由投保人亲自填写。

（3）了解投保人的经济能力，排除道德风险。营销业务人员一定要亲自面见被保险人；所建议投保金额应与其经济能力相适应；如实告知客户情况，有可疑因素及时反映给公司核保人员。

（4）完成营销业务人员报告书。报告书应实事求是、内容完整；对被保险人及投保人的特殊情况要做补充说明；完成要及时；营销业务人员要亲笔填写并签字。

（二）审单内勤的书面审核

营销人员将投保书、保费暂收收据和委托银行代扣保险费协议书等投保文件交审单内勤，审单内勤按公司规定对交来的文件进行审核，书面审核的主要内容有：

（1）投保书及相关报告书、通知书是否填写完整。

（2）年龄审核。投保人与被保险人的年龄都应为周岁。

（3）身份证是否填妥，是否有性别错误，身份证是否过期。

（4）收费地址及所属地区的邮编填写是否详细、准确。

（5）被保险人职业、工种与类别是否匹配。

（6）健康与财务告知栏是否全部填写，是否有说明，说明是否同投保书提示项目相符。

（7）投保人、被保险人及营销业务人员的签名，以及营销业务人员所属部门标记是否完备。

（8）营销业务人员报告书是否填写完整。

（9）缴费方式选择"委托银行转账"方式的投保书是否附有"委托银行代扣保险费协议书"。

（10）是否有过多涂改或应重填项目。

（11）暂收收据回收时，"正式收据"签收栏是否有客户签字。

（三）体检医师的体检审核

所谓体检医师的体检审核，也称为"第二次风险选择"，是在人身保险核保过程中，体检医师从保险医学的角度出发，根据被保险人的年龄、身体健康状况、既往病史及现病状况，认为需进行进一步身体状况检查的，进行体检，必要时进行器械检查、X线检查和化学检查等，以判断其是否符合保险公司的承保要求，是否要特别加费，或予以延期、拒保。体检范围的确定需从既要控制风险又要节约成本两方面考虑。

1.必须采用体检核保的几类情况：①投保时被保险人健康告知存在隐患。例如，被保险人告知有高血压症，则必须进行体检，检查血压控制是否良好，并附带了解其心血管方面有无其他并发症；近期接受过手术、家庭成员因遗传病去世等告知的被保险人，应进行相应体检，防止带病投保。②年龄较大申请健康险或定期寿险保单的被保险人。人的健康状况随着年龄的增长变化较大，特别是人过中年后身体逐渐衰弱，也易遭受疾病的侵袭。仅凭营销人员的接触、询问是很难了解他们是否患有哪些疾病的，因此需要进行体检，防止带病投保和适用费率不当。③因职业、嗜好等因素需加费的保单。职业与嗜好对其健康影响很大，单从投保单上无法确定其是否如实告知，只有通过体检才能作出准确的判断。

2.体检中应注意的事项：①在体检时，如发现被保险人健康状况异常，应正确评价，详细说明，不应受任何人为因素影响，更不能草率行事。②证明参加体检人确为需体检人员本人，以防冒名顶替。③应注意观察被保险人的体格、姿势、面貌、精神状态、有无行动障碍及腹水与水肿等症状。④体检的最后结果，应由核保人员综合判断，体检医师切勿将可能结论先行告知被保险人。⑤对于既往病史，体检医师应详细询问并要求客户填写清楚，不可漏记或误记，并请客户签字确认。⑥检验结果由体检医院密封后，应及时直接寄送或转交保险公司指定人员，不可交受检人或营销业务人员代转。

（四）业务系统的电脑审核

随着电子信息技术的普及和发展，业务系统的电脑审核已在各家人寿保险公司中得到广泛应用。电脑核保也称为"第三次风险选择"，主要是通过内勤人员对投保单中被保险人基本信息的录入，将投保单所载信息与电脑相应模块中的标准信息进行对比。电脑核保通过者为电脑标准件，不能通过者为非标准件。

与以往的人工核保相比，电脑核保具有准确率高、速度快、成本低廉的优点。但是电脑核保也存在一些不可克服的缺点：只能对简单的、定量化的、客观的信息进行分类审核，而无法对那些较为复杂的、定性的、主观的信息进行分析和判断。

（五）核保人员的专业审核

核保人员的专业审核是人身保险核保过程中的"第四次风险选择"，是指核保人员根据营销业务人员的报告和客户填写的投保单，在业务系统电脑审核的基础上再次进行审核，判别是否可以承保或者以何种方式进行承保的过程。

核保人员专业审核的一般程序如下：

1.收集客户基本资料。投保资料是核保人员准确核保的重要依据，一般情况下，核保人员需要了解的基本投保资料有：投保单、营销业务人员报告书、体检报告、财务报告、财务证明资料、生存调查资料、公司系统已有的有关投保人或被保险人的资料、其他资料（如以往病历）等。

2.基本风险因素的审核。其主要内容有：投保目的；被保险人、投保人的财务状况；被保险人的健康状况；被保险人的职业、生活环境；被保险人的生活习惯、嗜好；被保险人已购买保险的情况；被保险人是否亲笔签名等。

3.核保人员认为有疑问的保件，有必要进一步收集资料。①告知有遗漏、有疑问的，可要求被保险人填写补充问卷、进行生存调查等。②健康状况有疑问的，可要求被保险人做相应项目的体检。③投保金额较大、财务状况有疑问的，可要求对被保险人进行生存调查。④核保人员认为有必要进一步收集资料的核保件。

4.根据被保险人的危险程度，按照有关人身保险核保手册和核保业务指导书确定其保险费率和其他承保条件。

通过人工的再次核保，一方面，可以筛选符合寿险公司预定死亡率的被保险人，淘汰危险性较高的劣质被保险人，以确保公司经营的安全；另一方面，根据被保险人的风险程度对其进行细分，划分为标准体、次标准体、附加除外责任体和不保体，并采用不同等级的费率，以保证被保险人之间的公平合理。

课堂训练 9-2 （单选）

人寿保险核保中的"第一次风险选择"属于（　　　）。

A.核保人员的专业审核

B.业务系统的电脑审核

C.营销人员的初次审核

D.体检医师的体检审核

情境模拟 9-2

## 如何对"胖客户"进行核保

场景：假设你是一家寿险公司的专业核保人员，一天从营销业务人员那里接到一份投保资料：被保险人孙小艺，身高1.68米，体重94公斤，年龄34岁，体检结果血压、血脂都处于正常范围内的偏高临界值。对于这样的投保业务，身为核保人员的你应如何进行处理？

操作：肥胖症可以通过测量身高和体重来诊断，或用体格指数（BMI）加以描述。肥胖症通常是指体重超过参考体重20%或更多，BMI的定义为体重（公斤）/身高的平方（平方米）。假设一位男子身高1.8米，体重75公斤，那么他的BMI就是23.1（$75 / 1.8^2$）。

男性BMI的理想范围是20.1~25.0，超过30.0则定义为肥胖。女性BMI的理想范围是18.7~23.8，超过28.6则定义为肥胖。

结果：如果被保险人的BMI超出了理想范围，保险公司会要求其体检，根据体检结果再决定是否增加费用，增加多少费用。

保险公司对体重超标者进行体检，还要综合考虑其血脂、血压的数值，身体状况及其年龄，才会决定是否对其上浮保费。如果肥胖者处于"肥胖指数"的临界点，体检又合格，一般是不会对其增加保费的。

一旦客户在体检后被认为"肥胖"且发现一些健康隐患，保险公司除了可能会加收保费之外，还有可能会与客户约定相关的责任免除协议。如果认为过于肥胖不适合承保，甚至会拒保。

教师点评：肥胖更重要的是容易引起多种并发症，加速衰老和死亡，是疾病的先兆、衰老的信号。据统计，肥胖者并发脑血栓与心衰的发病率比正常体重者约高1倍，冠心病发病率比正常体重者约高2倍，高血压发病率比正常体重者高2~6倍，糖尿病发病率较正常人约高4倍，胆石症发病率较正常人高4~6倍。更为严重的是，肥胖者的寿命将明显缩短。据报道，超重10%的45岁男性，其寿命比正常体重者要缩短4年。

（六）对客户进行生存调查

对客户进行生存调查是"第五次风险选择"，指的是保险人为保证保险公司业务经营的稳定性，在承保前和承保后，对被保险人的健康状况、财务状况，以及投保动机等实施的全方位调查。

对于绝大多数被保险人来说，通过营销人员的初次审核、电脑核保、核保人员核保及体检医师的核保后，风险选择基本已经结束，但是对于那些有特殊情况的被保险人则还需继续下去。例如，有既往病史或家族遗传病的被保险人并未如实告知保险人，通过体检也没发现其所患有的疾病或缺陷；再如，被保险人在保险期间是否更换工作，而使其从事的工作更具危险性。对于这些被保险人，生存调查是必要的。

1.生存调查的时机。生存调查主要有保险合同成立前的生存调查和保险合同成立后的生存调查。①保险合同成立前的生存调查。进一步收集资料，辅助核保人员做出可否订立保险合同和承保条件的决定。针对保额较大或有疑问的保件，为了避免投保人、被保险人过失未如实告知或故意隐匿、不如实告知，需要进行生存调查。②保险合同成立后的生存调查。保险合同成立后，调查人员可在客户申请复效、变更、加保等项目时进行生存调查，或者进行抽样跟踪观察。如有疑问或核保结论不正确，可对已成立的保险合同做相应的处理。

2.生存调查的方法。根据调查的对象划分，生存调查分为直接调查法和间接调查法。直接调查法和间接调查法各有利弊，一般说来，在生存调查中，可视具体情况决定采用哪种调查方法。①直接调查法。通过与投保人或被保险人直接面晤的方式，了解被保险人的健康状况、经济状况，并听取受访者的告知。直接调查是最直接、最经济的调查方法，但是当受访者有意隐瞒时，则不易获得事实的真相。②间接调查法。通过与被保险人生活圈中人群的接触，调查被保险人的身体状况和经济条件是否符合投保条件的要求，特别是在健康核保时，可以通过去被保险人就诊过的医院向医生咨询，或调阅被保险人的既往病史，比较客观、准确地掌握被保险人过去的健康状况。但间接调查时效慢，成本高，且如果被客户知悉可能引起不必要的误会，影响公司形象，故在实际运用中一般仅对投保金额过高，或是有特别危险顾虑的保件采用。

3.需要进行生存调查的情况。①累计意外险保额达到100万元以上的。②寿险风险保额在50万元以上的。③职业类别在5类以上的。④年龄在55周岁以上的。⑤既往赔付率较高或有不良理赔记录的。⑥健康告知有疑点的。⑦残疾人作为被保险人或作为投保人投保的，核保人对保额或告知情况存有疑问的。⑧核保人员判定为异地投保的保件。异地是指未在当地工作生活一年以上且户口未在当地者。⑨核保人员认为需要生存调查的其他情况。

4.生存调查中应注意的问题。①调查人员对访问前的准备要充分，如了解投保书的各项资料、声明及必须查证的重点内容，以确定调查方式。②对需要直接接触调查的客户，调查人员先通过电话与受访者联系约定后再前往访问。③在与受访者谈话时，调查人员态度要诚恳，有礼貌，语言亲善，并注意着装整洁端庄，不要给受访者留下不良印象。④调查人员访问的时间长短应视实际情况及受访者对调查人员的态度好坏而定。如实际情况显示被保险人有身体、道德上的危险时，应作深入调查；如受访者对调查工作已产生反感，切忌逗留过久，或改用侧面调查方式；对应调查的要点要把握，以客观超然的立场为主，不能夹杂主观成见。⑤调查中注意防止出现以下几种情况：对医学、法律、保险常识不知而引起的不实告知；故意隐匿、伪造、避重就轻的不实告知；因体检医师误解而遗漏某些体检项目；营销业务人员的人情干扰；冒名顶替等。

**考证直通车 9-2** （单选）

保险人为保证保险公司业务经营的稳定性，在承保前和承保后，对被保险人的健康状况、财务状况，以及投保动机等实施的调查是（　　）。

A.核保人员的专业审核

B.业务系统的电脑审核

C.营销人员的初次审核

D.对客户进行生存调查

# 任务二　掌握人身保险承保

**【学生任务】**

◇ 要求每个学生进行课前预习，结合已经学习过的人身保险和保险学基础知识来理解人身承保，能够用自己的语言简单描述人身保险承保的流程和步骤。

◇ 要求每个学生扩大课外阅读量，掌握人身保险承保的新要求，结合本部分内容，说明人身保险实务中核保与承保存在什么区别和联系，根据自身的理解，结合案例在课堂提问中进行口头表达。

◇ 将学生随机分组，按小组选出典型回答在课堂上进行点评，学生间相互评出口头表达情况的优劣，教师进行综合评价。

**【教师任务】**

◇ 提示学生完成口头表达所需要关注的主要知识点，如人身保险核保、承保，其与相近的保险专业名词的区别与联系，保险相关业务的国际惯例等。

◇ 指导学生分组，在小组内对学生进行不同的分工，对学生口头表达作业完成情况及时进行跟进。

◇ 对各小组进行的课堂点评进行适时指导，对于选出的作业予以及时、客观、公正的评价，准备回答学生有可能提出的疑问等。

## 活动　认识人身保险承保

### 一、人身保险承保

人身保险承保，是相对于人身保险业务中投保人的投保而言的，指的是人寿保险公司从接到投保人填写的投保单开始，经过人身保险核保的一系列步骤和流程，由人寿保险公司决定按照一定的条件接收投保人的风险转移，从收取保险费、出具保险单到建立保险基金的全部过程。

人身保险承保是保险经营的重要环节，保险人要对被保险人进行选择，决定接受或拒绝投保人的投保。承保的基本目标是为保险公司安排一个安全和盈利的业务分布与组合。人身保险承保工作中最主要的环节为核保，核保的目的是避免危险的逆选择，实现企业有效益的发展。核保活动包括选择被保险人、对危险活动进行分类、决定适当的承保范围、确定适当的费率或价格、为业务人员和客户提供服务等几个方面。

### 二、人身保险承保流程

（一）人身保险的核保结论

核保人员根据定量的危险程度分类后，对每一类危险单位做出是否承保以及以何种条件承保的决定，这种决定就是人身保险的核保结论。

拓展阅读 9-2

**怎样给出人身保险核保结论**

保险公司根据核保结论最终将申请参加保险的被保险人分成两类：一类为可保体，是指保险公司可以接受的危险体。可保体又分为标准体和次标准体。另一类为非保体，是指至少此次投保时，因危险过大或危险程度难以确定而不能被保险公司接受的群体。非保体又可分为延期体和拒保体。

1.标准体。标准体，是指被保险人的危险程度在寿险公司可以接受的正常范围内，有着正常的预期寿命和健康状况，以标准保险费率承保。一般来说，寿险公司90%以上的被保险人属于标准体。

2.次标准体。次标准体，又称弱体，是指被保险人面临健康或非健康损害因素，致使其死亡率高于平均水平，寿险公司对次标准体依据其所面临的特别风险程度，收取高于标准保险费率的保费。

3.延期体。当被保险人危险因素的程度不明确，无法给予准确合理的风险评估时，核保人员常暂时不予承保，即延期处理。对于延期承保的投保申请，可在到达延期年限后或资料齐备能够供核保人员正确评估被保险人风险时重新投保。

4.拒保体。拒保体是指被保险人的预期死亡率超过了通常规定的范围，其危险程度超过了次标准体。在采用拒保方式处理保件时，核保人员要慎之又慎，除非万不得已，一般不予采用。

常见的拒保疾病有：癫痫、弱智、精神病患者；恶性肿瘤患者；慢性活动性肝炎、肝硬化患者；慢性肾功能不全、尿毒症、曾接受过肾脏移植者；严重心脏病和心脑血管疾病患者；性病、艾滋病或HIV抗体阳性患者；核保人员根据核保规则认为不能承保的人员。

（二）审核检验后接受业务

人身保险的投保业务，在经过前述的核保环节后，形成了确定的核保结论，根据寿险公司的业务选择规则和核保手册要求，对于可以承保和可以附加条件承保的投保业务，在审核检验后决定接受业务。如果投保金额或标的风险超出保险人承保权限，则无权决定是否承保，只能将该笔业务逐级上报，并向上一级主管部门提出承保建议。

1.标准件。标准件是指符合核保部门所认可的承保条件，即使无核保人员签字，仍可认为符合承保标准并予以出单的寿险业务。这些保件的被保险人均为核保人员评估确认为具有标准体或临界标准体的人，保险公司所承保的被保险人大多采用这种方式，直接按照寿险公司承保手册承保即可。

2.非标准件。为了扩大承保面，在竞争中赢得主动，保险公司不但对具有标准体的被保险人来者不拒予以承保，而且在一定限度内，也要对具有某些缺陷的被保险人附加条件予以承保。非标准件包括核保结论确定为次标准体、延期体和拒保体的寿险业务。

对于延期体，经过适当时间间隔可以按照标准件进行承保。对于拒保体则选择放弃，拒绝该笔寿险业务。对于次标准体，通常采用以下方法承保：

（1）加收保费法。对于身体上有缺陷或从事危险职业的次标准体，可以用增加保险费的方法加以承保。一是年龄增加法。按被保险人的危险程度对其年龄加算一定年数，以加龄后的年龄为标准收取保险费。例如，被保险人45岁，患有高血压，经诊断认为其与正常50岁的人死亡率相同，那么就可以按照50岁被保险人的费率承保。这种方法容易引起投保者心理上的反感，目前核保实务中极少使用。二是增收额外保险费法。对于一时性或短暂性危险（如女性妊娠期）、递减性危险（如手术后），在订立合同后一段时间内征收特别保费；对于递增型风险，整个缴费期内以一个固定数目增收保费。

（2）削减保险金法。削减保险金法是指缔约后一定期间内发生的保险事故，保险公司对保险金削减一定比例后支付。此方法适用于递减型风险。保险人对额外风险不加收保费，而是视风险的大小减少保险金。

（3）保险期限缩短法。对于递增型风险，即随着被保险人年龄的增长，风险因素增加，如肥胖、高血压、糖尿病等，为了避免在高危险期间承担过高风险，对于风险较大的保件可采用缩短保险期间的方法。

（4）附加特别约定或批注法。对于某种危险加以限制而不增加其他承保条件的方法，如被保险人身体某部分有缺陷，则因此部分发生的保险事故保险公司不承担给付责任。对于从事危险职业的被保险人因在现场工作而发生的保险事故，也可以用特别批注形式，将此保险责任予以除外。此种方法应慎重使用，因为在实务上较易引起理赔纠纷。

3.附加险的承保要求：①一般来说，各家寿险公司都将住院补贴保险作为附加险承保。②附加险的保额不得超过主险保额的一定比例，且不得超过该附加险规定的最高限额。③附加险保额一经确定，一般情况下中途不办理变更及退保手续。④附加险的缴费方式和缴费日应与主险相同。⑤除非遇到特殊情况，一份主险保单最多只能有三个附加险。

（三）收取人身保险保险费

目前，在我国人身保险市场的保险实务中，根据交易的对象划分，投保人缴纳首期保险费的方式主要有三种：现金、银行支票和银行直接划账。根据是否经过中间环节，寿险公司收取保险费主要有以下两种方式：

1.通过营销人员收取首期保险费。营销人员收取首期保险费的过程中应当注意：①营销业务人员依据投保书的有关内容及相应的费率表收取首期保险费。缴纳现金投保和缴纳支票投保应采用暂收收据方式进行。②营销业务人员只能使用自己领用的暂收收据，暂收收据不允许转借，凡有遗失或作废应参照有关规定处理，营销业务人员不得代客户在暂收收据上签字。③营销业务人员填写的首期暂收保费收据必须做到：所有项目填写应与投保书一致；字迹工整、清晰，不得涂改，否则作废；收据金额大小写必须顶格，大小写金额必须相符，不得涂改；保险险种填写必须为险种全称，并将暂收收据第一联留给客户。

2.首期保费通过银行直接划账缴纳。营销业务人员在指导客户正确填写投保书后，对选择首期保费银行划账的保户应协助其到保险公司指定的联网银行开立活期存款账户，并应确定账户的金额在保费足额划账后所留余额不得少于银行的最低要求，以免被清户而影响续期保费的收取。

（四）缮制单证和签发保单

缮制单证和签发保单是保险公司接受业务后缮制保险单和保险凭证。保险单或保险凭证是载明保险合同双方当事人权利和义务的书面凭证，是被保险人向保险人索赔的主要依据。因此，保险单证质量的好坏，约定事项的明确与否，往往直接影响人身保险合同能否顺利履行。填写保险单的要求有：单证相符、保险合同要素明确、数字准确、复核签章、手续齐备。

（五）复核签章和存档备查

每种人身保险单证上都应该要求复核签章，如投保单上必须有投保人的签章；人寿保险公司缮制的保险单证还要求交叉复核签章，如验险报告上必须有具体承办业务人员及负责人的签章；保险单上必须有承保人、保险公司及负责人的签章；保险费收据上必须有财务部门及负责人的签章；批单上必须有制单人与复核人的签章等。

对于人寿保险公司缮制的保险单证，以及组成保险合同的各项资料，人寿保险公司要立卷归档，妥善保管。案卷资料按照监管部门的要求至少要保存10年，对于保险金额巨大和影响寿险公司经营管理的重要案卷资料，则应根据公司内部档案资料管理的规定保存，或者至少保存20年。

**课堂训练9-3** （单选）

对在体检中不能达到条款规定标准要求的被保险人，有时可按照（　　）承保。

A.特殊体　　　　B.弱体　　　　C.患病体　　　　D.观察体

**拓展阅读9-3**

### 人身保险欺诈

保险欺诈主要表现为投保人、被保险人或受益人以骗取保险金为目的，以虚构保险标的、编造保险事故发生原因、夸大损失程度及故意制造保险事故等手段，致使保险人限于错误的认识而向其支付保险金的行为。

人身保险欺诈的表现形式主要有：

1.违背如实告知义务

预谋诈骗者往往通过隐瞒或提供不实资料的手法来骗取保险公司承保。例如，被保险人隐瞒病症骗取保险金，被保险人隐瞒真实年龄，还有的被保险人已患有重疾或身体残废或有其他不可保风险，但为了获得保险保障，却让他人代替自己体检，冒名顶替蒙混过关。

2.伪造保险损失

这类欺诈的主要手段是伪造死亡证明、编造保险事故证明材料。欺诈人通过欺诈手段取得证明，或与保险公司内部人员及其他证明机关工作人员串通，制造被保险人死亡的假象。其他证明机关工作人员包括公安机关、医院或基层政府的工作人员。

3.故意制造保险事故

（1）故意杀害被保险人。为了获得高额保险金，受益人亲自或雇用杀手杀害被保险人，作案后伪造现场。常见的伪造方法有：伪装抢劫杀人，伪装溺水死亡，伪装交通事故死亡，伪装中毒死亡，伪装失火烧死等。

（2）被保险人自杀。在保险法律中一般都规定在投保后的一段时间内发生的被保险人自杀，保险公司不负赔付责任。我国《保险法》将这一时间定为两年。两年内发生的自杀，保险公司不承担给付责任。这种规定可能促使决定自杀的被保险人，为了使遗属获得给付而伪装成其他的原因死亡。常见的伪装有抢劫杀人、交通事故、其他意外和疾病死亡等。

4.出险在先，投保在后

由于意外险投保手续简便，费率较低，保障金额高，又不需要健康体检，故比较容易骗赔得逞。行为人一旦发生意外事故，为弥补损失或额外获利，会马上投保，更改出险日期或与保险业务员勾结更改投保日期，以达到骗取保险金的目的。

## 综合训练

### 一、简答题

1.人身保险核保时应主要考虑哪些因素？

2.人身保险核保需要的信息一般从哪些渠道获得？

3.人身保险核保需要经过哪些流程和步骤？

4.人身保险核保中在哪些情况下需要进行生存调查？

### 二、拓展题

特殊人群的核保有哪些特殊之处？

### 三、案例题

陈小双的女儿（11岁）经常生病。当保险营销人员向陈小双推销保险时，他毫不犹豫地答应为女儿投保。陈小双于2006年6月29日主动到安康寿险公司为其女儿投保50份重大疾病终身保险，保险金额合计5万元，约定分期缴费20年，受益人为陈小双。

在签订保险合同时，业务人员向陈小双详细介绍了该保险有关知识及规定，并要求其在投保单被保险人资料栏内如实填写被保险人的健康状况。陈小双对其女儿所患疾病隐瞒未填。2008年5月18日，被保险人因病情加重住院治疗，被确诊为右额顶星形细胞瘤四级，接受定向右额顶星形细胞瘤后装置管手术，术后又做了内放疗术，2008年9月2日出院，同年11月17日医治无效死亡。

2008年11月28日，陈小双向保险人索赔死亡保险金，但仅提供了医院出院介绍信一份。理赔人员让其提供此前病历和其他材料，陈小双声称被保险人此前从未就医。保险理赔人员根据被保险人所患疾病特征，认为其可能有病史，随即展开调查，了解到真实情况后，做出了拒赔的决定。

问题：上述案例中保险公司及其营销人员有哪些不当之处？

分析提示：1.寿险营销及承保过程中营销人员的职责。

2.寿险核保和承保过程中核保人员的任务。

3.寿险进行生存调查的情况。

### 四、实训题

实训项目：组织学生演练人寿保险核保的流程

实训目的：掌握人身保险核保流程和技巧

分组要求：共分为5个小组，6人/组

实训要求：1.每组选举一名组长，组长负责角色分配，并组织本小组成员讨论演练内容和方案。

2.小组成员根据老师给出的模拟情境，按照业务流程要求分角色将人寿保险核保的四个环节展现出来。

操作流程：1.老师阐述情境模拟、分组及演练要求。

2.学生分组讨论并做好演练准备。

3.选择两个小组上台进行分角色演练。

4.老师点评学生演练的情况，并简要总结。

操作时间：分组准备时间为5分钟，小组演练时间为20分钟，老师点评总结时间为3分钟。

# 项目十　人身保险理赔与客户服务

**学习目标**

【知识目标】

1.掌握人身保险理赔与索赔的含义

2.明确人身保险理赔的原则

3.熟悉人身保险理赔流程与内容

4.了解人身保险索赔中的保险欺诈

5.熟练掌握人身保险客户服务

【能力目标】

1.能够准确地区分人身保险索赔与理赔的含义

2.能够掌握人身保险理赔工作的原则

3.能够熟练地掌握人身保险理赔工作流程及涉及的工作内容

4.了解目前我国人身保险市场中保险欺诈的形式和防范方法

5.能够运用学过的人身保险客户服务知识从事保险客户服务，尤其是保单保全工作

【素质目标】

1.能够在保险事故发生的情况下清楚了解如何进行索赔

2.能够向保险客户清楚解释理赔的流程步骤及所需材料

3.能够掌握不同索赔要求下的核赔要点

4.能够运用有效的防范措施化解人身保险欺诈的风险

【工作任务】

1.画图详细说明人身保险业务索赔和理赔的流程

2.画图详细说明人身保险业务核赔的具体做法

案例导入

### 新《保险法》关于保险理赔的规定

新《保险法》在解决保险理赔难问题上进行了较大修改，健全了有关理赔程序和时限的规定。为提高理赔效率，新《保险法》修改集中表现在"1、3、10、30、60"5个数字上，明确了理赔前后的时限，给保险公司拖欠支付保费的种种借口断了"后路"。"1"是"及时一次性通知"，当保险公司接到理赔申请时，如果认为材料不完整，一次性通知投保人、被保险人或者受益人补充提供。"3"和"10"分别为"如果拒赔，3天内发出通知

书"和"达成赔付协议后10天内支付赔款"。"30"是指"除合同另有约定外，保险人应在30天内对保险理赔进行及时核定，并应将核定结果书面通知被保险人或者受益人"。"60"是指"60天内保险人无法确定赔款数额的，应预付赔款"。

资料来源：根据中国保监会网站相关资料整理.

以上资料表明：理赔是保险公司经营最重要的环节，也是保险保障职能的最大体现。在保险实务中越来越受重视。

## 任务一　掌握人身保险理赔

【学生任务】

◇ 要求每个学生课前预习相关内容，结合已经学过的知识来理解人身保险理赔与索赔的相关内容，能够用自己的语言来描述人身保险理赔与索赔的区别，明确人身保险理赔的原则。

◇ 了解并掌握我国目前寿险公司理赔工作的流程和基本内容，掌握人身保险索赔工作中的保险欺诈及其防范方法。

◇ 要求每个学生扩大课外阅读量，结合本部分内容，说明人身保险理赔工作对开展寿险业务的重要性，根据自身理解，结合具体案例写出不少于500字的书面课后作业。

◇ 按照保险理赔机构的设置要求，将学生随机分组，进行人身保险理赔与索赔工作演练，并按小组选出若干份作业在课堂上进行点评，学生互评；学生对作业进一步修改后提交教师，以便教师进行评价。

【教师任务】

◇ 指导学生在相关专业网站上查找所需资料，查看人身保险理赔与索赔方面的服务内容和要求。启发学生理解人身保险理赔与人身保险索赔之间的内在联系。

◇ 提示学生完成书面作业所需要关注的主要知识点，如人身保险理赔与索赔的含义、人身保险理赔的原则、人身保险市场索赔时的保险欺诈及其防范方法等。

◇ 指导学生分组，在小组内对学生进行不同的分工，分出客户方和员工方，进行人寿保险索赔与理赔演练，对学生书面作业和人寿保险索赔与理赔演练活动情况进行及时跟进，督促其按时完成。

◇ 对各小组进行的课堂点评进行适时指导，对于选出的作业及活动小组予以及时、客观、公正的评价，准备回答学生可能提出的各种疑问等。

### 活动1　人身保险理赔

#### 一、人身保险索赔与理赔

保险事故发生后或保险期限届满时，保险人应被保险人或受益人的请求承担赔偿或给付保险金的责任，这一过程被称为索赔与理赔。索赔与理赔是一个问题的两个方面，它们直接体现了保险合同当事人的具体权利和义务，是保险职能的体现。

（一）人身保险的索赔

人身保险的索赔是指在被保险人发生保险事故造成人身伤亡时，受益人根据保险合同的规定请求保险公司给付保险金的法律行为。

拓展阅读 10-1

**人身保险索赔的注意事项**

1.投保人、被保险人或者受益人知道保险事故发生后，应当及时通知保险人。故意或者因重大过失未及时通知，致使保险事故的性质、原因、损失程度等难以确定的，保险人对无法确定的部分，不承担赔偿或者给付保险金的责任，但保险人通过其他途径已经及时知道或者应当及时知道保险事故发生的除外。

2.保险事故发生后，按照保险合同请求保险人赔偿或者给付保险金时，投保人、被保险人或者受益人应当向保险人提供其所能提供的与确认保险事故的性质、原因、损失程度等有关的证明和资料。保险人按照合同的约定，认为有关的证明和资料不完整的，应当及时一次性通知投保人、被保险人或者受益人补充提供。

3.人寿保险以外的其他保险的被保险人或者受益人，向保险人请求赔偿或者给付保险金的诉讼时效期间为2年，自其知道或者应当知道保险事故发生之日起计算。人寿保险的被保险人或者受益人向保险人请求给付保险金的诉讼时效期间为5年，自其知道或者应当知道保险事故发生之日起计算。

（二）人身保险的理赔

人身保险的理赔是指人寿保险公司根据保险合同的规定，在被保险人发生保险事故后，对被保险人或保单持有人或受益人的索赔受理立案，并对事故原因和损害程度进行确认且决定是否予以赔付的整个过程。在人寿保险的理赔中，保险金的给付大都是伤残给付和死亡给付，其除外责任和争议都较少，一般能尽快履行赔付责任；而在健康保险和意外伤害保险中，由于需要有医疗检验报告和相关专家的判定和裁决，其中间过程较多，所以赔付相对较慢。

拓展阅读 10-2

**人身保险理赔的注意事项**

1.保险人收到被保险人或者受益人的赔偿或者给付保险金的请求后，应当及时做出核定；情况复杂的，应当在30日内做出核定，但合同另有约定的除外。保险人应当将核定结果通知被保险人或者受益人；对属于保险责任的，在与被保险人或者受益人达成赔偿或者给付保险金的协议后10日内，履行赔偿或者给付保险金义务。保险合同对赔偿或者给付保险金的期限有约定的，保险人应当按照约定履行赔偿或者给付保险金义务。保险人未及时履行前述规定义务的，除支付保险金外，应当赔偿被保险人或者受益人因此受到的损失。任何单位和个人不得非法干预保险人履行赔偿或者给付保险金的义务，也不得限制被保险人或者受益人取得保险金的权利。

2.保险人做出核定后，对不属于保险责任的，应当自做出核定之日起3日内向被保险人或者受益人发出拒绝赔偿或者拒绝给付保险金通知书，并说明理由。

3.保险人自收到赔偿或者给付保险金的请求和有关证明、资料之日起60日内，对其赔偿或者给付保险金的数额不能确定的，应当根据已有证明和资料可以确定的数额先予支付；保险人最终确定赔偿或者给付保险金的数额后，应当支付相应的差额。

### 二、人身保险理赔的原则

#### （一）重合同、守信用

保险人与被保险人之间的保险关系是通过保险合同建立起来的。处理赔案，对保险公司而言，是履行合同中规定的给付义务；对投保人来说，是缴纳保费后享有的权利。保险公司应严格遵守保险合同条款，尊重被保险人的合法权益，认真处理好每一笔赔案。

#### （二）实事求是

被保险人提出的赔案千差万别，案发原因也错综复杂，有时很难做出是否属于保险责任的明确判断，加之双方对合同释义的理解、认识不同，可能会出现赔与不赔、多赔与少赔的纠纷。在这种情况下，保险公司的理赔人员既要严格按合同办理，也要合情合理、实事求是地进行具体分析，灵活处理赔案，做到不惜赔、不错赔、不滥赔。

#### （三）主动、迅速、准确、合理

理赔人员在接到保户出险通知后，应主动热情受理，对前来索赔的保户要热情接待，多替保户着想，保证理赔案件及时得到处理。任何拖延赔案处理的行为都会影响保险公司在投保人心中的信誉，从而影响其今后的投保行为，乃至造成极端恶劣的社会影响。各家人寿保险公司对理赔案件的工作时限都做出了较明确的规定。

**案例分析 10-1**

#### 包头"11·21"空难航空意外保险理赔结束

包头"11·21"空难航空意外保险理赔结束，25名遇难乘客共获赔1 000多万元。在支付了最后一名遇难乘客家属40万元航意险后，包头空难航意险理赔工作近日正式结束。

据中国人寿保险股份有限公司包头分公司副总经理刘恩根介绍，2004年11月21日，一架由包头飞往上海的MU5210航班发生空难，在机上遇难的47名乘客中，有25人购买了航意险，他们每人可获得40万元赔付金。空难发生后，中国人寿保险包头分公司本着急事急办、特事特办的原则处理空难理赔事宜，从空难发生的第3天支付第一笔赔付，到2004年的12月17日，不足一个月的时间就赔付了920多万元。仅有个别遇难乘客因家庭原因致使赔付有所延后。从去年到今年的这段时间，中国人寿保险包头分公司严格按照《中华人民共和国继承法》和《中华人民共和国公民法》进行剩余的赔付并于近期结束。至此，中国人寿保险股份有限公司包头分公司为"11·21"空难共赔付1 046.4万元。

分析：各家保险公司都很重视保险理赔工作，在发生重大灾害事故（如特大交通事故、重大自然灾害等）时，保险公司一般会及时启动应急预案，通过建立快速理赔通道、预付赔款、送赔款上门等方式，提高理赔效率和质量，发挥保险的风险补偿和社会管理功能。

资料来源：佚名. 包头"11·21"空难航空意外保险理赔结束［EB/OL］.（2005-09-26）. http://www.nmgnews.com.cn/.

**情境模拟 10-1**

#### 应怎样准备人身保险索赔材料

场景：北京保户李先生在某寿险公司为妻子投保了3份重大疾病保险，并附加了住院医疗保险。其保险费按时缴纳，保险期限10年。在投保2年3个月后，其妻子被确诊为肾衰竭，虽然经过全力抢救，仍于发病30天后死亡。假如你是他的业务员，应该通知投保人索赔时准备哪些证明材料？

操作：1.申请死亡保险金准备的证明材料

（1）死亡证明书（区县级以上公立医院或公安部门、人民法院出具）。

（2）户口注销证明（户籍所在地公安派出所出具）。

（3）受益人身份证明或户籍证明。

（4）保险单正本和最后一次交费凭证。

（5）若为代理人代办，应提供代理人身份证及被保险人或受益人的授权委托书。

2.申请重大疾病保险金准备的证明材料

（1）保险公司认可的医疗机构出具的重大疾病诊断书，并应附有病理检查、血液检验及其他科学方法检验的报告。

（2）被保险人身份证明。

（3）保险单正本和最后一次交费凭证。

（4）若为代理人代办，应提供代理人身份证及被保险人或受益人的授权委托书。

3.申请住院医疗保险金

（1）保险公司认可的区、县级或二级以上医院出具的住院诊断证明、医疗费、药费（须附处方）、住院费原始收据、结账单明细表。

（2）门诊、急诊或住院病历及出院小结。进行手术患者应提供手术证明文件。

（3）被保险人身份证明。

（4）保险单正本（主险和附加险及最后一次交费凭证）。

（5）若为代理人代办，应提供代理人身份证及被保险人或受益人的授权委托书。

4.申请住院补贴保险金

（1）保险公司认可的区、县级或二级以上医院出具的诊断证明和出院小结。

（2）被保险人身份证明。

（3）保险单正本（主险和附加险，及最后一次交费凭证），还应提供保险公司认为必要的事故证明和其他有关材料。

（4）若为代理人代办，应提供代理人身份证及被保险人或受益人的授权委托书。

点评：对伤残保险金的申领做一些补充：

1.申请伤残保险金

（1）保险公司认可的医疗机构出具的伤残鉴定证明。

（2）出院诊断证明或门诊病历。

（3）被保险人身份证明。

（4）保险单正本和最后一次交费凭证。

（5）若为代理人代办，应提供代理人身份证及被保险人或受益人的授权委托书。

2.申请意外伤害医疗保险金

（1）保险公司认可的区、县级以上（含区或县级）医院出具的证明。

（2）门诊诊疗收据、处方和病历。

（3）住院费收据，结算明细表和出院小结。

（4）被保险人身份证明。

（5）保险单正本（主险和附加险）及最后一次交费凭证。

（6）若为代理人代办，应提供代理人身份证及被保险人或受益人的授权委托书。

课堂训练 10-1 （多选）

人身保险理赔应遵循的原则是（　　　）。

A.重合同、守信用

B.实事求是

C.主动、迅速、准确、合理

D.最大诚信

## 活动2　人身保险理赔流程

**一、人身保险理赔流程与内容**

从保险事故的发生到保险人做出理赔决定，再到受益人领取保险金，需要经过一系列工作环节和处理流程。除个别险种的一些小额且无须调查的案件可以采用"简易流程"完成理赔外，其余索赔案件处理一般要经过接案、立案、初审、理赔调查、理赔计算、复核审批、结案归档七个环节，每个环节都有不同的处理要求和规定。这七个环节共同构成了人身保险理赔的"标准流程"。

（一）接案

接案是指保险事故发生后，保险人接受客户的报案和索赔申请的过程。

1.出险报案。

（1）报案方式。报案人可以上门报案，也可以电话、电报、传真、信函报案，也可以委托业务员报案。报案目的是将保险事故的发生及相关重要信息及时传递到保险公司。

（2）报案内容。保险事故发生时间、地点、原因、经过及其他有关情况；被保险人（当事人）姓名、身份证号、保险单号、投保险种和日期；报案人姓名、联系地址、电话与联系方式。

2.接案要求。接案人员要准确记录报案时间；引导和询问报案人，以便掌握更多的信息；准确设定报案编号，确认出险人身份。接案人员应根据所掌握的案情，依相关的理赔规定，判断案件性质以及是否需要采取适当的应急措施，并在"报案登记表"中注明。对于应立即展开调查的案件，如预计赔付金额较大、社会影响较大的案件，应尽快通知理赔主管及调查人员展开调查；对于应保留现场的案件，还应通知报案人采取相应的保护措施。

（二）立案

立案是指保险公司理赔部门受理客户索赔申请，按照规定对索赔案件进行登记和编号的过程，以使案件进入正式处理阶段。

1.索赔资料受理。保险公司在收到索赔申请书后3日内对索赔资料进行审核，按下列情况分别处理：单证齐全且符合立案条件的，予以立案；不符合立案条件的，不予立案，并将决定及理由书面通知申请人，退还原始单证；单证不齐的，应书面通知申请人补交，待资料符合要求后再行立案。

2.立案条件。保险合同责任范围内的保险事故已经发生；出险人是保险单上的被保险人；被保险人在保险有效期内出险；索赔申请在保险法规定的时效之内；提供的索赔资料齐全。

（三）初审

初审是理赔人员对索赔申请案件的性质、合同的有效性、索赔材料等进行初步审查的过程。

1.案卷移入登记

初审人员接收案卷后，应进行案卷移入登记，记录所接案件的报案号，初审人的姓名、代码及接案时间。

2.审核保险合同的有效性

初审人员根据保险合同、最近一次交费凭证或交费记录等材料，判断申请索赔的保险合同在出险时是否有效，应特别注意出险日期前后，保险合同是否有复效或其他变动的处理。

3.审核出险事故的性质

初审人员要审核出险事故是否在保险合同、保险责任条款约定的事故范围之内；或者出险事故是否是保险合同责任免除条款约定的情形之一。

4.审核事故证明材料是否完整、有效

（1）根据"理赔申请书"和"报案登记表"判断出险事故的类型，如医疗给付、疾病给付、残疾给付等。

（2）检查证明材料是否为相应事故类型所需的各种证明材料。

（3）检查证明材料的效力，即是否为保险公司认定的医疗单位、公安部门或相关机构所出具，证明材料的印章是否有效。

（4）如出险事故类型为残疾给付，应根据相关证明材料，进一步判断是否需要伤残观察。

5.审核出险事故是否需要理赔调查

初审人员根据理赔申请及事故证明材料，判断是否需要理赔调查，并依判断结果分别作下述处理：对于需进行理赔调查的案件，提出初审意见，进行案卷移出，登记记录调查人员姓名、代码、移交时间，并缮制"理赔调查通知书"，提示调查重点，交调查人员，理赔案卷暂存；待调查人员提交调查报告后，再提出初审意见。对于无须调查的理赔案件，提出初审意见，进行案件移出登记，将理赔案卷送交理算人员作理赔计算。

（四）理赔调查

理赔调查就是对保险事故进行核实和查证，对理赔处理结果有决定性的影响。

1.理赔调查的基本要求

调查必须本着实事求是的原则；调查应力求迅速、准确、全面；对案件的调查必须实行双人查勘制度；调查人员在查勘过程中禁止就理赔事项做出任何形式的承诺；调查应遵循回避原则；调查完毕后应及时撰写调查报告，真实、客观地反映调查情况；需要境外调查的案件，应报总部业务管理部门批准。

2.理赔调查的依据

理赔调查的重点应当放在投保动机不良、事故疑点多、风险大的索赔案件上，目的是防范理赔中出现的骗赔、保险欺诈和道德风险因素。以下异常情况应该引起理赔人员的高度重视：

（1）有关保险合同内容。保险事故发生近期，高度增加保险金额或投保低保费高保障的保单；保险合同失效后近期又突然复效；同一期间投保其他保险公司的同类保险。

（2）有关被保险人、受益人。申请索赔时，被保险人或受益人的行为举止有违常理，如要求迅速理赔或急于要求和解，以要挟、投诉、登报、法律诉讼等方式向核赔人员施加压力；事故发生后很长时间才申请索赔。

（3）有关保险事故。保险事故发生时间与投保时间或签发保险合同时间间隔较短；保险事故发生时，被保险人仅与家人或朋友在一起；保险事故发生时无目击者；索赔申请人所陈述事故发生地点较偏僻，属于不易查证的地方。

（4）有关理赔申请文件。保险事故证明文件不正规、不合法；证明文件有删除、涂改或伪造的情况；不能提供完整的索赔资料或以丢失、不清楚为由拒绝提供。

3.理赔调查的方法

理赔调查的方法主要有：

（1）现场查勘。现场查勘的目的是推断保险事故的性质、保险事故发生的合理性和损失程度。现场查勘时发现能证明事故性质的痕迹或物品，应尽可能客观、完整地保全，可以采取照相、笔录、绘图、录像等形式。现场查勘工作质量的高低对及时、准确、合理地处理索赔案起着关键的作用。

（2）调查询问。调查询问是指调查人员为查明案情而用提问的形式向涉案人员所进行的取证活动。调查人员事先要拟订询问计划，掌握询问技巧，尽可能多地获取相关证据。调查询问的对象包括：投保人、受益人、被保险人；被保险人的家属、同事、邻居等有关知情人员；代理人、医生、相关机构的人员等。

（3）聘请专业机构鉴定。有些理赔案件，理赔人员需要聘请专业鉴定机构对物证进行技术鉴定，一般包括死者身份鉴定、事故原因鉴定、事故性质鉴定、伤残等级鉴定、笔迹鉴定。

（五）理赔计算

理赔计算，简称理算，是指理算人员对索赔案件做出给付、拒付、通融赔付、豁免保费和对给付保险金额进行计算。理算人员根据保险合同以及类别的划分进行理赔计算，缮制"理赔计算书"和"理赔案件处理呈批表"。

1.给付理算

对于正常给付的索赔案件的处理，应根据保险合同的内容、险种、给付责任、保险金额和出险情况计算出给付的保险金额。如身故保险金根据保险合同中的客户身故责任进行计算；伤残保险金则根据客户伤残程度及鉴定结果，按规定比例计算；医疗保险金则根据客户支付的医疗费用进行计算。

2.拒付理算

对应拒付的案件，理算人员作拒付确认，并记录拒付处理意见及原因。对于保险合同由此终止的，应在处理意见中注明，并按条款约定计算应退还保费或现金价值，以及补扣款项及金额；对于保险合同继续有效的，应在处理意见中注明，将合同置为继续有效状态。

**3.通融赔付**

在一些特殊情况下，对于被保险人的索赔，保险人还可通融赔付，即按照保险合同条款的规定，本不应由保险人赔付的经济损失，保险人在综合考虑各种因素的前提下，仍然给予一定的补偿或给付。这种通融赔付不是无原则的"送人情"，而是对保险原则的灵活运用。在考虑使用通融赔付时，必须注意要有利于保险业务的稳定和发展，有利于维护保险人的信誉和在市场竞争中的地位，同时要适时适度。

**4.豁免保费**

对于应豁免保费的案件，理算人员作豁免确认，将保险合同作"已理算且保费豁免"处理。

**（六）复核审批**

**1.复核**

复核是理赔业务处理中一个关键的环节，具有把关的作用。通过复核，能够发现业务处理过程中的疏忽和错误，并及时予以纠正；同时，复核对理赔人员也具有监督和约束的作用，防止理赔人员个人因素对理赔结果的影响，保证理赔处理的客观性和公正性，也是理赔部门内部风险防范的一个重要环节。复核的内容要点如下：出险人的确认；保险期间的确认；出险事故原因及性质的确认；保险责任的确认；证明材料完整性与有效性的确认；理赔计算准确性与完整性的确认。

**2.审批**

已复核的案件应逐级呈报给有相应审批权限的主管进行审批。根据审批的结果，进行相应的处理。批复需要重新理算的案件，应退回理算人员重新理算；批复需进一步调查的案件，应通知调查人员继续调查；批复同意的案件，则移入下一个结案处理环节。

**（七）结案归档**

**1.结案**

结案人员收到复核人员送交的理赔案卷后，进行案卷移入登记，并根据以下情况分别处理：

（1）给付案件的处理。对继续有效的合同，缮制"批单"一式两份，一份附贴在保险合同上，交还客户以明示，另一份归档。缮制"理赔领款通知书"寄送申请人。将保险合同作"已结案且合同继续有效"处理。对终止的保险合同，缮制"理赔领款通知书"寄送申请人，同时注明保险合同效力终止的原因。将保险合同作"已结案且合同终止"处理。

（2）拒赔案件的处理。对继续有效的合同，缮制"拒赔通知书"寄送申请人。通知书中应注明拒赔的原因，措辞必须明确，并提示申请人取回保险合同等证明材料。将保险合同作"已结案且合同继续有效"处理。对效力终止的合同，缮制"拒赔通知书"并寄送申请人，通知书中应注明拒赔原因及保险合同效力终止的原因。如有退费款项，应同时在通知书中予以反映，并注明金额及款项归属人，提示前来领款。将保险合同作"已结案且合同终止"处理。

（3）豁免保费案件的处理。应豁免保费的案件，缮制"豁免保费通知书"寄送申请人。将保险合同作"已结案且合同豁免保费"处理。

**2.归档**

结案人员将结案的理赔案件的所有材料按规定的顺序排放和装订，并按业务档案管理的要求进行归档管理，以便将来查阅和使用。

课堂训练 10-2 （多选）

1.保险金索赔申请人是被保险人本人的保险是（　　　）。

A.伤残保险金　　　　B.医疗保险　　　　C.重疾保险　　　　D.死亡保险

2.理赔调查的方法主要有（　　　）。

A.现场查勘　　　　　　　　　　　B.调查询问

C.聘请专业机构鉴定　　　　　　　D.有关保险合同内容

案例分析 10-2

### 应该如何处理这起人身伤害保险理赔案

案情：王女士为其女儿李思佳购买了A保险公司的一份"学生、幼儿平安保险"（该保险的保险期间为1年，附加意外伤害医疗保险），并按规定交纳了保险费。之前，王女士还为李思佳在B人寿保险公司购买了"四季长乐终生分红人身保险附加意外伤害医疗保险"。附加意外伤害医疗保险条款第三条第一项载明："被保险人在县级以上（含县级）医院或者本公司认可的医疗机构诊疗所支出的、符合当地社会医疗保险主管部门规定可报销的医疗费用，本公司扣除人民币50元的免赔额后，在保险金额范围内，按医疗费80%的比例给付医疗保险金。"保险期间内，被保险人乘坐张某驾驶的摩托车在本市城区发生交通事故，受到伤害，经市第一人民医院门诊治疗，用去医疗费1 313.90元。事故发生后，投保人王女士持医疗费发票原件等相关资料到A保险公司要求理赔，保险公司依保险合同向其赔付医疗保险金1263.90元（实际支付的医疗费1 313.90元-免赔额50元）。之后，投保人又持医疗费发票复印件等相关资料到B保险公司索赔，遭到拒赔。王女士不服，作为原告，将B保险公司告上法庭。请说明B保险公司拒赔是否合理。

分析：按照现行的保险实务惯例，被告B保险公司拒赔合理。

保险法中所称的保险包括人身保险和财产保险两大类。《中华人民共和国保险法》第五十二条规定：人身保险合同是以人的寿命和身体为保险标的的保险合同。它与财产保险合同相比，具有以下特征：第一，被保险人只能是自然人，保险标的是人的生命或身体；第二，由于人的生命是无价的，不能用金钱来衡量，因此，保险金额的确定，不以保险标的价值为依据；第三，人身保险合同是给付性合同。由于意外伤害医疗保险是以被保险人身体遭受意外伤害需要治疗为给付保险金条件的保险，故意外伤害保险附加医疗保险的性质应属人身保险的性质。同时，人身保险合同的给付性决定了保险人不应限制投保人的投保金额，也决定了人身保险可以重复投保。因此，保险人应根据《中华人民共和国保险法》的规定，按不同的保险合同分别给付保险金，不应适用损失补偿原则。目前，对健康保险和人身意外伤害保险中的附加医疗保险是否应按照财产保险的"补偿原则"进行理赔，尚停留在理论探讨阶段。但在保险理赔实践中，保险公司一般将人身保险中的附加意外伤害医疗保险按照财产保险的"损失补偿原则"进行理赔，即在一家保险公司取得了赔偿，就不能在另一家保险公司得到重复赔偿。这几乎是所有保险公司的操作惯例。

本案启示：被保险人向保险人（即保险公司）索赔，是否必须提供医疗费单据等资料的原件？《中华人民共和国保险法》第二十三条第一款规定，保险事故发生后，依照保险合同请求保险人赔偿或给付保险金时，投保人、被保险人或者受害人应当向保险人提供其所能提供的与确认保险事故性质、原因、损失程度等有关的证明和资料。因此，保险公司在处理人身保险赔偿事宜时，只要被保险人提供的有关证明和资料能够确认保险事故及相关费用已经发生，保险公司就应按照保险合同履行给付保险金的义务，而不应以被保险人是否出具相关费用单据原件为必要条件。

**考证直通车10-1**（单选）

对于人寿保险的拒赔案件，保险公司要编制（　　），寄送申请人。

A.已结案且合同终止通知书

B.拒赔通知书

C.已结案且合同豁免保费通知书

D.批单

## 二、人身保险理赔机构

（一）保险代理人

保险代理人对投保人和被保险人都比较熟悉，可以通过多种渠道来了解保险事故的真相，提出被保险人与保险人双方都满意的解决方法。因此，许多保险公司都安排自己的代理人从事理赔工作，但其权力通常只以小额给付为限。但是也有一些代理人会无原则地赔付，使保险公司蒙受损失。

（二）公司理赔员

保险公司都有专门的理赔人员，组成通常所说的理赔部。与保险代理人相比较，理赔人员虽然不太了解被保险人的情况，但更熟悉理赔手续和技术。情况复杂或赔付金额较大的赔付案件通常由专业理赔人员处理。

（三）理赔服务机构

有时候在同一地区经营人身保险业务的几个保险公司，会联合起来设立专门处理理赔案件的机构，并在地区内各地设置分支机构，形成一个处理赔付案件的网状组织。每家保险公司只需负担部分经费，就能为自己的客户赢得全面有效的理赔服务。美国的理赔局就是这种性质的理赔服务机构。

（四）独立的理赔人

独立的理赔人是拥有专业技术和丰富理赔经验并专门处理某种赔偿问题的专业理赔人。借助独立理赔人理赔时，投保人一般会得到一张独立理赔人的名单，在保险事故发生时，可就近接洽相应的理赔人。

除此以外，人寿保险公司在进行理赔时，无论是通过自己的理赔人员还是通过理赔机构都需要借助一些中介组织或个人的服务，包括：（1）检验机构。当导致保险事故发生的原因比较复杂时，保险公司需要借助专业的、中立的、权威的检验机构来判断保险事故是否属于保险责任范围。检验机构具有权威性，其出具的检验报告一般具有法律效力，往往决定着最终的判决。（2）保险公证行。它是由政府审批成立的专门为保险公司做公证的私人机构，不代表任何一方的利益，也没有最终的裁决权，只为保险理赔提供诉讼依据的证明，按赔款总数的一定比率收取公证费。（3）律师行。有些保险赔付不能使保险双方达成一致的协议，这往往要诉诸法律来解决，经常需要借助由专业的保险律师组成的律师行。

拓展阅读 10-3

### 放宽理赔标准　实行通融赔付

2008年5月12日汶川大地震后，中国保监会主席吴定富两次表示目前保险业抗震救灾的中心任务就是做好理赔服务。各保险公司总公司要进一步将业务人员、理赔资金、通信保障向灾区倾斜，注意协调安排好非受灾地区向地震灾区的支援工作。

抗震救灾的过程中，多数保险公司也表示：将对受灾的投保人特事特办，进入融通赔付通道理赔。其中最突出的一项实事就是对于保险责任的免责部分有些保险公司主动"撤销免责"，放宽理赔标准。在大部分寿险公司的寿险和意外险产品中，地震本身是属于赔付责任范围内的，也有些保险公司的健康医疗险产品把地震列为除外责任。对此，大多数寿险公司均表示已经对部分险种适当放宽理赔标准，实行通融赔付，主动承担社会责任，以实际行动支援灾区。此外，对于因受灾导致保单丢失的客户，不少保险公司承诺提供无保单理赔服务，由保险公司查勘人员通过理赔系统调取保单资料，根据多方核实的情况，代填理赔申请书、死亡证明等单证，为客户及其家属办理理赔手续提供便利。

资料来源：根据中国保险网的资料整理.

### 活动3　人身保险索赔中的保险欺诈及其防范

#### 一、人身保险索赔中的保险欺诈类型

人身保险索赔中的保险欺诈主要表现为投保人、被保险人、受益人以骗取保险金为目的，采取各种欺诈手段，致使保险人限于错误认识而向其支付保险金。保险欺诈具有极强的隐蔽性和严重的社会危害性。常见的人身保险欺诈类型有：

（一）虚构事实

虚构事实，是指投保人、被保险人、受益人在未发生保险事故的情况下，谎报发生了保险事故并骗取保险金。一般是投保的被保险人没有发生保险事故，没有投保的人发生意外后，利用前者的被保险人身份向保险公司索赔。

（二）故意不如实告知

故意不如实告知是指投保人或被保险人在投保时隐瞒既往病史和现有病症，或者隐瞒真实年龄、真实职业等情况，影响保险公司的承保决定和承保条件。

（三）未经被保险人同意投保

未经被保险人同意投保是指未经被保险人同意私下投保以死亡为给付保险金条件的合同，或未经被保险人书面同意认可的保险，通过篡改保险金额的方式骗赔。如未婚夫妻投保以死亡为给付保险金条件的保险，还有的投保人蓄意涂改保险金额然后制造意外事故加害被保险人骗取保险金。

（四）先出险后投保

先出险后投保是指被保险人在出险后再投保，索赔时将提供的证明材料修改成投保后的资料；隐瞒被保险人身体已有的残疾，在保单生效后，故意制造保险事故，并谎称该保险事故导致了残疾；还有的是死后投保，直接骗取保险金。

（五）故意制造损失和意外事故

投保人先采用种种手段欺骗和怂恿被保险人投保，然后谋杀被保险人，将被保险人的

死亡伪装成意外事故，骗取巨额保险金；或伪装成第三者杀人、自然死亡或交通事故和其他意外事故死亡；有的被保险人自残或除外责任到期后自杀以谋取保险金。

（六）医患勾结，无病住院

一些医院的医生为了自身的利益，提供虚假证明，造成被保险人无病住院、小病大养、一人投保全家受益，为不诚实的被保险人骗取保险金大开方便之门。

（七）夸大损失程度

投保人对发生的保险事故，夸大损失程度，借以骗取保险金。如保户投保健康险，生病后虽已痊愈仍不肯出院，骗取额外保险金和医疗补贴。

**二、人身保险欺诈的防范措施**

（一）建立严格的承保预防体系

各保险公司应提高业务员（包括代理人）的风险防范意识，建立业务员展业质量考评体系，以提高业务人员的责任心和事业心；加强教育培训，提高核保人员的业务素质，使不法分子不敢骗，不能骗，骗不成；建立一整套科学的管理体制，使承保、理赔彻底分开，形成专人展业、集中审核签单、统一理赔的制度。

（二）建立保险信息交换系统

各保险公司要联合建设计算机交换信息系统，用来存储有关承保、理赔、欺诈等方面的信息，以供查阅。各家保险公司之间、同一家保险公司的分支机构之间可以互相查阅相关信息，不给不法分子以可乘之机。

（三）加强理赔体系建设

各保险公司应建立合理、科学、高效的理赔程序，努力提高理赔人员的素质，健全审核制度，加强理赔的监督管理，详细调查风险事故发生的原因，防止索赔人的恶意欺诈，实现理赔管理的规范化、制度化和现代化。

（四）加强与公安、交警、司法机关的合作

各保险公司应让司法机关参与保险公司疑难案件的调查和鉴定，利用司法机关办案的权威性、法律性和严肃性，对不法分子起到威慑作用。

知识延伸10-1

保险欺诈

（五）加强法制教育，运用法律武器

各保险公司应以各种形式向全社会广泛宣传新《中华人民共和国刑法》、《中华人民共和国保险法》和有关法律法规，宣传我国法律对保险欺诈行为的定罪、量刑规定。在大力宣传的同时，也要运用法律武器，严肃查处保险欺诈分子。

## 任务二　掌握人身保险客户服务

【学生任务】

◇ 要求学生课前预习相关内容，结合已经学过的知识来理解人身保险客户服务的内涵与意义，能够用自己的语言来描述人身保险客户服务与售后服务的区别。

◇ 了解并掌握我国目前寿险公司客户服务工作的流程和基本内容，人身保险保单保全的重要意义。

◇ 要求学生扩大课外阅读量，结合本部分内容，说明人身保险客户服务工作对开展寿险业务的重要性，根据自身理解，结合具体案例写出不少于600字的书面课后作业。

◇ 按照人身保险客户服务的内容要求，将学生随机分组，进行人身保险客户服务工作演练，并按小组选出若干份作业在课堂上进行点评，学生互评作业；学生对作业做进一步修改后提交教师，以便教师进行评价。

【教师任务】

◇ 指导学生在相关专业网站上查找所需资料，查看人身保险客户服务与售后服务方面的内容和要求。启发学生理解人身保险客户服务与人身保险售后服务业务之间的内在联系。

◇ 提示学生完成作业所需要关注的主要知识点，如人身保险客户服务的内涵与售后服务的含义、人身保险客户服务的具体内容、人身保险保单保全工作等。

◇ 指导学生分组，在小组内对学生进行不同的分工，分出客户方和员工方，进行人寿保险客户服务和保单保全工作演练，对学生作业和人身保险客服演练活动情况进行及时跟进，督促其按时完成。

◇ 对各小组进行的课堂点评进行适时指导，对选出的作业及活动小组予以及时、客观、公正的评价，准备回答学生可能提出的各种疑问等。

## 活动 人身保险客户服务

### 一、人身保险客户服务的内涵

人身保险客户服务是指保险公司为社会公众提供的一切有价值的活动。这是一种现代服务观念，它与传统服务的最大区别在于呈现出明显的外延扩张。传统服务观念认为，保险公司的服务集中体现为经济赔偿与给付，只要对客户履行了赔付的保险责任，也就意味着为其提供了良好的服务。而现代服务观念则认为，保险服务远非局限于此，围绕经济赔偿与给付这一核心所进行的各种扩散性服务，均在保险公司的服务范畴之内。

保险客户服务的内容包括提供保险保障、咨询与申诉、防灾防损、契约保全、附加价值服务等。其中的第一项可称为核心性服务，其他各项可称为扩散性服务。核心性服务与扩散性服务的关系是：核心性服务是根本，扩散性服务是补充。当然，核心性服务与扩散性服务的划分并不是绝对的，尤其是当同行业竞争十分激烈时。由于它们所提供的核心服务基本相同，客户的选择在很大程度上就取决于这些企业在提供扩散性服务上的差异了。所以应恰当地处理好核心性服务与扩散性服务的关系。

### 二、人身保险客户服务的内容

人身保险客户服务包括售前服务、售中服务和售后服务三个方面，每个方面都包含具体详细的内容。

（一）售前服务

售前服务是指推销保险商品之前为客户提供的涉及保险方面的服务。这是在精心研究人们保险需求心理的基础上，在他们未接触到保险商品之前，用一系列激励方法来激发客户购买欲望而提供的各项服务。保险售前服务内容十分丰富，其核心是为客户提供方便，具体有以下各项：

1.购买咨询服务

购买咨询服务包括介绍保险公司的情况、所推出的险种、保单条款的内容等。保险公司的员工应竭诚为客户服务，千方百计地把客户期望得到的信息传递给他们。

（1）保险公司应提供的咨询服务内容。保险公司一般用广告传递保险信息。通过广告方式传递保险信息，是满足客户对保险咨询需求的一个重要手段。其主要包括三个方面：一是以告知为目标的服务，把保险公司的名称、已经推出的险种、重大保险事故理赔情况及时准确地告诉客户；二是以说明为目标的服务，向客户说明保险公司的历史现状和未来，保险公司的经营宗旨、组织机构、管理特色、服务项目、人员素质，说明各险种的保险对象、保险期限、保险金额、保险费率、保险责任、除外责任、保险金的申请程序等；三是以提高声誉为目标的服务，宣传保险公司重合同、守信用、及时赔付、热衷社会公益事业等。

保险公司还可以通过公关活动传递保险信息。通过公关活动，加深客户对保险公司的了解，提高保险公司的知名度和信誉度。公关活动主要有以下几种：①保险新闻活动。进行保险新闻宣传，保险公司可以通过对推销业绩突出的展业能手、服务周到的内勤人员的宣传报道，感染公众，提高企业的知名度；新险种的面世报道，即对新推出的险种进行大力宣传；业绩报道，主要报道承保和理赔两个方面的业绩。②新闻发布会（记者招待会）。保险公司可以利用新闻发布会向公众传递本公司的实力、信誉和诚信，其内容包括保险企业改革、对重大事故的理赔、对重大社会活动的赞助等。③保险摄影宣传。保险公司可以通过摄影宣传传播保险知识，扩大保险影响，提高保险信誉，树立保险企业良好形象。④保险赞助活动。保险公司可以通过无偿赞助体育活动和社会公益事业等，增加保险广告的影响力和说服力，树立保险企业热心社会公益事业和文化事业的形象，增进与公众之间的情感交流。

（2）营销员个人应提供的咨询服务。营销员个人提供的咨询服务比保险公司提供的咨询服务更为直接、详尽和有效。营销员向客户提供咨询服务常用的方法有以下几种：①结合文字材料向客户作介绍。文字资料包括保险宣传手册、保险宣传单、推销图片、顾客投保资料、报纸杂志的有关介绍、建议书、费率表、职业等级表、体检人员名册等。在提供咨询服务时，业务员要将钢笔、圆珠笔、计算器等文具携带齐全。②深入浅出地回答问题。保险商品是一种劳务商品，没有具体的实物形态，不能为人们提供一个直观的外界对象客体，不能以某种物理属性满足人们生产和生活上的需要，这就使得客户不能凭感觉来判别哪一险种适合自己，加上很难读懂合同，客户对保险商品无法透彻了解。所以，营销员应作深入浅出的介绍，并对客户提出的种种问题做出明确回答。因此，营销员必须有广博的业务知识，特别是对保险专业知识、保险商品知识要有精准的掌握。

2. 风险规划与管理服务

（1）帮助客户识别风险。在人的一生中随时都面临着各种风险，例如伤害、疾病等，风险的发生会危及人的身体和生命，造成生活的不便和经济困难。然而许多客户面对风险可能已熟视无睹，或者根本没有预见到自己随时所面临的风险，轻信风险事故不会落到自己头上。为此，营销员需从客户的切身利益出发，本着对客户负责的态度，帮助其识别各种风险，以寻求风险转移的对策。

（2）帮助客户做好家庭财务规划。帮助客户制定家庭财务规划应先进行资料的收集与整理，资料包括客户的职业、职位（职称）、家庭收入、家庭成员、遇到困难一般的处理办法、子女教育结婚计划、目前享受的福利与保障、有无重大开支计划等。然后，进行家庭财务规划，包括计算全家日常开销、购房基金、子女教育金、应急基金、晚年养老费用等。

（二）售中服务

售中服务是指在保险商品买卖过程中，直接为销售活动提供的各种服务，它是销售实现的关键环节。售中服务的主要内容有：

1.迎宾服务

只有对客户主动热情、耐心周到，才能为公司招徕生意。迎宾服务是售前与售中服务的中间环节，既指纯服务性的迎宾服务，也指销售操作的第一程序。把迎宾视为售中服务是因为销售活动一般从这里开始，优质迎宾服务带给客户的第一印象是其他服务项目代替不了的。在迎宾服务中，要求保险公司有关人员微笑服务、有良好的服务态度、有优美的服务行为。

2.承保服务

承保服务是指从业务接洽、协商、投保、审核、验险、接受业务、制单、收取保费到复核签章、清分发送、归档保管这一系列活动。

3.技术性服务

技术性服务包括以下几方面的内容：

（1）对投保的客户进行保险业务指导，集中体现在指导投保书的填写上。投保书是构成完整保险合同的重要组成部分，为了体现客户的真实投保意愿，维护客户的利益，避免理赔纠纷和给客户带来不必要的损失，如实、准确、完整地填写投保书是非常重要的，保险人员有责任、有义务帮助客户填好投保书。

（2）提供快捷有效的服务，即提高服务的传递效率，缩短客户的等候时间。

4.建立保户档案

客户投保后要建立保户档案，以人身险为例，其内容包括被保险人名称、家庭住址、工作单位等。

（三）售后服务

在各家保险公司险种大同小异以及销售方式与技巧如出一辙的情况下，售后服务最能体现保险公司或营销员的特色，是竞争的利器。良好的售后服务可以提高保单续约率。售后服务的工作内容有：

1.营销员个人售后服务内容

售后服务的中心原则就是把握一切机会与保户保持密切的联系。身为保险营销员，要真心诚意将客户当作一生的朋友来看待。在与客户保持经常联系这个大前提下，售后服务有多种形式可选择，如亲自访问、寄送礼品或信函、电话通信、定期拜访等。对于出险保户及其家属，在保户发生特定事故时，保险理赔人员和营销员应做到：详细告知保户理赔程序，探望病人，参加保户葬礼，耐心细致地做好保户及其家属的工作。

2.保险公司售后服务内容

保险公司售后服务主要包括提供续期服务、理赔服务、保单保全服务、附加价值服务、咨询与申诉服务。其中，续期服务主要指续期保费的催告和收取；保单保全服务指围绕契约变更、年金或满期金给付等服务项目而开展的工作；附加价值服务是保险公司对保户及其他单位或个人提供的与保险保障无直接关系的服务，如保险赞助服务、联谊活动、健康知识讲座、全球急难求助等；咨询与申诉服务主要采用热线电话形式，范围涉及产品咨询、业务手续咨询、理赔报案、业务员认证、保单信息查询、预约服务、投诉服务、意见建议等。

**课堂训练 10-3**（多选）

在以下寿险的客户服务中，属于售后服务的有（　　　）。

A.定期拜访　　　　　　　　　B.契约保全

C.保险赔付　　　　　　　　　D.风险规划与管理

### 三、人身保险保单保全

**（一）人身保险保单保全的含义**

保单保全称为契约保全，简称保全。广义的保全指保全服务、续期收费、理赔服务、咨询投诉及附加价值服务等，即寿险公司为已经生效保单提供的所有服务内容。狭义的保全专指保全服务，即围绕契约变更、年金或满期金给付等服务项目而开展的工作。人身保险保单保全所涉及的内容主要有：投保人、受益人变更，一般错误更正，通信地址、电话、付费方式变更，领取方式变更，年龄、性别更正，职业、工种变更，交费方式变更，主险或附加险减少保额，取消新增附加险或增加附加险保额，保险合同效力恢复，补发保险单，满期生存给付，利差返还，保单迁移等。

**（二）人身保险保单保全的内容**

人身保险的保险单所处状态不同，其间可进行的保全操作内容也不同。一般说来，寿险保单的状态有以下几种：

**1.标准状态**

标准状态是指保险责任尚未终止且保险合同依然有效，投保人也未申请迁出、保额变更的保险单。此状态下，可受理投保人各项信息变更，如养老金领取、满期给付、保单补发、续期交费、转换险种等。

**2.退保状态**

退保状态，即在保险合同自然终止前，投保人提出提前终止保险合同，领取保单的现金价值，保险人不再承担相应责任。在此状态下，保险公司不受理任何保全申请。

**3.终止状态**

终止状态是指保险合同所约定的保险期限已届满，保险合同自然终止。在此状态下，保险公司不受理任何保全申请。

**4.保单迁出状态**

保单迁出状态是指被保险人因工作或其他原因从一地迁往异地，为交费和领取保险金的便利，向保险人提出变更托管公司的状态。在此状态下，保险公司不受理任何保全申请。

**5.保单失效状态**

保单失效状态是指对于非趸交保单，投保人可能会因各种原因而欠交保费，在超过约定的宽限期后，保单处于失效状态，投保人可在两年内提出复效申请，并补交欠交的保费及利息。当保单处于失效状态时，投保人只能申请办理复效。

**6.领取状态**

领取状态，是指年金类保单和其他返还性保单已经进入领取期的状态。在此领取状态下，除可受理领取方式的变更和基本信息变更外，不能受理其他变更操作。

（三）保险合同主体的变更

保险合同主体的变更，是指投保人、被保险人相关信息的变更及受益人的变更。

1.投保人及相关信息变更

由于人寿保险的合同期限较长，在较长的交费期限内，投保人可能丧失交费能力，投保人或投保人的姓名、住址等信息也可能发生变化，此时就需要到保险公司的客户服务部申请变更。

（1）申请变更应准备的文件。投保人及相关信息变更时，申请人应准备的文件主要有：保险合同变更申请书、保险单、投保人身份证件（新、旧）、投保人签名（新、旧）、被保险人身份证明，若为他人代为办理，则需提供委托授权书及受托人身份证件。变更投保人需相应变更下列信息：姓名、性别、身份证号码、与被保险人关系、联系电话、通信地址、邮政编码、开户银行、账户姓名、账号和工作单位等。

（2）注意事项。投保人及相关信息变更可在保险合同有效期内任意时间提出申请。若存在保单抵押借款、保费豁免或失效情况，不受理投保人的变更。投保人变更应由原投保人提出并经被保险人同意后方可办理。若投保人身故，则申请资格人为被保险人本人，被保险人为未成年人时，由其法定监护人代为行使权利。更改后的投保人对被保险人应有可保利益。

2.被保险人相关信息变更

在个人人寿保险合同中不存在被保险人的变更，只能在保险合同的有效期内对被保险人的基本信息进行更改。但是对于团体寿险合同而言，由于团体中的个体众多，在保险合同的有效期内，有人离开团体，也有新人加入，就会存在被保险人的变更。

（1）申请变更应准备的文件主要有：保险合同变更申请书、保险单和被保险人身份证明。若为他人代为办理，则需提供委托授权书及受托人身份证件。

（2）注意事项：被保险人相关信息变更可在保险合同有效期内任意时间提出申请；变更可由投保人或被保险人提出申请；被保险人职业的变更可能影响费率的变更；对于个险保单不受理被保险人的变更。

3.受益人变更

在寿险合同中最常见的就是受益人的变更。受益人变更应准备的文件与投保人变更所需文件相同，但应注意以下问题：

（1）受益人变更可在保险合同有效期和领取期内任意时间提出申请；

（2）受益人变更可由投保人或被保险人提出，投保人变更受益人需征得被保险人书面同意方可办理，若投保人身故，则申请资格人为被保险人，被保险人为未成年人时，由其法定监护人代为行使权利；

（3）变更受益人需相应变更下列信息：姓名、性别、身份证号码、受益人与被保险人关系；

（4）对于疾病类保险产品、保单状态为自动垫交保费状态或保单存在借款，不受理受益人的变更；

（5）变更后的受益人与被保险人的关系若为直系亲属且保额在规定的范围以内者不需重新核保，否则需重新核保；

（6）受益人为数人时，被保险人需指定受益顺序和各自份额。

（四）基本信息的变更

除保险合同主体的变更之外，其他一些基本信息也常有变更。常见的有地址、职业、工种的变更，要求投保人在合同有效期内提出申请；交费方式的变更，要求投保人在交费对应日前 30 日内提出；领取形式的变更，要求投保人或被保险人在合同有效期内提交被保险人身份证明，申请变更。

（五）保单复效、附加险加保

1.保单复效

保单复效的申请只能在保单失效之日起两年内办理；保单复效申请的资格人为投保人；若保单尚有未清偿的垫交保费或借款，应通知保户在办理复效时一并清偿。当主险失效时，其附加险同时失效；办理复效时，如客户仍需要投保附加险，附加险部分应办理加保手续，附加险保费按被保险人申请复效时的年龄计算。

2.附加险加保

附加险加保应在主险交费对应日前 30 日内提出申请；附加险加保申请的资格人为投保人，但需经被保险人同意；加保后的附加险累计保额不能超过主险的保额，一般寿险公司对具体险种的加保保额有具体规定；附加险保费应按申请时被保险人的年龄计算。在交费对应日前收到保费的保单，生效日为交费对应日；在交费对应日后收到保费的保单，生效日为收到保费的次日。

（六）减退保

在保险合同的有效期内，投保人可能会因经济状况发生变化，或对风险的认识发生变化而要求减少保额或退保。减退保的申请可在保险有效期内任何时间办理，但应注意以下事项：

1.投保人若在新契约保单的犹豫期内提出减退保，保险人应退还客户全部保险费。

2.投保人若在犹豫期外退保，保险人按合同约定比例退还保单现金价值；犹豫期外减保，退还减少保额部分的现金价值。若存在健康加费和职业加费，则对加费部分按一定比例退还。

3.若主险的保险余额减少，附加险保额也应按寿险公司的内部投保规则作相应调整。

4.对于非一年期附加险的其他险种，按保险条款约定的退保处理办法退保。

5.以下情况不予办理减保：发生过伤残、医疗赔付的保险单；已完全进入生存领取的保单。

（七）交费期限的变更及特殊情况的处理

在交费期限内，若投保人的经济状况有所改善，常会向保险人提出申请，要求及早交清保费、由长期交费变为短期交费、由期交变为趸交。

1.交费期限的变更

交费期限变更时注意的事项主要有如下几点：交费期限的变更可在交费对应日前 30 日内提出；交费期限变更申请的资格人为投保人；投保 2 年内，投保人申请交费期限的变更，直接核收变更后与变更前保费（含职业加费和健康加费）的差额及利息；投保满 2 年后，投保人申请交费期限的变更，保险人核收变更后和变更前责任准备金的差额；保费豁免或失效的保单不受理交费期限的变更。

2.特殊情况的处理

（1）如申请交费期限变更的客户为采取非年交保费的客户（月交、季交、半年交），可在交费整年度的交费对应日的前30日内提出申请。寿险公司在进行业务处理时，一般先将交费方式变更为年交，然后进行交费期限的变更。

（2）如申请交费期限变更的客户的原保单需要职业加费，在进行业务处理时，则需相应变更职业加费的比例。

（八）补发保险单

保险单是证明保险人和投保人之间合同关系的有效文件，应妥善保管。保险单若不慎遗失、污损，则需重新办理。保险单的补发可由投保人提出，如属业务人员遗失、污损，业务人员也可申请补发保单。申请补发保单应注意的事项如下：若保单失效后申请补发，则应先办理复效手续；新保单号码与原保单号码一致，但内容为保单最新状态；申请补发保单，保险公司一般要收取相应工本费；办理相关手续时，核对投保人与被保险人的签章是否和预留签章一致。

课堂训练 10-4 （多选）

对于"孤儿"保单，寿险公司主要提供（　　）服务。

A.保单保全服务　　B.保单收展服务　　C.全面收展服务　　D.保险关系转移

情境模拟 10-2

### 怎样制作拒绝给付通知书

场景：某寿险公司经调查认为被保险人李××因一氧化碳中毒身故一案不属于保险赔付的范畴，拒绝给付保险金，因此决定给客户下发拒绝给付通知书。

操作：拒绝给付通知书制作格式及内容

保单号：2005yw0088194

险种名：人身意外伤害综合保险

申请人：高××

被保人：李××

尊敬的客户高××先生：

您好！本公司对贵被保险人遭遇的不幸深表同情。

您递交的理赔给付申请书已收悉。经理赔调查，2006年3月1日在寓所内发生的贵被保险人因一氧化碳中毒身故属实，但事故过程中并不存在任何意外伤害致其身故的原因。您在申请给付时也未能举证贵被保险人因意外伤害的原因致其身故。根据本合同格式条款第5条第7款的约定，本公司遗憾地表示不承担给付保险金的责任，退还未满期保费，本合同效力终止。

如有任何疑问请与本公司联系。

专此函达。

公司咨询电话：×××××××

理赔部门电话：×××××××

××保险公司××市分公司

2006年3月24日

点评：

（略）

拓展阅读 10-4

## 保监会颁布《人身保险业务基本服务规定》

为适应近年来我国人身保险业务的快速发展，解决理赔难、销售误导等影响保险业健康发展的问题，督促保险公司改善服务质量，建立和完善保护被保险人利益的工作机制，提升人身保险业务服务水平，保监会近日颁布了《人身保险业务基本服务规定》（以下简称《服务规定》），并于2010年5月1日起实施。《服务规定》共33条，全面规范了开展人身保险业务的各个环节，包括电话服务、新单受理、客户回访、合同保全、理赔服务及投诉处理等。其主要内容包括：

一、规范电话服务。《服务规定》从五个方面规范了电话服务。一是规定保险公司、保险代理人公布、告知服务电话号码，便于投保人通过电话获得及时服务。二是规定电话服务至少包括咨询、接报案、投诉等内容，满足投保人的服务需求。三是规定电话服务的时间和人工接听服务的最短时间，确保对投保人服务需求做出及时响应。四是规定保险公司建立服务电话的来电记录及处理制度，确保投保人服务需求能够被追踪处理。五是规定通过电话渠道销售保险产品的保险销售人员告知投保人查询保险合同条款的有效途径。

二、规范客户回访。《服务规定》从三个方面规范了客户回访。一是要求保险公司建立回访制度，指定专门部门负责回访工作并配备必要的人员和设施。二是要求保险公司在犹豫期内对一年期以上人身保险合同的投保人进行回访，并且规定了回访形式。三是规定保险公司在回访中发现存在销售误导等问题的，应当在15个工作日内由销售人员以外的人员予以解决。

三、规范合同保全。《服务规定》从三个方面规范了合同保全。一是规定保险公司应当自收到资料齐全的保全申请之日起5个工作日内确定是否同意保全，并且通知保全申请人。保险公司不同意保全的，还应当说明理由。二是申请人提交的保全申请资料不完整或者填写错误的，保险公司应当在5个工作日内一次性告知保全申请人。三是规定了保险公司完成合同保全的期限。

四、规范理赔服务。《服务规定》从五个方面规范了理赔服务。一是规定保险公司在接到报案后及时指导当事人准备索赔资料和证明。二是要求保险公司在规定期限内核定保险责任。三是规定保险公司认为不属于保险责任的，应当在3日内通知被保险人或者受益人并且说明理由。四是要求保险公司对需要进行伤残鉴定的赔付请求及时通知投保人、被保险人或者受益人办理鉴定手续。五是要求保险公司在规定期限内履行赔偿或者给付保险金义务。

五、强化保险公司的被保险人保护责任。一是强化客户隐私和商业秘密的保护要求，保险公司应建立投保人、被保险人和受益人个人隐私和商业秘密的保护制度。二是要求保险公司根据《服务规定》的要求制定服务标准与服务质量监督机制，每年定期进行服务质量的检查评估。

资料来源：根据中国保监会网站资料整理.

**综合训练**

## 一、简答题

1.人寿保险公司要保证其保险经营的正常运行和健康发展,在理赔中应遵循什么原则?

2.人身保险理赔的"标准流程"包括哪些环节?

3.人身保险欺诈的类型有哪些?

## 二、实务题

被保险人张英,女,生于1955年10月19日,家住某市国棉一厂。2002年3月20日,在中国人寿某市支公司为自己投保康宁终身保险,保额1万元,年交保费1950元,交费期10年。保险合同号为2002-610430-S42-5008-3,保险交费正常,合同一直有效。2006年4月20日,被保险人家人称张英因病于2006年2月8日至4月14日在该市中心医院住院治疗,4月14日在家死亡。现向保险公司申请身故保险金。

要求:(1)作为保险公司的理赔人员,你应该要求受益人提供哪些申请资料?(2)请将资料在案卷相应位置粘贴并进行整理。

## 三、案例题

2004年,中国人寿湛江分公司到当地殡仪馆调查取证,查获一宗造假案,拒赔保险金额30 000元。被保险人林某系广东省遂溪县北坡镇农民,50多岁,无妻,早年以屠牛为生。他的弟弟于2000年8月16日出钱为他投保了一份康宁终身保险,年交保费2 340元,保险金额10 000元。由于其2001年的保费没交,保险合同中止。2002年7月20日,其弟来申请复效,按合同条款规定,复效前要对林某进行体检。林某要求在北坡镇医院体检,获得通过。2003年5月17日,林某的保单经保险公司审核复效,并补交了两年的保费和利息共计5 005.05元。2003年8月19日,投保人交了第4年的保费2 340元,4年共交保费9 360元。

2004年3月10日,林某的弟弟到保险公司报案,说林某因病于2003年11月25日在家中病故,并提供了北坡镇医院出具的诊断证明。此外,其还提供了2003年12月24日北坡派出所开出的销户死亡证明,证明林某死于2003年11月25日,其弟申请赔付3万元。(注:康宁终身保险规定身故给付额为保额的3倍)。中国人寿湛江分公司客户服务部郑经理带领理赔人员深入林某居住的村庄进行明察暗访,村中的群众反映林某得糖尿病多年,2003年6月和7月,其曾在私人医生庞某、北坡镇医院等处治疗,经医治无效于7月20日去世。保险理赔人员到庞某处查实无误,但因为没有证据,不能做出拒赔处理。

于是,郑经理带领理赔人员深入到湛江火葬场,调查林某的火葬记录。记录显示林某的死亡时间是2003年7月20日14时50分,这就证明林某的弟弟为了获得赔付3万元,将死亡证明推迟到2003年11月25日,符合被保险人复效180天后死亡可以赔付的条件。查清事实真相后,该公司对林某家属做出拒赔处理,只退还保险单的现金价值4 952.05元。

问题:该保险公司是否应进行理赔?该保险公司如接受理赔,具体做法如何?

## 四、实训题

实训项目:人身保险的理赔——计算赔付金额。

实训目的:使学生了解理赔工作的内容、流程与环节;掌握赔付金额的计算以及有关电脑软件的使用。

实训步骤：

1.了解人身保险理赔工作的环节及内容；

2.掌握赔付金额的计算；

3.列出相应工作步骤及注意事项。

实训成果：能够单独编写一份人身保险理赔报告书。

# 项目十一　人身保险投资与保险市场监管

**【知识目标】**

1. 掌握人身保险投资与保险市场监管的内涵

2. 熟悉人身保险投资资金来源与投资形式

3. 熟练掌握人身保险投资的原则及投资组合

4. 了解人身保险市场监管的目标与模式

5. 了解人身保险市场监管的内容

**【能力目标】**

1. 能够准确地把握人身保险投资与市场监管的意义

2. 能够掌握人身保险投资的原则

3. 能够熟练地掌握人身保险投资资金的来源与投资形式

4. 能够了解我国目前人身保险市场的目标与模式

5. 能够运用学过的人身保险投资方面的知识从事保险投资

**【素质目标】**

1. 运用所学知识分析人身保险投资环境与投资意义

2. 例举人身保险市场监管典型案例说明保险监管的重要性

3. 根据人身保险投资资金的来源确定采用具体的人身保险投资方式

4. 分析我国目前人身保险市场的形势，运用学过的知识从事保险投资

**【工作任务】**

1. 画图详细说明人身保险投资资金来源与投资形式

2. 画图详细说明人身保险市场不同的监管模式和内容

案例导入

**新《保险法》再度对保险投资松绑**

新《保险法》拓展了资金运用渠道，事实上，我国保险法规和政策对保险资金运用一直采取"放"的策略。

《保险法》修订以前，保险资金只能存入银行、买卖政府债券和金融债券等，所得利

息全部上缴国家财政，保险公司无须考虑保险资金如何运用。《保险法》修订后，保险公司被批准不超过总资产5%~15%的保险资金可以购买证券投资基金，间接进入资本市场。2004年，保险资金获准直接进入股市，但比例严格限制。2006年，保监会发布了《保险资金间接投资基础设施项目试点管理办法》，规定具有投资资格的保险机构，通过受托人可以间接投资于交通、通信、能源、市政、环境保护等国家级重点基础设施项目。

2009年2月28日，十一届全国人大常委会第七次会议表决通过了新修订的《保险法》。新《保险法》又进一步放宽保险资金直接投资不动产。新《保险法》规定，保险公司的资金运用限于下列形式：银行存款；买卖债券、股票、证券投资基金份额等有价证券；投资不动产；国务院规定的其他资金运用形式。

以上资料表明：保险公司的资金运用渠道正在逐步放宽，人身保险投资越来越得到重视。

资料来源：根据中国保险报资料整理.

# 任务一　掌握人身保险投资

【学生任务】

◇ 要求每个学生课前预习相关内容，结合已经学过的知识理解人身保险投资与监管的相关内容，能够用自己的语言描述人身保险资金与基金的区别，人身保险资金运用的原则。

◇ 了解并掌握我国目前保险公司资金运用的原则与渠道，人身保险投资组合形式；要求每个学生扩大课外阅读量，结合本部分内容，说明人身保险资金运用对开展寿险业务的重要性，根据自身理解，结合具体案例写出不少于600字的书面课后作业。

◇ 按照保险投资原则和投资形式的具体要求，将学生随机分组，进行人身保险投资组合工作演练，并按小组选出若干份作业在课堂上进行点评，学生间相互点评每一份书面作业；学生对作业进一步修改后提交教师，以便教师进行评价。

【教师任务】

◇ 指导学生在相关专业网站上查找所需资料，查看人身保险投资和投资组合方面的内容和要求。启发学生理解人身保险投资与人身保险业务之间的内在关联。

◇ 提示学生完成书面作业所需要关注的主要知识点，如人身保险资金来源与运用含义、人身保险投资的原则、人身保险投资形式与投资组合方法等。

◇ 指导学生分组，在小组内对学生进行不同的分工，以小组为单位进行人身保险投资组合演练，对学生书面作业和对每一小组设计的投资组合演练活动情况进行及时跟进，督促其按时完成。

◇ 对各小组进行的课堂点评进行适时指导，对选出的作业及活动小组予以及时、客观、公正的评价，准备回答学生可能提出的各种疑问等。

## 活动　人身保险投资

### 一、人身保险投资的资金来源

人身保险投资，又称人身保险资金运用或人身保险资产业务，是指人寿保险公司为扩充保险补偿能力、分享社会平均利润而将暂时倒置的保险资金，在金融市场上进行各项资产的重组、营运以使资金增值的活动。人身保险资金运用的资金来源主要包括资本金、各种责任准备金、其他投资资金。具体包括：

（一）资本金

资本金是寿险公司的开业资金，也是备用资金，是公司成立之初由股东认交的股金或政府拨款的金额以及个人拥有的实际资本。各国政府一般都对寿险公司的开业资本金规定一定的数额。在正常状况下，保险公司的资本金，除按规定上交部分保证金外，绝大部分处于闲置状态，从而可以成为保险资金运用的重要来源。我国《保险法》规定：我国设立保险公司的注册资本的最低限额为2亿元人民币。保险公司注册资本必须为实缴货币资本。保险公司应当按照其注册资本总额的20%提取保证金，存入国务院保险监督管理机构指定的银行。

（二）各种责任准备金

各种责任准备金是保险公司为履行其未理赔或给付责任而从收取的保费中提存的负债。因保险业务种类不同，准备金的期限特点也各不相同，因此可以开展相应的投资业务。人身保险业务提存的准备金中占主体的是寿险责任准备金、长期健康险责任准备金、未到期责任准备金和未决赔款准备金四种。短期人身保险业务提存的准备金包括未决赔款准备金和未到期责任准备金，长期人身保险业务提存的准备金包括寿险责任准备金和长期健康险责任准备金。各种准备金是保险公司资金运用的最主要来源。

（三）其他投资资金

在保险经营过程中，还存在着其他可用于投资的资金来源，主要包括结算中形成的短期负债、应付税款、未分配利润、公益金、企业债券等。这些资金可根据其期限的不同做相应的投资。

**二、人身保险投资的原则**

保险是一种金融活动，保险具有金融属性和金融功能，同时由于保险资金又具有与一般金融资金不同的特点，因此，保险资金的运用在遵循一般金融资金运用原则的同时，还具有自身的特点。

（一）安全性原则

所谓安全性，是指保险公司的资金运用必须保证其本金安全返还的原则。人身保险资金的绝大部分是责任准备金，具有共同准备财产的特点，资产负债表是一个负债项目，所以在运用上应以安全性为第一原则。具体而言，其方法有：

1.回避政策

投资的实施是在人身险保险公司健全的财务机构组织下，基于科学的有组织的调查分析后实行的，要避免凭主观、直觉或是经验，而是要基于对经济情况、产业形势及各种企业的经营现状的综合把握，以决定投资方向，并做适当的投资对象的选择。

2.分散政策

分散政策有类别分散和区域分散两种。类别分散指增加资金或责任准备金投放的途径（种类），分散资金的用途，以免遭受风险，动摇保险公司的基础。区域分散就是在运用资金时，不要集中于某一地区，而是分散于不同地区，甚至不同国家，以求安全，因为不同国家、不同地区同时损失的可能性是比较小的。

**3.缓和政策**

缓和政策是人寿保险公司为避免实际发生投资损失影响收支平衡而采取的一种必要措施。其主要内容是充分提存各种准备金，若能提取所谓的投资损失准备则更好，用以填补投资损失，以免影响公司的正常经营。此外，还应考虑到货币资金的时间价值等因素。

**（二）收益性原则**

人寿保险公司开展投资活动的直接目的是增加收益，即通过投资而盈利。实际中，投资收益越大，意味着风险越大。如何兼顾安全性与收益性，是投资技术的重要课题。专业投资人员往往利用各种工具寻找一个相对合适的平衡点，以此为依据从事保险资金的运用。从结果来看，平衡点是否合适，对资金运用成果的影响是十分巨大的。

**（三）流动性原则**

流动性指的是人身保险资金运用资产迅速变现的能力。大多数人身保险合同的资金可以长期运用。但需要注意的是，对个别险种，如短期意外伤害保险、健康保险等来说，投资的流动性仍然是一个重要的要素。当然就人身保险总体而言，也应适当考虑资金的流动性，大多数合约是有现金价值的，或是允许保单借款的。当一国通货膨胀比较严重，货币贬值恐慌发生时，解约支付现金或是凭保单申请贷款的需要就会突然增加，此时保险公司可以以其固定投资资产作为保障，获得巨额的银行融资，如果仍无法满足此时的现金需要，就只有将投资资产变现，以应急需，否则会导致周转困难，经营陷于被动状态。

**（四）社会性原则**

这是人寿保险公司运用保险资金进行追求效益等投资时也应考虑的因素之一。人身保险资金长期性特征决定了投资于某些公共事业是可能的；而投资于发挥社会的或经济的最大效用的各项事业，比如交通事业、全民卫生保健等，也是一个重要的方面。贯彻这一原则，可以增进公众的福利，扩大保险的社会影响，提高保险业的声誉。但这种投资当然是以不妨害投资的安全性、收益性等原则为前提的。

**课堂训练 11-1**（多选）

人身保险投资的资金来源是（    ）。

A.资本金      B.责任准备金

C.其他投资资金     D.寿险公司的利润

**拓展阅读 11-1**

### 我国保险资金运用的新突破

据中国保险监督管理委员会网站2015年保险统计数据报告：

截至2015年末，保险业总资产达123 597.76亿元，较2015年初增长21.66%。其中，产险公司总资产18 481.13亿元，较2015年初增长31.43%；寿险公司总资产99 324.83亿元，较2015年初增长20.41%；再保险公司总资产5 187.38亿元，较2015年初增长47.64%；资产管理公司总资产352.39亿元，较2015年初增长46.44%。养老保险公司企业年金受托管理资产达4 168.8亿元，投资管理资产达3 525.51亿元。保险资金运用余额达111 795.49亿元，较2015年初增长19.81%。其中，投资债券达38 446.42亿元，占比34.39%；投资股票和证券投资基金达16 968.99亿元，占比15.18%；其他投资达32 030.41

亿元，占比28.65%。

"2016年1—5月保险统计数据报告"显示，我国保险业总资产达139 769.00亿元，其中财险公司总资产21 058.00亿元，寿险公司总资产115 209.71亿元，再保险公司总资产3 156.35亿元，资产管理公司总资产346.21亿元。上述指标的变化与增长，得益于近几年保险资金运用渠道和领域方面都有新突破。

知识延伸11-1

保险基金

### 三、人身保险投资的形式和组合

（一）人身保险投资的形式

人身保险资金运用可以选择资本市场上的任何投资工具。但综观世界各国寿险公司的投资发展情况，选择的往往是那些收益性、风险水平及流动性与寿险公司本身要求最合适的投资工具。其投资形式虽然多种多样，但主要的仍然可以概括为银行存款、有价证券、贷款、不动产投资、项目投资等形式。

1.银行存款

银行存款是最简单的投资方式，保险公司将保险资金存放在银行及可以办理存款业务的非银行金融机构并获取利息收入，一般以定期存款形式出现。这种资金运用形式使银行成为保险资金的投资中介，其特点是安全性较高。现阶段，我国寿险资金运用的主要组合是银行存款，尤其是协议存款，收益相当不错。但根据国外保险公司资金运用的实践，银行存款往往不是保险资金运用的主要形式，各保险公司的银行存款只是留作必要的、临时性的机动资金，一般不会保留太大的数量。

2.有价证券

有价证券，是指具有一定券面金额、代表股东所有权或债权的凭证。它作为资本证券，属于金融资产，持有人具有收益的请求权。证券投资作为各国保险公司资金运用的主要形式，可以分为债券、股票、证券投资基金三大类。

（1）债券。债券这种具有返还性且有固定收益的投资工具具有较高的安全性，流动性也比较强，同时有一定收益性，是比较适合人身保险资金的投放的。因此，债券是保险公司投资有价证券的一条重要途径，依据债券发行主体，可以划分为政府债券、金融债券和公司债券。其中：政府债券是国家和地方政府发行的公债，定期偿还本金和支付预定利息，其信用高，税收上优惠，收益水平较高；金融债券是由金融机构发行的债券；公司债券是企业为筹集资金而发行的借债凭证，其利息一般比较固定。

（2）股票。股票与债券不同，是一种浮动收益的投资工具，股息的多少、有无是与发行公司的经营状况、股利政策密切相关的；股票有较好的流动性，只能转让，不能退股。虽然预期收益率可能高于债券，但投资风险比较高，这主要出于股票的不返还、发行企业经营情况的不确定以及二级市场上影响因素多而价格波动大等特点。由此可见，保险资金投资股票要谨慎，应着眼长线，不宜短线追求暴利。一般国家对寿险公司股票投资的比例都有所限制。不过，对股票投资的重视程度一直在增强，股票投资占西方国家保险资金运用的比重也在不断加大。随着寿险公司负债的变化，特别是利率敏感型产品的开发和金融机构间竞争的加剧，寿险公司对流动性强和收益性高的资产需求增加，所以寿险公司对股票的投资比例不断增加。

（3）证券投资基金。证券投资基金是指通过发行基金证券，集中投资者的资金，交由专家从事股票、债券等金融工具投资，投资者按投资比例分享其收益并承担风险的一种投资方式，它属于有价证券投资范畴。与前述各种投资方式均由保险公司投资子公司或内设投资部门直接投资相比，保险公司购买证券投资基金实际上是一种委托投资行为，即保险公司通过购买专门的投资基金管理公司的基金完成投资行为，由投资基金管理公司专门负责资金的营运，保险公司凭所购基金分享证券投资基金的投资收益；同时承担证券投资基金的投资风险。

3. 贷款

贷款，是指保险公司作为信用机构以一定利率和必须归还等为条件，直接将保险资金提供给需要者的一种放款或信用活动。贷款作为保险公司资金运用的主要形式之一，按其形式又可以分为：

（1）抵押贷款。由于保险公司调查借款企业的资信比较困难，所以大多数贷款采用的是抵押贷款方式，即财产担保贷款，它分为动产或有价证券抵押、不动产抵押、银团担保、银行保付等，贷款利率高于银行存款，是期限较长而又比较稳定的投资业务。谨慎选择的抵押贷款通常有较大的安全性和较高的收益率，特别适用于人寿保险公司保险资金的长期性运用。

（2）流动资金贷款。它是指以需要流动资金的企业为对象而发放的贷款。它属于短期性投资，要求申请贷款的企业必须具有法人资格并接受保险公司的调查，以确保资金按期回流。

（3）技术改造项目贷款。它是指保险公司为支持企业进行技术改造、技术引进并为此而获取收益的固定资产投资性贷款。它以申请者的科学立项和切实可行的计划为依据，由保险公司投资部门审慎把握，并保证贷款的专款专用。

（4）保单质押贷款。它是在寿险保单具有现金价值的基础上，根据保险合同的规定，寿险公司应保单持有人的申请而发放的贷款。其贷款以寿险保单为抵押，到期归还本金并附带利息，它实际上是在保险给付金请求权上设立抵押权，一般按保单现金价值的一定比例贷款。这种贷款十分安全，风险小，它既可以作为一种竞争手段，提高保险人的竞争能力，又可以用活资金增加收益，从而是寿险公司资金运用的常见形式，在人身保险业较发达的国家十分普遍。我国保险业目前发放的贷款仅限于保单质押贷款，随着人身保险事业的发展，保单质押贷款在我国将有较大发展。

4. 不动产投资

不动产投资，也就是房地产投资，是指保险公司投资购买土地、房产，并从中获取收益的投资形式。这种投资的特点是保值程度高，其价值一般都是看涨的，往往成为抵御通胀的手段之一。不动产投资的特点是投资期限一般较长，一旦投资项目选择准确即可获得长期的、稳定的、较高收益的回报，但流动性弱，单项投资占用资金也较多，且因投资期限太长而存在难以预知的潜在风险。因此，各国保险法对保险人的不动产投资尤其是纯粹为收益而进行的不动产投资往往加以严格的限制。我国保险业目前是严格限制此项投资的。

5. 项目投资

项目投资属于保险公司直接投资，是保险公司利用所拥有的保险资金直接投资到生产、经营中去，或建立独资的非保险企业，或与其他公司合伙建立企业，并通过其获取投资收益。不过，项目投资建立的独立的企业，它具有独立于保险公司的法人资格，其经济效益要受市场的检验。因此，项目投资作为保险公司的一种投资形式，在保险资金运用中占有一定的地位。

（二）人身保险投资的组合

由于保险业自身的特殊性，世界各国对保险业一般都实行严格的监管，其中对保险业投资的监管是国家对保险业管理的一个重要组成部分。受人身保险负债的特点、资本市场的发展程度和政府对人身保险资金运用等因素的制约，人身保险资金运用一贯以"稳健"著称。传统的人身保险资金运用形式以期限长、风险低的固定收益债券和抵押贷款为主。随着寿险产品的创新，利率敏感型寿险和年金产品的开发，来自其他寿险公司和金融机构竞争的加剧以及金融市场的发展，现代人身保险资金运用的形式越来越多样化；同时，保险资金运用的证券化趋势也日益明显，风险高但收益大的股权投资比重不断提高。

1.人身保险组合与资金运用结构

投资风险和收益之间存在正向的替换关系，因此投资者在进行投资时必须考虑其所能承受的风险水平，或者其所想获得的收益水平，而这要取决于投资者的风险偏好。一般来说，由于人身保险的特点和国家监管当局对人身保险资金运用的限制，寿险公司在资本市场上应当属于风险厌恶程度相对较高的投资者。寿险公司一般都将安全性列为保险资金投资的首要要求。同时，由于人身保险资金运用直接关系到公司的偿付能力，关系到保户的利益，因此各国保险监管当局对人身保险资金运用都进行了一定程度的干预，主要体现在对人身保险资金运用形式和投资数量的限制上。但对寿险公司而言，在保证保险金的到期支付的同时，其还希望进一步提高投资收益从而提高公司利润，以便降低保费，提高市场竞争力。所以人身保险资金运用在安全第一的基础上，还要追逐高收益，从而寿险公司在选择投资形式时，除了选择风险较小、收益较稳定的固定收益投资工具外，还会适当选择一些风险较大但收益较高的投资工具。

在人身保险资金运用组合中，由于各种投资形式投资额所占比重的不同，形成了不同的保险资金运用结构。在实务中，往往通过计算各种运用形式的投资额占资产总额的比重来反映保险资金运用结构。阅读资产负债表中各项资产的比例，便可对该公司的资金运用结构有所了解，再加以分析就能够对当前该公司的经营业绩做出评价或给出建议。保险资金运用结构的确定和调整，除受国家保险管理机关和有关法令法规的制约外，还取决于社会经济发展、资金市场情况、保险基金结构等诸多因素的影响。

2.人身保险投资组合的趋势

进入20世纪70年代，尤其是80年代以后，人身保险业的经营环境发生了很大的变化，利率自由化使得利率不断上扬、通货膨胀不断加剧；金融自由化使得寿险公司和其他金融机构竞争激烈。寿险公司为了提高竞争力，不断进行产品创新，推出了如万能寿险、变额寿险、分红保险等创新型产品，传统的、简单的"债券贡献策略"已无法再满足寿险公司资产和负债的匹配要求。寿险公司的投资组合也发生了深刻的变化。

（1）各国寿险公司对保险资金运用收益的要求提高，投资组合战略也更为积极。为了提高人身保险产品与其他金融产品的竞争力和吸引力，寿险公司从灵活性和收益性出发纷纷进行险种创新，为使这些新产品能提供和其他金融产品一样乃至更高的实质性收益，寿险公司就必须采取更为积极的投资组合战略。与此同时，这些新险种的购买者追求的是短期投资收益，与此相关的本金和利息支付期限的缩短，都要求寿险公司在制定投资组合战略时更为注重资产的流动性和短期收益性。

（2）寿险公司的投资组合出现了证券化趋势。一些高风险投资工具，如非投资级的证券和衍生金融产品，包括期货、期权、货币和利率交换等也经常出现在人身保险资金运用组合中。一方面，由于创新型险种对寿险公司投资组合的流动性和收益性要求提高，而各种形式的证券流动性强，收益也不错，因此高风险、高收益的债券，各种抵押贷款支持的证券、股票等均已成为寿险公司的主要投资方式。人身保险资金运用组合中增加了收益高、流动性强的投资工具，使得寿险公司的投资组合普遍出现了明显的证券化趋势。另一方面，一些垃圾股票和垃圾债券因其可能的高收益也开始进入一些寿险公司的投资组合；衍生金融产品的风险虽大，但其可以缓冲某些内在金融风险，也使得许多寿险公司将其作为人身保险资金运用的风险管理手段。

（3）人身保险投资组合出现国际化趋势。由于保险业的国际化，寿险公司资金来源的国际化要求人身保险投资组合的国际化。寿险公司的海外投资比重提高，从而既可以分享国际金融市场的收益，也可以增加投资组合在地域上的分散程度。

**课堂训练 11-2**　（单选）

1.我国设立保险公司的注册资本的最低限额为（　　　）元人民币。

A.1亿　　　　　　B.2亿　　　　　　C.3亿　　　　　　D.5亿

2.寿险公司一般都将（　　　）列为保险资金投资的首要要求。

A.收益性　　　　B.流动性　　　　C.社会性　　　　D.安全性

**拓展阅读 11-2**

### 中国保险资金运用政策大事记

1.1985年3月，国务院颁布《保险企业管理暂行条例》，从法规角度明确了保险企业可以自主运用保险资金。

2.1995年，颁布《保险法》，对保险资金运用的范围和形式等作了严格的规定，规定资金运用的形式限于银行存款、买卖政府债券和国务院规定的其他资金运用形式。保险企业的资金不得用于证券经营机构和向企业投资。

3.1996年9月，中国人民银行《保险管理暂行规定》明确指出，对于保险资金运用，仅限于银行存款、买卖政府债券、买卖金融债券，以及国务院规定的其他资金运用形式。

4.1999年10月，保监会批准保险资金间接入市。根据当前证券投资基金市场的规模，确定保险资金间接进入证券市场的规模为5%，以后看情况适当增加。

5.2000年，保监会先后批准泰康人寿、华泰财险等多家保险公司投资于证券投资基金的比例可适当提高，但不超过其上年末总资产的10%。

6.2001年3月，保监会将平安、新华、中宏三家保险公司的投资比例从30%放宽至100%。

7.2001年5月，保监会分赴全国各地对保险公司的资金运用情况进行检查。

8.2002年5月，全国金融工作会议对保险资金运用提出明确要求，强化保险资金集中管理，防范资金运用风险，提高资金运用效率。

9.2002年10月,《保险法》修订,原法第104条第3款"保险公司的资金不得用于设立证券经营机构和向企业投资",修改为第105条第3款"保险公司的资金不得用于设立证券经营机构,不得用于设立保险公司以外的企业"。

10.2002年12月,保监会取消了包括"保险公司投资基金比例核定"在内的58条行政审批项目。

11.2003年1月,保监会主席吴定富在全保工作会议上提出,要把保险资金运用与保险业务发展放到同等重要的地位上,加以高度重视,而成立保险资产管理公司,则成为保险资金管理体制与运作体制的新突破。国务院发布《关于推进资本市场改革开放和稳定发展的若干意见》,明确说明保险资金可以直接入市。

12.2006年3月,保监会发布《保险资金间接投资基础设施项目试点管理办法》,明确规定保险资金允许投资基础设施项目。

13.2006年10月,保监会发布《关于保险机构投资商业银行股权的通知》,规定保险集团(控股)公司、保险公司、保险资产管理公司(以下简称保险机构)可以投资商业银行股权。

14.2007年7月,中国保监会会同中国人民银行、国家外汇管理局(以下简称外汇局)正式发布《保险资金境外投资管理暂行办法》,允许保险机构运用自有外汇或购汇进行境外投资,这标志着保险资产管理步入新的发展阶段。

15.2009年2月28日,十一届全国人大常委会第七次会议表决通过了新修订的《保险法》。新《保险法》又进一步放宽保险资金直接投资不动产的条件。

16.从2012年6月起,保监会连续出台了13项资金运用监管政策,进一步放宽了对保险资金投资范围和比例的限制。这些投资新政主要涉及资产管理产品(可参与信托计划、可投资基金证券理财产品、可自己发行资产管理产品等),融资融券,另类投资(PE投资、不动产投资、基础设施债权计划投资等),海外投资(放宽至25个发达国家、21个新兴市场;新增境外存托凭证、未上市企业股权、不动产、投资基金等投资品种),无担保债,衍生品(股指期货、国债期货)等几大类别。

17.2013年,全国保险监管工作会议结束,保险资金运用进入深水区。

18.2016年《中国保险业发展"十三五"规划纲要》指出,发挥保险资金期限长、规模大、供给稳的独特优势,扩宽资金投资服务领域,创新资金运用方式,加强资金运用风险管控。

(1)拓宽保险资金服务领域

积极支持保险资金服务实体经济发展和经济转型升级。鼓励保险资金以多种方式支持重大基础设施、棚户区改造、城镇化建设等国家重大项目和民生工程。支持保险资金以债权、股权、股债结合、创投基金、私募基金等方式,向高新技术产业、战略性新兴产业、现代制造业、现代农业等提供长期稳定资金,助力我国新技术、新业态和新产业发展。引导保险资金参与国有企业改革,服务政府投融资体制改革,通过公私合营模式、资产支持计划等方式满足实体经济融资需求。支持符合资质的保险机构开展境外投资业务,拓展保险资金境外投资范围,规范保险资金境外投资行为。推动全球化资产配置达到新水平。

(2)创新保险资金运用方式

不断深化保险资金运用市场化改革,发挥市场主体的自主决策机制,把更多投资选择权和风险责任赋予市场主体。进一步发挥保险公司机构投资者作用，为股票市场、债券市场长期稳定发展提供有力支持。鼓励设立不动产、基础设施、养老等专业保险资产管理机构，允许专业保险资产管理机构设立夹层基金、并购基金、不动产基金等。探索保险资金开展抵押贷款，支持保险资金参与资产证券化业务。积极推进保险资产管理产品发展和创新，深化注册制改革。提高保险资产管理产品化水平。建立保险资产交易机制，推动保险资产集中登记交易平台建设。积极培育保险资产交易市场。

（3）加强保险资金运用风险管控

进一步健全和完善保险资金运用政策法规和监管制度，积极构建现代化多层次的保险资金运用监管体系。加强保险资金运用现场和非现场监管，完善风险监测和预警机制。建立保险机构资产负债匹配监管的长效机制，完善承保业务和投资业务匹配管理，促进保险资产负债管理由软约束向硬约束转变，实现安全性、流动性和收益性的统一。强化保险资金运用事中事后监管，加强信息披露、关联交易、内部控制和资产托管等方面的监管力度。不断完善保险资金运用监管信息系统建设，提升监管信息化水平。推进保险资金运用属地监管，加强保险资产管理业协会自律。

资料来源：根据中国保险网相关资料整理.

## 任务二　了解人身保险市场监管

【学生任务】

◇ 要求每个学生课前预习相关内容，结合已经学过的知识理解人身保险市场监管的相关内容，能够用自己的语言描述人身保险市场监管的各种形式的区别，人身保险市场监管的目标。

◇ 了解并掌握我国目前保险公司监管的形式和内容，人身保险市场监管的重点。

◇ 要求每个学生扩大课外阅读量，结合本部分内容，说明人身保险市场监管对开展寿险业务的重要性，根据自身理解，结合具体案例写出不少于700字的书面课后作业。

◇ 按照我国保险市场监管的目标与形式的具体要求，将学生随机分组，分出监管方和被监管方，进行人身保险监管工作演练，并按小组选出若干份作业在课堂上进行点评，学生间相互评价每一份书面作业。学生对作业进一步修改后提交教师，以便教师进行评价。

【教师任务】

◇ 指导学生在相关专业网站上查找所需资料，查看人身保险监管方面的内容和要求。启发学生理解人身保险市场监管的意义。

◇ 提示学生完成书面作业所需要关注的主要知识点，如人身保险市场监管的目标、形式和内容等。

◇ 指导学生分组，在小组内对学生进行不同的分工，以小组为单位进行人身保险监管组合演练，对学生书面作业和对每一小组设计的投资组合演练活动情况进行及时跟进，督促其按时完成。

◇ 对各小组进行的课堂点评进行适时指导，对选出的作业及活动小组予以及时、客观、公正的评价，准备回答学生可能提出的各种疑问等。

## 活动 人身保险市场监管

### 一、人身保险市场监管的目标和模式

人身保险监管作为保险监管的重要组成部分，是一个包括监督者、管理者、被监督者、被管理者及其相互作用的完整的、动态的体系。其中，国家保险监管机关、保险行业自律组织、保险信用评级机构、独立审计机构和社会媒体等作为保险监管的主体，实施监督和管理。当然，这些主体具有不同的约束力，有的只有监督权，有的拥有监督权和管理权。而保险人、保险中介机构、投保人、被保险人、受益人等作为保险监管的客体，接受各方的监督管理。

（一）人身保险市场监管的目标

1.保证人身保险经营者具有足够的偿付能力

偿付能力是保险企业经营管理的核心，也是国家对保险市场监督管理的核心内容。因此，保证保险人具有足够的偿付能力是保险市场监督管理最重要的目标。保险法的许多条款都是为这一目标专门制定的。

2.防止利用保险进行欺诈

利用保险进行欺诈可能来自三个方面：一是保险人方面的欺诈，各国保险法一般通过保险经营范围规定和保险条款的行政审批及备案制度来防范；二是投保人方面的欺诈，即道德风险，各国保险法通过规定保险利益原则、保险人的责任免除等加以防范；三是来自社会方面的欺诈，各国保险法和相关刑法中均对此设有具体的处罚规定，以制止和打击此类违法犯罪行为。

3.维护人身保险市场上合理的价格和公平的保险条件

与其他行业不同，各国通常对保险商品的定价——保险费率的厘定，不仅不适用"反垄断法"，有的甚至还要求保险公司或保险同业协会，根据大多数保险企业的经营情况，制定出共同的保险费率标准和对应的责任范围条款，报政府主管机关批准或备案。这是为了保证保险人与投保人之间的公平交易，也是为了使保险人之间在同等保险费率条件下开展公平竞争。

4.对保险中介人进行监督管理，以确保其具有经营保险业务的资格和能力

保险代理人、保险经纪人和保险公估人主要是凭其专门知识和专业技术，为保险人和投保人提供中介服务。因此，对其资格和能力的监督是政府对保险市场管理的目标之一。

（二）人身保险市场监管的模式

从国际保险监管的发展趋势来看，大多数国家已经完成或正在逐渐地从以市场行为监管为主的监管模式向以偿付能力为主的监管模式转变。处于市场转型期的我国，目前实施市场行为监管和偿付能力监管并重的监管模式，但会逐渐向以偿付能力监管为主的监管模式转变。

**考证直通车 11-1**（单选）

人身保险企业监督管理的核心内容是（　　）。

A.利润最大化　　　　　　B.偿付能力

C.资本金　　　　　　　　D.各种准备金

## 二、人身保险市场监管的内容

### (一) 人身保险机构监管

人身保险机构即人身保险市场上的供给主体，是进行人身保险业务活动的基础和载体。人身保险机构的监管是对人身保险机构的市场准入、变更、兼并、市场退出以及人身保险中介人实施的监管。

1.人寿保险公司的市场准入监管

(1) 保险公司的组织形式。对于保险公司的组织形式，各国一般都做出了适合其国情的限制和规定。现存的保险公司组织形式按投资主体可分为：公营保险组织、民营保险组织、个人保险机构、合作保险组织和自保公司。我国新《保险法》删除了有关保险公司组织形式的特别规定，今后保险公司在组织形式上直接适用公司法，既可以采取股份有限公司的形式，也可以采取有限责任公司的形式。

(2) 保险公司的设立条件。第一，审批原则。在我国设立保险公司或保险公司设立分支机构必须经中国保监会批准，未经中国保监会批准，任何单位、个人不得在中华人民共和国境内经营或变相经营商业保险业务。第二，设立原则。保险公司应遵守保险法律法规和行政规章，应合理布局、公平竞争，不得有悖于我国保险市场和金融体系的稳定。保险和银行、证券分业经营，财产保险业务和人身保险业务分业经营。第三，对公司章程的规定。其要符合《保险法》和《公司法》规定。第四，对最低开业资本金的规定。对开业资本金的规定，也就是对保险公司注册资本额的规定。我国《保险法》规定：设立保险公司，其注册资本的最低限额为人民币2亿元；保险公司的注册资本必须为实缴货币资本。第五，对从业人员的规定。鉴于保险业务的专业性、高技术性和高风险性，设立保险公司须具有具备任职专业知识和业务工作经验的高级管理人员，包括展业、承保、理赔、精算、法律等各方面的专业人才以及具有相当经验的管理层。第六，对组织机构和管理制度的规定。新设立的保险公司必须有健全的组织机构和管理制度。第七，对硬件设备的规定。第八，设立保险股份有限公司的股东应为企业法人或国家允许投资的其他组织；股东资格应符合中国保监会的有关规定。第九，中国保监会规定的其他条件。

(3) 保险公司的设立程序。保险公司开始营业以前至少要经过四道程序：第一，提交文件、资料，提出申请。我国《保险法》规定：申请设立保险公司，应当向国务院保险监督管理机构提出书面申请，并提交下列材料：设立申请书，申请书应当载明拟设立的保险公司的名称、注册资本、业务范围等；可行性研究报告；筹建方案；投资人的营业执照或者其他背景资料，经会计师事务所审计的上一年度财务会计报告；投资人认可的筹备组负责人和拟任董事长、经理名单及本人认可证明；国务院保险监督管理机构规定的其他材料。第二，初审合格后进行筹建。第三，经批准的公司登记注册，准备营业。第四，交存保证金。保证金是保险公司成立之时提取的存于保险监管部门指定银行或其他机构的资金。我国《保险法》规定：保险公司应当按照其注册资本总额的20%提取保证金，存入国务院保险监督管理机构指定的银行，除公司清算时用于清偿债务外，不得动用。

(4) 保险公司分支机构的设立。保险公司根据业务发展的需要，可以以分公司、(中心) 支公司、营业部的形式向中国保监会申请设立分支机构。保险公司总公司营业部负责管辖总公司所在城市的支公司、营业部，总公司所在地不再设立分公司。分支机构可以独立地开展保险业务，但不具有独立的法人资格，即不具有独立的名称、独立的资产、独立的公司机构，经理和高级职员都必须由总公司安排，接受总公司的管理，不独立享有民事权利，也不独立承担民事责任。

（5）保险公司设立代表处的规定。保险公司的代表处是负责保险公司的咨询、联络、协调等非保险业务经营活动的派出机构，不得从事经营活动。国内的保险公司在境外设立代表处必须经由保监会批准。外资保险机构申请在华设立代表处的，首先应当为所在国家或地区有关主管当局批准设立的保险机构。

2.人寿保险公司变更的监管

（1）修改公司章程。公司章程是公司依法约定公司内外部法律关系的文件，是确立公司内部管理体制和股东或出资人基本权利义务的法律文件，是公司运作的最基本规范和依据。公司章程一经确定，一般情况下是不能随便修改或变更的。所以，公司章程的修改须报中国保监会批准。

（2）变更地址。地址的变更须报中国保监会批准。

（3）增加或减少注册资本金。对保险公司的注册资本是对其实交货币资本的规定，直接关系到保险公司的偿付能力、资信状况和对保险人的信赖程度。因此，变更注册资本金数额须报中国保监会批准。

（4）股权转让。出资人和持有公司股份总额10%以上的股东对公司的资信能力、经营管理决策等有重大的影响，因此当股权转让超过公司股份总额的10%时，须报中国保监会批准。

（5）改变组织形式。不同的组织形式有不同的规定和限制，组织形式的改变必须报中国保监会批准。

（6）调整业务范围。保险行业是一个特殊的行业，保险公司的业务范围受到法律法规的严格控制，其调整同样须报中国保监会批准。

（7）变更公司名称。在必须修改名称时，不但要符合国家《企业名称登记管理规定》，还应报中国保监会批准。

（8）分立和合并。分立是指一个保险公司因经营需要或其他原因依照法定程序分立为两个或两个以上的公司的法律行为。合并是指两个或两个以上的保险公司依照法律规定，通过签订合同合并为一个保险公司的行为，包括吸收合并和新设合并。分立和合并都将引起主体的变更，财产、债权、债务的分割和继承，股东和管理人员的变动等，所以，保险公司的分立和合并须报中国保监会批准，且履行相应的手续。

（9）中国保监会认为须经批准的其他变更事项。

3.人寿保险公司市场退出的监管

（1）保险公司的解散和清算。保险公司的解散是指依法设立的保险公司因分立、合并或公司章程规定的解散事由的出现，经保险监督管理部门批准，关闭其营业机构，终止其从事保险业务的行为。我国《保险法》规定经营人寿保险业务的保险公司，除分立、合并外，不得解散。因为分立和合并之后的权利、义务将由新设立的公司承担，不会损害被保险人和受益人约定的合法权益。人寿保险公司依法解散的，应当立即停止接受新业务，依法上交保险许可证。

保险公司的解散清算是指保险公司出现法定解散事由后，依法结清公司的债权债务，消灭公司法人资格的行为。保险公司依法解散的，其资产处分应当采取公开拍卖或招标的方式；协议转让的，应当报中国保监会备案。其保险合同的转让方案也应报中国保监会批准。按规定转让的保险合同中，对长期人身保险条款的预定利率，中国保监会可以进行调整。在保险合同责任清算完毕之前，公司股东不得分配公司财产，或从公司取得任何利益。

（2）保险公司的撤销和清算。保险公司的撤销是指保险公司违反法律、行政法规，被保险监督管理部门吊销经营保险业务许可证，强制关闭的行为。保险公司一般是根据法律的规定成立的，撤销这些保险公司也应由法律直接规定，且只有批准设立保险公司的主管部门才有权撤销保险公司。保险公司依法被撤销的，应当立即停止接受新业务，依法上交保险许可证，并由金融监督管理部门依法及时组织清算组，职权同上，进行清算。其清偿顺序同解散清算。经营人身保险业务的保险公司被依法撤销后，其持有的人身保险合同及准备金，必须转移给其他经营有人身保险业务的保险公司；不能同其他保险公司达成转让协议的，由金融监管部门指定经营有人身保险业务的保险公司接手。

（3）保险公司的破产和清算。保险公司的破产是指保险公司不能支付其到期债务，由债权人或保险公司自身向人民法院提出申请，经金融监督管理部门同意后，由人民法院宣布其倒闭清算。保险公司宣布破产，将由人民法院组织金融监督管理部门等有关部门和有关人员组成清算组，进行清算。当人寿保险公司宣布破产时，对其持有的人寿保险合同和准备金有特殊的规定。

4.人身保险中介人的监管

（1）保险代理人。在办理保险业务时，保险代理人不得有下列行为：与非法从事保险业务或保险中介业务的机构或个人发生保险代理业务往来；超出中国保监会核定的业务范围和经营区域；超越授权范围，损害被代理保险公司的合法权益；伪造、散布虚假信息，或利用其他手段损害同业的信誉；挪用、侵占保险费；向客户做不实宣传，误导客户投保；隐瞒与保险合同有关的重要情况或不如实向投保人转告投保声明事项，欺骗投保人、被保险人或者受益人；利用行政权力、职务或职业便利以及其他不正当手段强迫、引诱或限制他人订立保险合同；串通投保人、被保险人或受益人恶意欺诈保险公司；法律、行政法规认定的其他损害投保人、被保险人或保险公司利益的行为。在我国只有通过保险代理人考试，考试合格并获得《保险代理从业人员资格证书》的人才能成为保险代理人。保险代理机构应当按规定及时向中国保监会报送有关报表、资料。

（2）保险经纪人。保险经纪人可在法律许可的范围内提供从订立保险合同到保险索赔全过程的咨询和服务。在我国，保险经纪人只能是单位，其组织形式为有限责任公司或股份有限公司。任何个人不得成为保险经纪人，只能在保险经纪公司具体操作保险经纪业务。保险经纪业务的从业人员，必须取得《保险经纪人资格证书》，并在被保险经纪公司雇用后，由公司代其获得《保险经纪人执业证书》。中国保监会对保险经纪公司进行检查的内容主要包括：公司设立或变更事项的报批手续、资本金、营业保证金、职业责任保险、业务经营状况、财务状况、信息系统、管理和内部控制、高级管理人员的任职资格、中国保监会认为需要检查的其他事项。

（二）人身保险业务监管

1.人身保险业务范围的监管

人身保险业务范围的监管是对有权开展人身保险业务的机构是否在核定的业务范围内

从事保险经营活动的行为实施监管，禁止没有取得授权而开展全部或部分人身保险业务的行为。根据《保险公司管理规定》，经中国保监会批准，经营人身保险业务的保险公司可以经营以下全部或部分业务：个人意外伤害保险；个人定期死亡保险；个人两全寿险；个人终身寿险；个人年金保险；个人短期健康保险；个人长期健康保险；团体意外伤害保险；团体定期寿险；团体终身寿险；团体年金保险；团体短期健康保险；团体长期健康保险；经中国保监会批准的其他人身保险业务；上述保险业务的再保险业务。

2.人身保险合同的监管

（1）人身保险合同的主、客体监管。人身保险合同的主体即人身保险合同当事人和关系人。人身保险合同的当事人是指投保人和保险人；关系人则包括被保险人和受益人。人身保险合同的客体是人身保险合同的可保利益。

（2）人身保险合同的基本条款监管。我国的保险监管部门对保险合同的基本条款进行了规定。

（3）人身保险费率和保险费的监管。一般来说，保险业对各种险种费率的制定有两条途径，即保险公司自行厘定和同业公会制定，但都要报经主管部门核准，才得以生效。根据我国《保险公司管理规定》，商业保险主要险种的范围由中国保监会认定。中国保监会可以根据市场情况对主要险种范围进行调整。中国保监会制定和修订主要险种的基本保险条款和保险费率；中国保监会可以委托保险行业协会或保险公司拟定主要险种的基本保险条款和保险费率。保险公司拟定的其他险种的保险条款和保险费率，应由总公司报中国保监会备案。

（4）人身保险合同的成立、变更、中止和终止的监管。

关于人身保险合同的成立、变更、中止和终止的监管，请参见本书项目二。

（三）人身保险资金运用监管

人寿保险公司的资金绝大部分来自公众的储蓄，人寿保险公司对资金的运用直接关系到保险金的赔偿和给付，关系到社会公众的切身利益，因而各国一般都对人寿保险公司的投资实施了严格的监管。

1.保险资金运用方式的准入、资产类别的最高或最低比例、单个投资项目的最高比例限制等监管规定

在对保险资金投资方式进行监管的同时，大多数国家和地区还以百分比的形式规定了投资于某类资产的最高或最低比例，以分散风险，防止保险投资方向过于集中，风险过于集中。通过最高比例的限制，保证保险投资收益的同时，保证保险投资风险的充分分散化，从而最大限度地消除非系统风险，保证保险资金的流动性和收益性。通过对保险公司的单项投资进行最高比例限制，防止保险公司的资金过多地投入某一具体项目，保证保险资金投资的变现能力。

2.资产与负债的匹配、衍生金融产品的投资限制以及资产评估方法的监管

（1）人寿保险公司的资产和负债都具有较大的不确定性。必须对保险公司的资产与负债状况做一个评估。一般要求保险公司采取比较保守的资产估值方法，不同的资产采用不同的估值方法。可用于资产评估的方法有：成本与市价孰低法（上市公司证券）或成本法（非上市证券）、低价法、摊销价值法、市价法、调整市价法等。

（2）保险投资资金监管的一个重要方面就是资产和负债的匹配，即投资期限和负债期

限相匹配以及资产货币和负债货币相匹配。人寿保险公司的负债以长期负债为主，持续期较长且大多含有利率保证。这要求人寿保险公司的投资与之匹配，如果投资期限低于负债期限，则会面临再投资风险，因此，资产负债期限匹配是保险监管的组成部分。

（3）随着资本市场的发展，各种金融衍生产品逐渐成为人寿保险公司投资的新渠道。金融衍生产品是以实质金融产品为基础的金融工具，是规避原有的实质金融产品风险的产物，但同时也带来了巨大的风险（如投机），有悖于保险投资的安全性原则。在一些发达国家，允许保险资金参与衍生金融产品的交易，但只限于套期保值等，以防止未来投资收益的下降，规避风险。例如，法国、日本、瑞士等国禁止技术准备金投资衍生金融产品。总之，各国对人身保险投资的具体限制千差万别，有些国家比较严格，而有些国家则比较宽松。目前我国对人身保险投资的具体限制较为严格。

（四）人身保险偿付能力监管

偿付能力是保险公司对保单持有人履行赔偿和给付义务的能力。对于人寿保险公司而言，定价过低、业务增长速度过快、投资管理能力低下、监管不力是其出现偿付能力危机的主要因素。而对整个人身保险行业而言，通货膨胀率、利率、行业盈利率、国家政策等的变化也会对偿付能力产生影响。对人寿保险公司偿付能力的监管，各国都有非常具体的规定。目前我国初步规定了偿付能力监管的框架，并且正在积极探索新的偿付能力监管框架。

1.人寿保险公司资本金监管

人寿保险公司的资本金即人寿保险公司的自有资本额，是人寿保险公司成立时由股东认交的股金或由政府拨款的金额。资本金是人寿保险公司从事经营活动的基本保障，不仅可以在企业重组和清算时提供所需费用，减少被保险人、受益人或债权人的损失，也可以被视为因某些突发因素导致企业资产价值下降或负债上升时的缓冲剂，是保证公司偿付能力的主要方面，有利于提高社会对人寿保险公司的信任程度。

2.人寿保险公司保证金监管

保证金是人寿保险公司成立时向国家缴存的、由政府控制、非遇特殊情况并且未经保险监督机关批准不得提取使用的保证资金。国家通过控制保险企业的保证金，掌握保险公司的一部分实有资本。只有在保险公司出现赔偿、给付危机或破产时，经保险监管机关批准后，保证金才可用于清偿债务。我国规定保险公司成立后应按其注册资本总额的20%缴存保证金；在全国范围内开办业务的保险公司向中国人民银行总行缴存保证金，在特定区域内开办业务的保险公司向注册地的中国人民银行省、自治区、直辖市、计划单列市分行缴存保证金；未经中国人民银行批准，保险公司不得动用其保证金。

3.人寿保险公司总准备金监管

总准备金即新保险会计准则中所提的一般风险准备，是指保险公司在经营过程中逐渐积累，为应付超常损失和巨灾损失从每年的利润中提存的准备金，是构成保险公司偿付能力的重要因素。各国一般都对总准备金的监管作了具体规定。

4.人寿保险公司责任准备金监管

为了确保履行赔偿和保险金给付责任，各国一般在保险法中规定人寿保险公司在经营过程中必须依法提取各种责任准备金，并对人寿保险公司的各项责任准备金的计提方法作了明确规定。新的财务制度规定，人寿保险公司提存的责任准备金包括未到期责任准备金、未决赔款准备金、寿险责任准备金和长期健康责任准备金、存入分保准备金。人寿保险公司寿险责任准备金和长期健康险责任准备金的提取方法在开始实行年度前，报主管财政机关及保险监督管理部门备案，提取方法一经确定，不得随意变动，如需变动，由保险监督管理部门批准并报主管财政机关备案。对于未按规定提取责任准备金或提取不足的保险公司，监管部门将依法给予罚款的处分，情节严重的，可以限制业务范围、责令停止接受新业务或吊销保险许可证。

5.人寿保险公司最低偿付能力监管

人寿保险公司的偿付能力是指人寿保险公司偿还到期债务的能力。人寿保险公司必须具有与其业务规模相适应的最低偿付能力，即人寿保险公司依据其业务规模的大小，必须具备一定数额或一定比例的资金，以确保其能履行赔偿或者给付保险金的责任；当公司的资产不足以抵付负债时，则表明保险公司偿付能力不足。各国都对最低偿付能力额度进行了规定，当保险公司的实际偿付能力额度低于法定的最低偿付能力额度时，各国保险监管机构就要对保险企业进行干预。我国《保险法》规定：保险公司应当具有与其业务规模和风险程度相适应的最低偿付能力。保险公司的认可资产减去认可负债的差额不得低于国务院保险监督管理机构规定的数额；低于规定数额的，应当按照国务院保险监督管理机构的要求采取相应措施达到规定的数额。

拓展阅读 11-3

### 保险法对实际偿付能力低的公司的处理方法

1.实际偿付能力额度低于最低偿付能力额度的，保险公司应该采取有效措施，使其偿付能力达到最低偿付能力标准，并向中国保监会做出说明。

2.实际偿付能力额度低于最低偿付能力额度的50%的，或者实际偿付能力额度连续3年低于最低偿付能力额度的，中国保监会可将该公司列为重点监督检查对象。保险公司被列为重点监督检查对象期间，不得申请设立分支机构或支付任何红利、分红，中国保监会可以责令其采取办理再保险、业务转让、停止接受新业务、增资扩股、调整资产结构等方式改善其偿付能力状况。

3.实际偿付能力额度低于最低偿付能力额度的30%的，或被列为重点监督检查对象的保险公司财务状况继续恶化，可能或已经危及被保险人和社会公众利益的，中国保监会可以对该保险公司实行接管。

资料来源：根据中国保监会网站资料整理.

6.人寿保险公司利润分配监管

我国2007年1月1日起实行的《金融企业财务规则》第7章对收益、分配的规定如下：

（1）金融企业发生年度亏损的，可以用下一年度的税前利润弥补；下一年度的税前利润不足以弥补的，可以逐年延续弥补；延续弥补期超过法定税前弥补期限的，可以用缴纳所得税后的利润弥补。

（2）金融企业本年实现净利润应当按照提取法定盈余公积金、提取一般风险准备金、向投资者分配利润的顺序进行分配。法定盈余公积金按照本年实现净利润的10%提取，法定盈余公积金累计达到注册资本的50%时，可不再提取。从事银行业务的，应当于每年年终根据承担风险和损失的资产余额的一定比例提取一般准备金，用于弥补尚未识别的可能性损失；从事其他业务的，应当按照国家有关规定从本年实现净利润中提取风险准备金，用于补偿风险损失。

（3）以前年度未分配的利润，并入本年实现净利润向投资者分配。其中，股份有限公司按照下列顺序分配；①支付优先股股利；②提取任意盈余公积金；③支付普通股股利；④转作资本（股本）。资本充足率、偿付能力充足率、净资本负债率未达到有关法律、行政法规规定标准的，不得向投资者分配利润。任意盈余公积金按照公司章程或者股东（大）会决议提取和使用。

（4）经股东（大）会决议，金融企业可以用法定盈余公积金和任意盈余公积金弥补亏损或者转增资本。法定盈余公积金转为资本时，所留存的该项公积金不得少于转增前金融企业注册资本的25%。金融企业根据有关法律法规的规定，经股东（大）会决议，可以对经营者和核心技术人员、核心管理人员实行股权激励。

**拓展阅读 11-4**

**人身保险监管工作要点**

一、严格防范风险，不断提高行业防范风险能力

（一）开展风险排查，防范系统性风险

（二）充分发挥偿付能力监管的核心作用

（三）继续强化内控监管，防范内控风险

（四）积极引进全面风险管理制度

（五）强化现金流监测预警

二、继续坚定不移地推动结构调整

（一）继续贯彻实施结构调整的各项措施，重点推进银保业务结构调整

（二）促进寿险渠道结构、市场结构、区域结构改善

三、进一步加强和改进监管，保护消费者权益

（一）进一步完善监管制度

（二）深入推进分类监管

（三）加强现场检查，严格规范市场秩序

四、鼓励创新，提倡差异化经营

（一）鼓励行业创新，支持中小寿险公司走差异化的发展道路

（二）完善保险产品创新机制，鼓励和促进保险公司创新产品

（三）推动延税型养老保险试点

（四）开展变额年金产品的研究和试点工作

（五）推动养老保险公司开展养老保险委托管理业务

五、抓住时机，推动重点领域业务发展

（一）深入贯彻落实新医改政策，积极参与多层次医疗保障体系建设

（二）推进健康险专业化经营，逐步夯实健康险发展基础

（三）推动养老保险发展

（四）继续推动小额保险试点，服务农民风险保障需求

六、加强基础工作，夯实监管、发展的基础

（一）推进保险业贯彻落实《企业会计准则解释第2号》

（二）开展盈利能力与内含价值的分析

（三）加强基础性研究工作，推进压力测试的研究工作

资料来源：根据中国保监会网站资料整理.

**情境模拟 11-1**

### 保险公司发行的健康卡应该怎样处理

情景：某保险公司宣传广告称：花669元购买"家家乐健康金卡"便可以在发生意外伤害时获得2万元赔付，并可以报销住院医疗费用1万元；花399元购买"家家乐健康银卡"便可以在发生意外伤害时获得6 000元赔付，并可以报销住院医疗费用4 000元。除此之外，金卡和银卡的持卡人还享有免费送药上门、免费体检、上门看病、陪诊陪床、代挂门诊及专家号、全年免费健康咨询、就诊接送等服务。买卡人无年龄限制，如果持卡人既买了卡又发展了下家，还能得到丰厚的回报。当有关人员向保监会核实"家家乐健康卡"是否经过审批时，保监会答复对此事毫不知晓。最终该公司因超范围经营又有虚假广告、欺骗消费者等行为被有关部门查处。

要求：请运用所学知识分析本案中的健康卡，发行该卡会带来何种严重后果？应给予何种处罚？

处理：本案中某保险公司销售的所谓健康卡，实际上是一种保险产品，其通过广告形式，进行根本不可能兑现的承诺，以此招徕消费者，扰乱了保险市场的正常竞争秩序，干扰了其他保险公司的正常经营活动。若听之任之，则保险业公平竞争的法律环境无法建立。因此，有关行政主管部门根据我国的《反不正当竞争法》对"虚假宣传行为"做出处罚决定，追究该保险公司的不正当竞争行为的行政责任，给予其行政处罚。

## 综合训练

### 一、简答题

1.人身保险投资的原则包括哪些？

2.人身保险投资的贷款形式具体包括哪些方面？

3.简述人身保险市场监管的内容。

### 二、实务题

查阅相关资料，比较美国和我国保险投资形式的区别。

### 三、案例题

2003年3月，客户宋先生向某公司保险代理人韩某咨询为自己公司的员工购买意外伤害保险的有关事项。该代理人推荐了累进型意外伤害保险。该险种只要缴纳300元的保费，就有6万元的身故保险金和18万元的意外伤残保险金保障，如另付80.80元附加保费，还可增加意外伤害医疗保险（保险金额为3 000元）。第二天，宋先生如实告知韩某公司员工工种为冲床工，并确定了投保意向，于2003年3月23日为3名员工办理了投保手续，交付保费共计1 592.40元，每人保费为530.80元。2003年4月14日中午，宋先生收到保单时发现三个问题。第一，代理人擅自提高保费；第二，身故保险金和意外伤残金都变

成了6万元；第三，投保人由他的公司变为了员工本人。鉴于以上原因，宋先生当时就没有签收保单，向保险公司主管反映且未能解决此事后，要求退保。但保险公司提出只能退保费的60%。于是宋先生向有关监管部门提出申诉，保险公司最后决定全额退还1 592.40元保费。

要求：（1）保险代理人变更要约是否合理？为什么？（2）本案对我们有什么启示？

## 四、实训题

实训项目：计算某保险公司的资产组合变化率。

实训目的：明确保险公司资产组合的计算。

实训步骤：

1.明确公式；

2.收集数据；

3.计算结果并分析。

实训成果：根据公式计算结果并写分析报告。

# 主要参考文献

[1] 张洪涛，等. 人身保险 [M]. 北京：中国人民大学出版社，2008.

[2] 李玉泉. 保险法学案例教程 [M]. 北京：知识产权出版社，2005.

[3] 张洪涛，王国良. 保险核保与理赔 [M]. 北京：中国人民大学出版社，2006.

[4] 张洪涛，庄作瑾. 人身保险案例分析 [M]. 北京：中国人民大学出版社，2006.

[5] 郭颂平. 保险营销 [M]. 北京：高等教育出版社，2003.

[6] 张旭升，周灿. 人身保险理论与实务 [M]. 北京：电子工业出版社，2007.

[7] 张洪涛. 人身保险 [M]. 北京：中国人民大学出版社，2008.

[8] 公冶庆元. 人身保险理论与实务 [M]. 北京：清华大学出版社，2005.

[9] 杜树楷. 人身保险 [M]. 北京：高等教育出版社，2008.

[10] 刘子操. 人身保险 [M]. 北京：中国金融出版社，2003.

[11] 魏华林. 保险学 [M]. 北京：高等教育出版社，2003.

[12] 张虹. 保险学教程 [M]. 上海：上海人民出版社，2004.

[13] 中国保险年鉴编辑部. 中国保险年鉴 [M]. 北京：中国保险年鉴社，2000.

[14] 郑祎华. 保险理论及实务 [M]. 大连：大连出版社，2008。

[15] 吴定富. 保险基础知识 [M]. 北京：中国财政经济出版社，2006.

[16] 杜鹃，郑祎华. 人身保险 [M]. 北京：中国人民大学出版社，2013.

[17] 郑祎华. 保险业务 [M]. 沈阳：辽宁大学出版社，2007.